Günter Krallmann

LEIDENSCHAFTLICHE LEITERSCHAFT

Der Auftrag Jesu zur Mission

Günter Krallmann

Leidenschaftliche Leiterschaft

Der Auftrag Jesu zur Mission

Ins Deutsche übertragen
von Andrea Gleiß

ONE WAY VERLAG
WUPPERTAL UND WITTENBERG

Die Deutsche Bibliothek – CIP-Einheitsaufnahme
Krallmann, Günter:
Leidenschaftliche Leiterschaft:
Der Auftrag Jesu zur Mission / Günter Krallmann
[Übers. aus dem Engl. von Andrea Gleiß].-
Wuppertal; Wittenberg: One-Way-Verl., 1995
(Reihe: Gemeindeaufbau, Evangelisation, Mission; 9807)
Einheitssacht.: Mentoring for Mission <dt.>
ISBN 3-927772-70-4

Titel der Originalausgabe:
Mentoring for mission

Published by Jensco Ltd., Hongkong
and Globe Europe e.V. Wesel, Germany

Übersetzt aus dem Englischen von Andrea Gleiß
Covergestaltung: Alex Mühle
Gesamtherstellung: Schönbach-Druck GmbH, Erzhausen

Die Bibelzitate sind in der Regel der Lutherbibel 84
und der Revidierten Elberfelder Bibel entnommen.
Reihe: Gemeindeaufbau, Evangelisation, Mission 9807

Printed in Germany

ISBN 3-927772-70-4

Dieses Buch wurde auf chlor- und säurefreiem Papier gedruckt.

Dieses Buch
ist
in Liebe
meinem Sohn Michael gewidmet

sowie
Ntate Mosoang, Joseph Mpakanyane
Edwin Fillies, Joseph Banda
Peter Ozodo, John Kisamwa
Kishor Rana, Mohan Tamang
Jayanta Maity, Santi Tabilla

Dank

Die Fertigstellung dieses Manuskripts erfolgte durch die freundliche Mithilfe einer Reihe von Instituten und Persönlichkeiten, denen ich von Herzen danken möchte.

Mein Dank gilt besonders den Verantwortlichen der „Theology Library“ und der „J. S. Gericke-Library“ an der „University of Stellenbosch“, in denen ich freien Zugang zu verschiedenen Abteilungen hatte. Ebenso dem „Bible Institute of South Africa“ in Kalk Bay, der „Jacob Gitlin Library Cape Town“ und der „Salvation Army Cape Western Divisional Headquarters“ in Mowbray.

Besonderen Dank möchte ich jedoch aussprechen an:

- Tom Hallas und Alan Lim für ihren Rat in den Anfangsstadien des Projekts, der mich sehr motiviert hat.
- Mr. David J. Rogers, BEd(UBC), MA(Wales), FTCL, DMS für die offene Tür und kompetente wissenschaftliche Beratung in der Forschungsarbeit, die die Grundlage dieser Veröffentlichung bildete.
- Rev. John Broom, von dessen Expertise als Lektor ich für meine englischen Sprachkenntnisse sehr profitiert habe.
- Wayne Turner für die unzähligen Stunden, die sie für mich investiert hat, um den Text in den Computer einzugeben.
- Meine liebe Familie, die mich durch Gebet unterstützt und sich häufig in Liebe damit abgefunden hat, daß der Ehemann und Vater so viel beschäftigt war.

- Meine Frau Ulrike, die sich trotz ihres vollen Terminplans Zeit genommen hat, beim Korrekturlesen zu helfen.
- Alle Verwandte, Freunde und Kollegen, die das Projekt mit Fürbitte und Ermutigung gefördert haben.
- Vor allem Gott, ohne dessen Befähigung und Gemeinschaft diese Aufgabe niemals vollendet worden wäre.

Inhalt

Vorwort

Dieses Buch handelt von Jesus.

Wer fasziniert ist von Jesus, wer an Seinem Leben interessiert ist, wer mehr darüber wissen möchte, wie Jesus Menschen prägte, für den ist dieses Buch genau das Richtige.

Abgesehen von der Bibel ist es das wichtigste Buch, das ich in den letzten fünfundzwanzig Jahren gelesen habe. Günter Krallmann ist es gelungen, den Kern dessen zu beschreiben, was es bedeutet, ein Nachfolger Jesu Christi zu sein; das heißt, er hat nicht nur die Botschaft Jesu Christi dargestellt, sondern eine gleichermaßen wichtige Wahrheit: *wie Jesus Sein Leben an andere weitergab*.

Günter Krallmann betont, daß uns in der Nachfolge Jesu die Aufgabe übertragen wurde, andere zu Jüngern zu machen. Die Gute Nachricht ist nicht nur für uns da. Es geht darum, daß Menschen anderen Menschen Leben weitergeben und ihnen durch ihre Verbundenheit und Freundschaft zeigen, wie man ein Jünger Jesu Christi sein kann.

Dieses Buch ist eine umfassende, außergewöhnlich gut dokumentierte und inspirierende Studie über das Leben Jesu als ein Meister, der Männer und Frauen zu Jüngern formt. Wir bekommen Einblick in das kulturelle und religiöse Umfeld, in dem Jesus aufwuchs, und erfahren, welchen Einfluß es auf Ihn hatte.

Ausführlich wird die Zeit des Heranwachsens Jesu beleuchtet und untersucht, wie es Sein Können und Seine Weisheit als Meister in der Formung von Jüngern verstärkte.

Wir erhalten Einblick in die Beziehung Jesu zu Seinen Jüngern; wen Er berief und warum; Seine Maßstäbe bei der Auswahl; wie Er die Jünger motivierte, Ihm zu folgen und sich zu verändern. Ebenso werden die Fähigkeiten beleuchtet, die wir benötigen, wenn wir dem Beispiel des Herrn Jesus folgen und Männer und Frauen auswählen, stärken und zurüsten wollen, damit sie Nachfolger Jesu Christi werden, die viel Frucht bringen.

Ein Buch dieses Inhalts könnte in uns den Eindruck erwecken, die Aufgabe eines Mentors und der Dienst, andere zu Jüngern zu machen, sei nur etwas für Spezialisten. Doch als ich das Buch aus der Hand legte, hatte ich keineswegs diesen Eindruck. Es ist ein inspirierendes Handbuch für jeden Christen, der dazu beitragen will, daß andere heranwachsen und ihre Möglichkeiten in Christus erlangen. Das Buch ist jedoch nicht nur informativ und inspirierend, sondern praxisbezogen, weil es veranschaulicht, wie man eine Aufgabe als geistlicher Mentor wahrnehmen kann.

Bücher wie das vorliegende Buch wirken manchmal durch die Fülle der Details erschlagend, doch das trifft auf *Leidenschaftliche Leiterschaft* nicht zu. Es wird ein Gesamtbild gezeichnet und dargestellt, was Gott im Blick auf Prinzipien zur Heranbildung von Leitern und Beziehungen auf dem Herzen hat; in einem nächsten Schritt werden diese Wahrheiten mit Zitaten aus der Bibel und anhand von Beispielen verdeutlicht.

Könnte es einen besseren Weg für uns geben, sich zu informieren und im Glauben stark zu werden, so daß wir uns für den Prozeß der Jüngerschaftsschulung zur Verfügung stellen, der uns von unserem Herrn Jesus aufgetragen und befohlen wurde? (Mt 28:19-20, 2 Tim 2:2).

Ich verwende dieses Buch bereits als Studienhilfe in einer kleinen Gruppe, mit der ich arbeite, und ermutige jeden hingegebenen Christen, Gemeindeleiter, Bibellehrer, Evangelisten und Missionar, es als Leitfaden zu benutzen, um im Leben anderer Christen das zu reproduzieren, was wir selbst empfangen haben. Das ist schließlich der Kern des christlichen Glaubens – ein Christ, der einen weiteren Christen durch die Kraft des Heiligen Geistes zurüstet, andere mit dem Evangelium zu erreichen und diese wiederum zuzurüsten, damit sie zur ganzen Fülle dessen gelangen, was Gott für sie geplant hat.

Möge Gott Sie segnen, wenn Sie sich dieser Aufgabe widmen.

Floyd McClung Jr.

„Wenn wir uns der bedeutsamen Aufgabe stellen,
die uns übertragen ist, sollten wir durch Bibelstudium,
durch Gebet um göttliche Weisung und durch
den Vergleich unserer verschiedenen Sichtweisen und
Erfahrungen danach trachten,
die beste Arbeitsmethode herauszufinden.
Doch dabei dürfen wir nicht vergessen, daß ohne die
Gegenwart unseres Meisters und des Geistes der Wahrheit
die beste Methode zu nichts nutze ist.“

John L. Nevius *

Einige Bemerkungen zum Aufbau des Buches

Ebenso wie die zwei bisher erschienenen Werke des Autors „Jesus folgen“ und „Leading with Jesus“ ist auch das vorliegende Material in Form eines Handbuchs gestaltet. Es ist für alle geschrieben, die Interessse an der Frage haben, wie der Herr Jesus Christus Leiter heranbildet. Speziell soll es denen eine Hilfe bieten, die ihrerseits Leiter ausbilden, besonders im Umfeld einer Missionsarbeit.

Der Text eignet sich zum Gruppen- und Einzelstudium; es wurde insbesondere darauf geachtet, das Material so zu gestalten, daß es als Lehrgrundlage benutzt werden kann. Folglich

- wurden zahlreiche Bibelverweise in den laufenden Text eingefügt,
- wurde ein breites Spektrum an Zitaten aufgenommen, auf die als weitere Quellen zurückgegriffen werden kann,
- wurden Kernaussagen des Inhalts fett gedruckt,
- wurden zentrale Wahrheiten mehrfach wiederholt,
- wurde ein Anhang mit einem Überblick der Hauptmerkmale des Modells Jesu Christi bei der Jüngerschaftsschulung angefügt,
- wurde ein Personen- und ein Stichwortregister aufgenommen, damit der Leser bestimmte Informationen schneller finden kann.

Damit leichter erkennbar ist, wer von den erwähnten Personen Missionar ist oder war, wurde bei den Missionaren der erste Vorname ausgeschrieben und meistens eine kurze Hintergrundinformation gegeben.

Für den Leser, der sich eingehender mit der Materie beschäftigen möchte, sei auf die zusätzlichen Informationen hingewiesen, die sich in den Anmerkungen finden; ebenso auf die Bibliographie, in der die zitierten Quellen angegeben sind, sowie weitere Titel zum Selbststudium.

Einleitung

Durch die reichen Erfahrungen, die ich persönlich in der Missionsarbeit gemacht habe, ist mir bewußt geworden, wie ungeheuer groß der Bedarf an der Heranbildung christlicher Leiter ist. Der Mangel an kompetenten Leitern kann nicht nur in der säkularen Gesellschaft festgestellt werden; er ist inzwischen auch überall im Leib Christi ersichtlich und ganz besonders im Bereich der Mission. Das Schwergewicht des Gemeindewachstums und der Ausbreitung der Mission verlagert sich zunehmend auf die Zwei-Drittel-Welt. „Viele Missionsspezialisten sind der Überzeugung, daß die Hauptaufgabe in der Verbreitung des Evangeliums in der Welt heute darin besteht, Leiter auszuwählen und sie zu schulen."[1] Diese Äußerung von C. P. Wagner bestätigt den großen Bedarf, geistliche Leiter heranzubilden, vor allen Dingen Christen mit nicht-westlichem Hintergrund.

In den Handbüchern „Jesus folgen" und „Leading with Jesus" habe ich eine Reihe von grundlegenden Erkenntnissen dargestellt, die die Merkmale eines Jüngers Jesu Christi und die Qualifikationen zur Ausübung von Leiterschaft in seinem Namen betreffen. Die vorliegenden Ausführungen sollen als Ergänzung dieser Handbücher dienen. Sie stellen eine ausführliche Analyse der Schritte dar, die zur Heranbildung von Leitern nach dem Vorbild Jesu Christi nötig sind. Das Buch wurde aus der Perspektive der Mission für die Praxis der Mission geschrieben. Es ist aus dem brennenden Verlangen heraus entstanden, einen tieferen Einblick in die grundlegenden Aspekte der Schulungsmethodik Jesu

Christi, die den Bereich der Missionsarbeit betreffen, zu geben, vor allem, wenn sie in einer fremden Kultur stattfindet.

Die Berichte der Evangelien liefern uns einen guten Einblick, wie der Meister die Zwölf zu Jüngern formte. Bei diesem Prozeß legte er größten Wert auf Verbundenheit, das heißt auf Zusammensein und auf die Pflege von engen Beziehungen. Auf der Grundlage dieser Gemeinschaft setzte der Herr einen kraftvollen Prozeß in Gang. Seine Nachfolger hatten an seinem Leben Anteil. Das sollte eine Reife in seinen Freunden hervorbringen, die alle Lebensbereiche umfaßte, und sie zugleich darauf vorbereiten, als effektive Leiter zu dienen. Dadurch wurden sie auf ihre Leitungsaufgabe vorbereitet. Jesus Christus hielt es nie für notwendig, eine klare Trennung zwischen Jüngerschaftsschulung und der Entwicklung zur Leiterschaft zu ziehen. Seine Vorstellung und Praxis der Jüngerschaftsschulung war sehr umfassend. Sie enthielt wesentliche Merkmale von Begriffen, die wir in der heutigen Zeit verwenden, wie „Mentoraufgabe“ oder „Beratung“, „Leiterschaftsschulung“ und „Training“. Wenn wir im folgenden darstellen, wie die Beziehung Jesu Christi zu den zwölf Jüngern aussah, werden diese Begriffe immer wieder synonym verwandt werden.

Wer in der Verantwortung steht, christliche Leiter heranzubilden, sollte sich bewußt machen, daß die Art seines Vorgehens von seinem Konzept der Leiterschaft bestimmt wird. Es gibt zum Beispiel Leiter, die mehr an ihren persönlichen Zielen interessiert sind als am Fortschritt derer, die ihnen anvertraut wurden. Andere Leiter sehen in erster Linie die Vorteile, die ihre Position mit sich bringt, statt eine opferbereite und dienende Haltung zu entwickeln. Das alles schlägt sich zweifellos in der Art nieder, wie ein Leiter seine Verantwortung wahrnimmt. Aus biblischer Sicht gibt es jedoch bei allem Streben nach geistlicher Leiterschaft nur einen einzigen Gesichtspunkt, nämlich Christusähnlichkeit.

Wie wir sehen werden, hat der Herr Jesus seine Jünger wiederholt mit diesem absoluten Maßstab konfrontiert, und die Bibel bezeugt uns, daß Leiter wie Simon Petrus, Johannes und der Apostel Paulus ihn zur Richtschnur ihres Lebens und Wirkens gemacht haben. Auch heute können wir nichts Besseres tun. Wer in Leitungsverantwortung steht, sollte nach Christusähnlichkeit streben. Das ist die beste Art, eine solche Position weise, verantwortungsbewußt und effektiv auszuüben. P. T. Chandapilla hat diesen Rat mit folgenden Worten ausgedrückt: „Die Methode zur Schulung und Heranbildung christlicher Leiter besteht zunächst darin, Christi Methode zu verstehen und diese dann treu in die Praxis umzusetzen und viel Frucht zu bringen.“[2]

Jesu Schulung der zwölf Jünger hat ein für allemal ein vollkommenes und normatives Beispiel für die Heranbildung christlicher Leiter gesetzt. Es ist jedoch ersichtlich, daß niemand dem Plan Christi folgen kann, wenn er sich nicht zunächst die Mühe macht, diesen gewissenhaft zu studieren. Nachlässigkeit in dieser Hinsicht ist gefährlich: Entweder wir handeln nach der Vorgabe unserer eigenen Neigungen, oder wir übernehmen säkulare Vorstellungen von Leiterschaft. Beide Ansätze mögen zwar von Menschen gutgeheißen und damit gebilligt werden, aber sie stehen nicht mit den Plänen Gottes in Einklang, wie sie in Jesus Christus offenbart wurden. Wer nicht dem Beispiel Christi folgt, wird auch nicht die volle göttliche Bestätigung und den Segen Gottes erhalten. Letztlich kann man jede Schwäche in christlicher Leiterschaft darauf zurückführen, daß die betreffende Person nicht dem Beispiel Christi gefolgt ist.

Der Meister schulte seine Jünger außerdem für die Mission. Er, den der Vater als Missionar in die Welt sandte, weckte in denen, die mit ihm verbunden waren, eine Vision, die die ganze Welt im Blick hatte. Er übertrug seinen Freunden den Auftrag, auf der ganzen Welt seine Stellvertreter zu sein, und er versprach ihnen, daß der Heilige Geist sie für die Erfüllung dieser Aufgabe ausrüsten würde. Wie in der

Person des Königs David Leiterschaft und Zeugendienst miteinander verwoben waren (Jes 55:3,4), so bereitete der Herr Jesus in der Atmosphäre seiner Gemeinschaft seine Jünger darauf vor, ihre zukünftige Leitungsaufgabe als seine Zeugen wahrzunehmen. Von heutigen christlichen Leitern wird dasselbe erwartet. Sie sollen ihre jeweilige Aufgabe in einer Weise erfüllen, die ein klares Zeugnis von dem Herrn gibt, der sie in seinen Dienst gerufen hat. Es ist logisch, daß der Status eines Leiters viele Gelegenheiten schafft, als einflußreicher Zeuge Jesu Christi zu dienen. Doch gleichzeitig hat ein Leiter um so größere Verantwortung, diesen Zeugendienst auch wahrzunehmen.

Jesus identifizierte sich zwar einerseits vollkommen mit dem kulturellen Umfeld, in dem er lebte, doch seine Schulungsart zeigte ganz wesentlich kulturübergreifende Züge, das heißt, sie offenbarte Prinzipien, die als absolute und zeitlose Konstanten auf jede Kultur angewandt werden können. Teil I des vorliegenden Buches stellt die wesentlichen Einflüsse dar, durch die die Schulungsstrategie von Jesus geprägt wurde. Es wird beschrieben, welche Bedeutung Jesu Methode der Gemeinschaft bei der Zurüstung der Jünger hatte, und es wird Jesu Absicht dargestellt, die Jünger als entscheidende Werkzeuge in einer weltweiten Zeugenbewegung zu gebrauchen, die durch den Heiligen Geist in Gang gesetzt werden sollte.

Teil II befaßt sich damit, welche unerläßlichen Implikationen das Vorbild Jesu Christi für die Missionsarbeit in unserer Zeit nahelegt. Besondere Aufmerksamkeit ist der Darstellung einer Reihe kulturübergreifender unwandelbarer Grundsätze gewidmet. Wenn diese bei der Schulung von Leitern getreu angewandt und durch den Heiligen Geist in Bewegung gesetzt werden, wird dieselbe Kraft davon ausgehen, wie es der Meister erlebte. Bei der Heranbildung von Leitern in einer fremden Kultur ist in verschiedenen Missionskreisen eine gewisse Hilflosigkeit zu erkennen. Es ist meine Hoffnung, daß die Erkenntnisse, die in dieser Richtung vermittelt werden, in der einen oder anderen Weise dazu dienen, dieser Hilflosigkeit entgegenzuwirken.

Durch die Erarbeitung des vorliegenden Themas bin ich selbst sehr bereichert worden. Ich habe eine größere Offenbarung im Blick auf die unvergleichliche Strategie erhalten, die Jesus anwandte, um die Zwölf zu Jüngern zu machen. Das empfinde ich als ein Vorrecht. Als ich anfing, den Weg zurückzuverfolgen, den Jesus mit seinen Freunden ging, bin ich selbst herausgefordert und inspiriert worden; ich wurde überführt und habe eine neue Ausrichtung erfahren. Darüber hinaus empfinde ich jetzt eine größere Dankbarkeit für das unvergleichliche Leiterschaftsmodell, das er uns gegeben hat.

Wenn die folgenden Seiten bei dem Leser eine ähnliche Reaktion hervorrufen, sehe ich mich für meine Arbeit reichlich belohnt.

Günter Krallmann

I

Theologische Erörterung: Verbundenheit als ein grundlegendes Prinzip Jesu Christi bei der Jüngerschafts-schulung der Zwölf

„Wenn wir die Anweisungen unseres Meisters
und die Zusagen, die Er Seinen ersten Jüngern gab,
umfassender zu unserer Richtschnur machten,
würden wir feststellen, daß sie sich auf die heutige Zeit
genauso anwenden lassen wie auf die Zeit,
in der sie ursprünglich gegeben wurden. Davon bin
ich mehr denn je überzeugt."

J. Hudson Taylor *

1 Jesu Christi eigene Erfahrung von Gemeinschaft, bevor er die Zwölf zu Jüngern formte

Wenn wir die Berichte der Evangelien studieren, entdecken wir, daß die vier Evangelisten kaum etwas über die Kindheit Jesu und seine Erziehung berichten. Das sollte uns jedoch letztlich nicht überraschen.

Offensichtlich war es nicht das Hauptinteresse der Verfasser, eine ausführliche Biographie über den Menschen Jesus vorzulegen. Ihnen ging es vor allem darum, die Umstände und die Bedeutung des Lebens, Sterbens und der Auferstehung Jesu Christi darzustellen. Ihr Schweigen deutet zudem darauf hin, daß sich die Entwicklung von Jesus in der Kindheit und Jugend innerhalb des üblichen Rahmens der damaligen jüdischen Gesellschaft bewegte.

Von der Kindheit bis hin zu der Zeit, als er mit seinem öffentlichen Wirken begann, erlebte Jesus verschiedene Arten von Verbundenheit. Sie alle hatten einen äußerst prägenden Einfluß sowohl auf seine Lebensweise als auch auf seinen zukünftigen Dienst. Wenn wir erforschen und verstehen wollen, wie das Wesen und die Implikationen des grundlegenden Prinzips der Gemeinschaft und des Miteinanders aussehen, müssen wir zunächst einige wichtige Merkmale des jüdischen Umfelds aufzeigen, in dem Jesus aufwuchs. G. Vermes wies treffend darauf hin: „Wenn wir ihn verstehen wollen, müssen wir uns die Welt in Galiläa ansehen.“ [1]

1.1 Die geistliche Prägung durch seine Eltern

Jesus wurde um das Jahr 6 v. Chr. geboren [2] und kam in einer frommen jüdischen Familie zur Welt.

Um das Gesetz zu erfüllen [3] (siehe Gen 17:9-14, Lev 12:1-3), ließen Josef und Maria Jesus acht Tage nach seiner

Geburt beschneiden (Lk 2:21). Sie folgten nicht der Vorliebe für griechische Namen, die bei einigen ihrer galiläischen Landsleute zu finden war, sondern gaben Jesus den damals üblichen hebräischen Namen *Jeschua*[4]. Damit gehorchten sie der göttlichen Weisung, die sie zuvor empfangen hatten (Lk 1:31, Mt 1:21). Wir sehen, daß Maria alles erfüllte, was vom Gesetz für ihre Reinigung gefordert wurde (Lk 2:22-24; vgl. Lev 12:6-8). Doch damit nicht genug, machten sie und ihr Mann sich auch auf den Weg nach Jerusalem, um ihren Erstgeborenen im Tempel zu weihen. Diese Reise wurde vom Gesetz nicht gefordert, doch fromme Juden nahmen sie auf sich. Lukas gibt weitere Einblicke in die Gottesfurcht der Eltern Jesu. Er berichtet, daß es ihre Gewohnheit war, jährlich einmal zur Hauptstadt zu pilgern (2:41).

Da Jesus in enger Verbindung mit einem frommen Vater[5] und einer frommen Mutter aufwuchs, kann man die Frage stellen, in welchen Bereichen seines Lebens der prägende elterliche Einfluß besonders sichtbar wurde.

Ein erster und vollkommen natürlicher Lernbereich war der Erwerb der Sprache. Jesus verbrachte viel Zeit mit seinen Eltern und begann, die Worte, die er hörte, nachzusprechen. Dadurch lernte er mit der Zeit **Aramäisch**, genauer gesagt den galiläischen Dialekt des Westaramäischen. Daß die Muttersprache von Jesus das Aramäische war, läßt sich aus einer Reihe von aramäischen Worten schließen, die von Markus überliefert werden.[6] Aus Lukas 4:16-19 können wir zusätzlich ableiten, daß Jesus auch **Hebräisch** beherrschte. Das war die heilige Sprache der Schriftrollen, aus denen sowohl in den Gottesdiensten im Jerusalemer Tempel als auch in den Synagogen überall in Israel vorgelesen wurde. Da Jesus gottesfürchtige jüdische Eltern hatte und von ihnen unterwiesen wurde, ist es sehr wahrscheinlich, daß er nicht nur die aramäische Umgangssprache erlernte, sondern auch bereits zu einem sehr frühen Zeitpunkt mit der heiligen Sprache seiner Vorfahren vertraut war.

Man kann davon ausgehen, daß die geistliche Unterweisung eines Kindes in einer jüdischen Familie begann, sobald das Kind sprechen gelernt hatte (siehe Ps 8:2, Jes 28:9). Bei Jesus geschah der elterliche Einfluß in den ersten Jahren seines Lebens vor allem durch Maria. Eines der ersten Dinge, die sie, wie jede jüdische Mutter, ihrem Sohn beibrachte, war das einfache **Gebet**: „In deine Hände befehle ich meinen Geist ..." (Ps 31:6), das abends vor dem Schlafengehen gesprochen wurde.

Als Jesus vier oder fünf Jahre alt war, übernahm der Vater die führende Rolle im Prozeß der geistlichen Unterweisung. Von Josef wurde erwartet, Verantwortung dafür zu tragen, Jesus die *Thora* zu lehren, und zwar sowohl durch Unterweisung als auch durch sein persönliches Vorbild. Durch Fragen und Antworten, aber vor allem durch Auswendiglernen, auf das viel Wert gelegt wurde (Spr 7:1-3), versuchte ein jüdischer Vater, das **Wort Gottes** seinem Sohn einzuprägen. Das Ziel war, daß der Sohn das Wort Gottes kannte, es nicht vergaß und ihm vor allem gehorchte. Der wichtigste Schriftabschnitt, den ein jüdischer Junge lernen mußte, war das *Schema*[7]. Es bestand aus den Abschnitten aus Deuteronomium 6:4-9, 11:13-21 und Numeri 15:37-41 und wurde zu Beginn der täglichen Gebetszeiten am Morgen und am Abend zitiert[8] sowie in jedem Synagogengottesdienst. Immer wieder wurde Jesus sinnbildlich an die überragende Bedeutung des Wortes Gottes erinnert, wenn er sah, wie sein Vater durch die Tür des Hauses schritt, mit den Fingern das Pergament berührte, auf dem das *Schema* geschrieben stand und das am Türrahmen befestigt war, und dann die Finger ehrfurchtsvoll an die Lippen führte.

Durch seine Eltern lernte Jesus auch eine Reihe religiöser Bräuche kennen. Das **Halten des Sabbats** hatte von Anfang an, seit der Erschaffung des Menschen, eine große Bedeutung (siehe Gen 2:2,3, Ex 20:8-11, 31:14-17). Von jüngster Kindheit an war Jesus damit vertraut, kurz vor

Sonnenuntergang am sechsten Tag der Woche einen dreimaligen Trompetenton zu hören. Dieser wurde auf einem Widderhorn in der Synagoge geblasen und erschallte über alle Dächer der Heimatstadt Jesu. Der Trompetenton sollte das Herannahen des Sabbats ankündigen. Der Ruhetag, der seinen Höhepunkt in einem **Synagogengottesdienst** am nächsten Morgen hatte, dauerte bis zum Sonnenuntergang am Samstagabend. Es war üblich, daß Kinder bereits in frühem Alter ihre Eltern in die Synagoge begleiteten.[9]

Im Laufe des Jahres fanden verschiedene Feste statt. Sie sollten dazu dienen, sich an die Wunder Gottes und sein gnadenvolles Handeln in der Vergangenheit zu erinnern und ihm dafür zu danken. Doch gleichzeitig sollten es auch Zeiten fröhlicher Gemeinschaft sein. Zu den **jährlichen Festen** gehörte als wichtigstes das Passahfest, das im Tempel in Jerusalem gefeiert wurde. Nachdem nachmittags die letzten Vorbereitungen getroffen wurden, begann das Fest mit Sonnenuntergang am fünfzehnten Tag des Frühlingsmonats Nisan. Es dauerte eine Woche. Dadurch, daß Nazareth mehrere Tagereisen weit von Jerusalem entfernt lag, war es Josef und seiner Familie nicht möglich, an allen jährlichen Festen in der Hauptstadt teilzunehmen. Doch wenn die Zeit kam, daß das Passahfest im Tempel gefeiert wurde, zogen Josef und Maria jedes Jahr nach Jerusalem hinauf. Als ihr Sohn zwölf Jahre alt war, durfte er sie auf einer dieser Pilgerreisen begleiten (Lk 2:41,42).

Im Zusammenhang mit den Ereignissen dieser Begebenheit weist Lukas besonders darauf hin, daß Jesus seinen Eltern gehorsam war (2:51). Natürlich hatte Jesus in diesem Alter aus der Thora bereits viel über die Notwendigkeit und den Segen des **Gehorsams** gegenüber der elterlichen Autorität gelernt (siehe Ex 20:12, Lev 19:3, Deut 5:16). Dieses Gebot war Jesus jedoch im Lauf der Jahre vor allem durch das sichtbare Beispiel seines Vaters tief eingeprägt worden. Aus den Hinweisen in der Bibel können wir erkennen, daß Josef ein außerordentlich gutes Vorbild in dieser Hinsicht war. Seine Beziehung zu Gott war von uneingeschränktem Gehorsam geprägt (siehe Mt 1:20,21,24,25, 2:13,14, 2:19-21, 2:22,23).

Noch ein letzter Aspekt ist von Bedeutung, ein Bereich, in dem Jesus in seiner Familie eine unauslöschliche Prägung erhielt; er lernte verstehen und wertschätzen, wie wichtig enge **Beziehungen** sind. Jedesmal, wenn er das *Schema* rezitierte, wurde er daran erinnert, welche überragende Bedeutung die enge Gemeinschaft mit Gott hatte. Doch dadurch, daß seine Eltern der Familie in Gottesfurcht vorstanden, konnte er auch täglich erleben, wie wesentlich eine Haltung der Liebe, Annahme, Demut, Vergebung und Geduld ist, wenn man qualitativ wertvolle Beziehungen zu Menschen aufbauen will. Die Lebensbedingungen der damaligen Zeit – eine Familie lebte normalerweise in einem kleinen Haus unter einem Dach zusammen – taten ihr übriges. Jesus lernte enge Verbundenheit aufzubauen. Das führte zu einer tiefen Beziehung zu seinen Eltern sowie zu seinen vier Brüdern und mindestens zwei Schwestern (siehe Mt 13:55,56).

Im Erwachsenenalter wurde im Leben Jesu erkennbar, wie tief er durch die gottesfürchtige Erziehung geprägt worden war, die er zu Hause erhalten hatte. Ausgehend von der Grundlage eines engen Miteinanders nahmen Josef und Maria ihre geistliche Verantwortung als Eltern wahr. Das trug entscheidend dazu bei, daß das Denken, der Charakter und die Lebensweise ihres Sohnes geformt wurden.[10]

Als Jesus sein öffentliches Wirken beginnt, sehen wir ihn als einen Mann des Gebets (siehe Lk 3:21, 5:16, 6:12, 9:16,18,29, 11:1, 22:41-43, 23:46, 24:30,50) und zugleich als einen Mann des Wortes. Er veranschaulicht und bekräftigt seine Verkündigung und Lehre häufig durch Zitate aus der Schrift.[11] Wir sehen, daß er am Sabbat in die Synagoge geht, wie er es von klein auf gewohnt ist (Lk 4:16); außerdem nimmt er an den jährlichen Festen teil (siehe Joh 2:23, Mt 26:18, Joh 7:2,3,10). Der Gehorsam, den er zunächst im

Blick auf seine irdischen Eltern gelernt hat, findet nun Ausdruck im freudigen und uneingeschränkten Gehorsam gegen seinen himmlischen Vater (siehe Joh 4:34, 5:30, 6:38). Die große Bedeutung, die Jesus Beziehungen beimißt, zeigt sich nicht nur in seiner Liebe zu seiner Mutter (siehe Joh 19:25-27) und in der Zuneigung zu Kindern (siehe Mt 19:14,15, Mk 9:36), sondern besonders auch in der Gemeinschaft, die er mit seinen Jüngern pflegt (siehe Joh 22:15, Joh 13:33, 21:5).

Die geistliche Unterweisung und Erziehung, die Jesus in der Kindheit und Jugend von seinen Eltern durch das Zusammensein mit ihnen erhielt, brachten in seinem späteren Leben reiche Frucht hervor. Sie trugen dazu bei, ihn zu einem Mann zu formen, der eine große Liebe zu Gott und zum Wort Gottes besaß und Gemeinschaft mit Gott pflegte. Zusätzlich trug seine Erziehung dazu bei, daß Jesus ein Mann wurde, der eine große Liebe zu Menschen besaß und Gemeinschaft und tiefen Beziehungen eine große Bedeutung beimaß.

1.2 Seine berufliche Ausbildung

Galiläa war die nördlichste der größeren Provinzen Palästinas. Im südlichen Galiläa, in dem die meisten Orte lagen, die in den Evangelien eine wichtige Rolle spielen, herrschte ein mildes Klima; es gab genügend Wasser und fruchtbaren Boden. Felder und Wiesen wechselten sich mit Obstplantagen und Weingärten ab. Die Landschaft war mit einer Vielzahl verschiedener Baumsorten geschmückt, unterschiedliche Getreide- und Gemüsesorten wurden angebaut, und es gab reichlich Obst und Früchte, unter anderem Trauben, Feigen, Datteln, Nüsse, Mandeln, Oliven und Zitronen.

Daß **Galiläa** die reichste Gegend des Landes war, hing auch mit der Tatsache zusammen, daß es dort eine blühende Fischereiwirtschaft gab. Das Leben in dieser Provinz spielte sich vor allem in der Gegend um den See Tiberias ab. Es gab viele Fischerboote, der See wimmelte von Fischen. Der Lebensunterhalt Tausender von Fischern war dadurch gesichert. Viele von ihnen lebten in den Dörfern, die sich vor allem am Westufer dicht an dicht drängten.

Auch wenn Galiläa im allgemeinen eine landwirtschaftliche Region war, gab es ebenso eine beachtliche Anzahl von Handwerkern. Es lebten dort Korbflechter, Teppichknüpfer, Töpfer und Schmiede sowie Gerber, Lederverarbeiter und Färber.

Die nördliche Provinz war dicht bevölkert. Der jüdische Historiker Josephus berichtet, daß es „zweihundertundvierzig Städte und Dörfer in Galiläa gab“.[12] Auf dem Land wohnten in der Mehrzahl Juden, doch die städtische Bevölkerung bestand vorwiegend aus Heiden. „Obwohl Galiläa im Grunde jüdisches Territorium war, stand es nach allen Seiten hin in engem Kontakt zu griechischen Städten.“[13] Diese Tatsache liefert eine zusätzliche Erklärung, warum viele Galiläer zweisprachig aufwuchsen und sich sowohl in ihrer Muttersprache Aramäisch als auch in Griechisch verständigen konnten.

Versteckt in einem Tal zwischen den Hügeln im südlichen Galiläa lag die Stadt **Nazareth**. Knapp 400 Meter über dem Meeresspiegel gelegen und gut dreißig Kilometer vom See Tiberias entfernt war Nazareth umgeben von Weizenfeldern, Olivenhainen und Weinbergen. In der Nähe verliefen zwei wichtige Handelsstraßen, die sich durch die Provinz zogen. Die eine verband Damaskus mit Ägypten, die andere führte von Phönizien bis an den Euphrat.

Vom höchsten Punkt der Stadt aus bot sich dem Auge ein atemberaubend schöner Blick: im Osten der bewaldete Tabor; Richtung Süden die fruchtbare Ebene Esdrelon mit den Bergen Ephraims am Horizont; im Westen das Karmelgebirge, das bis zum Mittelmeer reicht; und im Norden der Berg Hermon, der zu bestimmten Zeiten schneebedeckt ist.

Das war die Umgebung, in der Jesus aufwuchs. Seine religiöse Erziehung und die Charakterformung, die er in diesen Jahren erhielt, geschah nicht nur durch die geistliche Prägung seiner Eltern. Die Unterweisung wurde durch die Synagoge ergänzt.

Da Jesus aus einer frommen Familie stammte, besuchte er regelmäßig die Synagoge in seiner Heimatstadt und nahm an den Gottesdiensten teil (siehe Lk 4:16). Damals stellte die Synagoge das Zentrum des gesellschaftlichen Lebens dar; dort war auch die Grundschule beheimatet, und der „Diener" (Lk 4:20) der Synagoge hatte die zusätzliche Aufgabe, diese Grundschule zu leiten. Deshalb ist es sehr wahrscheinlich, daß Jesus vom sechsten oder siebten Lebensjahr an in der Synagoge von Nazareth die **Schule besuchte**.

Da die Schule im Umfeld der jüdischen Kultur stattfand, war das erzieherische Ziel rein geistlicher Natur; das einzige Schulbuch, das benutzt wurde, die *Thora*. Die Hauptmethode des Unterrichts bestand in mündlicher Unterweisung. Zur Verinnerlichung der Wahrheit wurde in erster Linie die Methode angewandt, die überall in der Antike vorherrschte – es wurde auswendiggelernt. Dabei benutzt man verschiedene mnemotechnische Lernhilfen.[14]

Jesus ging vermutlich im Alter von fünfzehn Jahren als Lehrling in die Werkstatt seines Vaters. Ein jüdischer Vater hatte nicht nur die Verantwortung, seinen Sohn im Gesetz zu unterweisen, seine zweite Aufgabe bestand darin, seinem Sohn ein Handwerk beizubringen. Was den Bereich des Schulbesuchs anbetrifft, kann sich unsere Beurteilung der Entwicklung Jesu nur auf Vermutungen stützen. Doch über seine **Berufsausbildung** haben wir deutliche biblische Hinweise. In Matthäus 13:55 wird Jesus „der Sohn des Zimmermanns" genannt, und in Markus 6:3 heißt er „Zimmermann".

Es ist bedeutsam, daß beide Evangelisten den griechischen Begriff *tekton* verwenden. Dieses Wort, das üblicherweise mit „**Zimmermann**" übersetzt wird, hat eigentlich eine umfassendere Bedeutung. Es kann auch als „Handwerker für Holz bzw. Holzarbeiter" wiedergegeben werden und beinhaltet daher zum Beispiel auch die Fertigkeiten eines Schreiners. W. Barclay weist darauf hin, daß *tekton* die Bezeichnung ist für „einen Handwerker, der eine Mauer oder ein Haus errichten, ein Schiff bauen, Tische oder Stühle herstellen oder eine Brücke über einen kleinen Fluß bauen konnte".[15] J. I. Packer geht in seiner Erklärung so weit, daß „*tekton* auch gleichbedeutend mit ‚Steinmetz' und ‚Schmied' sein kann; es kann auch bedeuten, daß Josef und Jesus Bauhandwerker waren, so daß sie sowohl die Fertigkeiten eines Zimmermanns als auch eines Steinmetzes besessen haben könnten".[16]

Es ist deshalb wahrscheinlich, daß Josef und sein Sohn es nicht nur mit dem Reparieren und Herstellen von landwirtschaftlichen Geräten zu tun hatten wie Hirtenstäbe, Dreschflegel, Wurfschaufeln, Eggen, Pflüge und Joche, sondern auch mit Möbeln wie Stühle, Tische, Betten und Vorratskisten. Im Bereich des Hausbaus stellten sie zudem hölzerne Schlösser und Riegel her, Tür- und Fensterrahmen, Pfosten und Dachbalken. Zu den Werkzeugen, die sie einsetzten, gehörten unter anderem Axt und Breitbeil, Meißel, Hobel und Feile, Bohrer, Holzhammer und Steinkopfhammer.

Etwa die Hälfte seines Lebens hat Jesus mit seinen Händen als Zimmermann gearbeitet. In der jüdischen Gesellschaft waren bestimmte Berufe besonders angesehen, dazu gehörte auch der des Zimmermanns. Viele Rabbiner hatten selbst dieses Handwerk erlernt, und Zimmerleute galten als besonders gelehrt. Das kann nicht allein auf die Tatsache zurückgeführt werden, daß ihre Geschäftskontakte ein gewisses Maß an Griechischkenntnissen unumgänglich machten. Bedeutsamer ist, daß viele Zimmerleute für ihre gute Kenntnis der Schrift geachtet wurden.

In Palästina war ein Handwerk normalerweise ein Familienunternehmen. Da es keine offiziellen Ausbildungsstätten gab, erlernte der Sohn das Handwerk durch die Anleitung, die ihm sein Vater oder ein anderer Verwandter gab. Er wurde hier oder da als **Lehrling** eingestellt.

Ohne Zweifel leitete Josef Jesus in derselben Weise an. In den vielen Stunden, die sie zusammen in der Werkstatt verbrachten, erklärte Josef immer wieder die einzelnen Arbeitsgänge und führte sie vor, während Jesus zuhörte, beobachtete und nachahmte. Durch enges und häufiges Miteinander in der Umgebung der Werkstatt wurden Jesu Kenntnisse, Fertigkeiten und Erfahrungen immer reicher, bis er schließlich selbst ein professioneller Zimmermann war.

C.H.Dodd deutet die Worte Jesu in Johannes 5:19,20 als eine Erinnerung an die ehemalige Situation in seinem Zuhause.[17] Der Abschnitt lautet:

> ... Der Sohn kann nichts von sich aus tun, sondern nur, was er den Vater tun sieht; denn was dieser tut, das tut gleicherweise auch der Sohn. Denn der Vater hat den Sohn lieb und zeigt ihm alles, was er tut ...

Diese Bibelverse fassen tatsächlich die wichtigsten Elemente der Lehrlingszeit zusammen, die Jesus in der Werkstatt erlebt haben muß. Auf der einen Seite stand Josef, der aus einer Haltung der Liebe heraus den Wunsch hatte, seinen Sohn anzuleiten. Durch sein persönliches Beispiel zeigte er Jesus alles, was dieser lernen mußte. Auf der anderen Seite stand Jesus, der in seiner Position als Lehrling von seinem Vater abhängig war. Er ahmte das nach, was der Vater ihm vormachte, und war zum Schluß handwerklich ebenso geschickt wie der Vater.

In den Jahren, die Jesus als Zimmermann verbrachte und über die sich die Evangelien in Schweigen hüllen, war die Werkstatt ein ausgezeichneter Vorbereitungsort. Dort konnte Jesus Lektionen lernen, die sich für sein öffentliches Wirken in den kommenden Jahren als sehr wertvoll erweisen würden.

Dadurch, daß Jesus körperliche Arbeit leistete, konnte er sich gut mit der Mehrheit der Bevölkerung identifizieren, die entsprechende Arbeit tat. Um später seinen Mitmenschen helfen zu können, mußte er sie zunächst verstehen lernen. Jesus verdiente sich durch harte Arbeit seinen Lebensunterhalt und kam durch seinen Beruf mit Kunden verschiedenster Stellung in Kontakt – und sicherlich hatte er auch Kunden, mit denen der Umgang nicht so einfach war. Durch seine Arbeit und die Kontakte gewann er einen guten Einblick in den Alltag, die Ansichten, Gefühle, das Streben, die Sorgen und Freuden des Volkes. Gleichzeitig lernte er die Vielschichtigkeit, die Stärken und Schwächen der **menschlichen Natur** kennen (siehe Joh 2:24,25). Es gab noch einen weiteren Gesichtspunkt der zwischenmenschlichen Beziehungen, die Jesus in dem täglichen engen Umgang mit seinem Vater lernen konnte, nämlich, was es bedeutet, eine gute **Arbeitsbeziehung** zu einem anderen Menschen aufzubauen und zu erhalten.

Bestimmt führte Jesus zahlreiche Gespräche mit Josef über geistliche Fragen. Und bei Routinearbeiten hatte er reichlich Gelegenheit, über Gottes Wort nachzusinnen. Dadurch wuchs Jesu Verständnis der **biblischen Wahrheiten** und seines eigenen zukünftigen Dienstes.

Durch viele **Beobachtungen**, die mit der praktischen Zimmermannsarbeit verbunden waren, erhielt Jesus Einsichten, die er später in seinen Predigten und Lehren als anschauliche Beispiele verwenden konnte.[18]

Die ständige Herausforderung, qualitativ gute Arbeit zu leisten, erforderte und verstärkte die **Entwicklung bestimmter Charakterzüge**, wie zum Beispiel Hingabe, Treue, Geduld und den Entschluß, gute Arbeit zu leisten (siehe Mk 7:37).

Für die Arbeit als Zimmermann ist **strategisches Denken** notwendig. In Verbindung mit verschiedenen Aufträgen mußte Jesus immer wieder bestimmte Schritte durchlaufen. Zunächst mußte er festlegen, wie das gewünschte Endprodukt aussehen sollte, als nächstes mußte er das am besten geeignete Material auswählen, dann die richtigen Werkzeuge einsetzen und schließlich die effektivste Arbeitsweise anwenden, um das geplante Produkt hervorzubringen. Wie wir sehen werden, folgte Jesus in seinem Vorgehen bei der Auswahl der Zwölf und ihrer Formung zu Jüngern im wesentlichen einer ähnlichen Strategie.

Zusätzlich konnte Jesus auch ein gewisses **geschäftliches Können** erwerben. Ziele und Prioritäten mußten festgelegt werden, es ging um Zeit- und Finanzplanung und Kalkulation. Dieser Bereich wurde noch größer, als Jesus zu einem späteren Zeitpunkt aller Wahrscheinlichkeit nach die Werkstatt selbständig übernehmen mußte.[19] Damit lag nun nicht nur die Verantwortung auf seinen Schultern, die große Familie zu ernähren, sondern ihm öffneten sich auch ungeahnte Möglichkeiten, nämlich seine jüngeren Brüder im Handwerk auszubilden. Dadurch konnte Jesus im Umfeld des Arbeitsalltags das Prinzip der Verbundenheit anwenden und auf der Berufsebene sein Wissen, seine Fertigkeiten und Erfahrungen weitergeben – eine Art Vorübung für das, was er später auf geistlicher Ebene bei der Heranbildung und Schulung der Zwölf tun würde.

1.3 Seine Kenntnis der rabbinischen Unterweisung

Zur Zeit Jesu besaßen verschiedene Gruppierungen und Bewegungen einen starken Einfluß in der jüdischen Gesellschaft.

Eine erste, sehr dominierende Gruppe waren die **Sadduzäer**. Die meisten von ihnen kamen aus dem Priestergeschlecht. Als Vertreter dieser aristokratischen Gruppe besaßen sie die Mehrheit der Sitze im *Sanhedrin*, der einundsiebzig Mitglieder umfaßte. Der *Sanhedrin* war der höchste Rat des Landes und hatte sowohl richterliche als auch gesetzgebende Funktion. Außerdem stellten die Sadduzäer immer die Hohenpriester. Sie hatten sich sowohl mit der Anwesenheit der Römer im Lande als auch mit der Herrschaft der herodianischen Dynastie abgefunden, und ihre Einstellung war im wesentlichen säkular und materialistisch. Ihr Hauptinteresse scheint tatsächlich politischer und nicht geistlicher Natur gewesen zu sein.

Dadurch standen sie automatisch in direktem Gegensatz zu den **Pharisäern**, die zugleich religiöse Separatisten und Nationalisten waren. Zur Zeit Jesu gab es nicht weniger als sechstausend Anhänger dieser Gruppierung. Sie waren als eine Art Bruderschaft organisiert und achteten besonders auf eine strikte Befolgung des Gesetzes wie sie es verstanden. Ihr Verständnis drückte sich in 613 Verordnungen aus, 365 Verboten und 248 Geboten. Die Anhänger der Phärisäer wohnten sowohl in den Städten als auch auf dem Land. Es gehörte eine Reihe von Priestern dazu, doch vornehmlich handelte es sich um Laien wie Kaufleute, Bauern und besonders Handwerker. Der starke religiöse Einfluß dieser frommen Bewegung war jedoch in erster Linie auf die Schriftgelehrten zurückzuführen, die ebenfalls der Bewegung angehörten (siehe Lk 5:30).

Im Unterschied zu den Sadduzäern und Pharisäern waren die **Schriftgelehrten** weniger eine politische oder religiöse Gruppierung, sondern ähnelten mehr einer Zunft. Um sich ihrer Berufung besser widmen zu können, versahen die Schriftgelehrten einen normalen Beruf, meistens im kaufmännischen oder handwerklichen Bereich. Darüber hinaus jedoch studierten sie das Gesetz, schrieben es ab, legten es aus und lehrten. Dazu gehörte auch die Auslegung der Schrift in den Synagogengottesdiensten. Es war ihr besonderer Wunsch, daß die vielen Aspekte der *Thora* in den Situationen des alltäglichen Lebens verstanden und befolgt wurden. Ihr Studium und ihre Lehre konzentrierte sich auf das Wort Gottes, doch befaßten sie sich auch mit den „Satzungen der Ältesten“ (Mt 15:2). Aufgrund ihrer genauen Kenntnis des Gesetzes wirkten die Schriftgelehrten auch als

Juristen. Ihre vielen Funktionen trugen ihnen mehrere Titel ein, „Gesetzeslehrer" (Lk 5:17), „Gesetzesgelehrte" (Lk 7:30), „Lehrer des Gesetzes" (Mk 2:6). Von ihren Mitmenschen wurden sie mit „Rabbi" (siehe Mt 23:7) angeredet, einem besonderen Ehrentitel.[20] Die Mehrheit der Schriftgelehrten schloß sich der Bewegung der Pharisäer an. Dieser Schritt diente sicherlich dazu, daß sie größeren Einfluß in der Gesellschaft gewannen, ihre Absichten besser verfolgen und ihre Überzeugungen verbreiten konnten.

Das Bild wäre jedoch unvollkommen, wenn man nicht zwei weitere Strömungen erwähnen würde, die dem Judentum des ersten Jahrhunderts ebenfalls ihr Gepräge gaben. Die erste Gruppe waren die **Zeloten**, glühende Patrioten, die sich gewaltsam den Römern widersetzten. Das Zentrum dieser Bewegung, die von Judas, dem Galiläer, ins Leben gerufen worden war, lag in Galiläa. Die Mitglieder dieser radikalen nationalistischen Gruppe wurden sogar „Galiläer" genannt.[21] Was ihre theologische Richtung anbetraf, so identifizierten sich die Zeloten mit der Sicht der Pharisäer.

Die letzte Gruppe, die zu nennen ist, war die asketische Bewegung der **Essener**, die zur Zeit Jesu mindestens viertausend Anhänger zählte. Viele von ihnen lebten in der Gemeinschaft von Qumran in der Nähe des Toten Meers in der Wüste. Die Essener, die sich selbst die „Söhne des Lichts" nannten, werden zwar nicht im Neuen Testament erwähnt, besaßen jedoch wahrscheinlich einen starken Einfluß, besonders auf die Lebensweise und den Dienst Johnnes des Täufers. Die Mitglieder der klösterlichen Gemeinschaft hatten sich einem hohen moralischen Standard verpflichtet und lebten in strenger Disziplin. Viele von ihnen lebten zölibatär. Sie betonten das Gebet, rituelle Waschungen und ein Leben in Gemeinschaft. Als Ganzes gesehen waren sie in ihrem Streben nach einem Leben der Reinheit noch strenger als die Pharisäer.

Jahrelang wurde Jesus im Verborgenen vorbereitet, und die Strategie des göttlichen Plans nahm langsam immer schärfere Konturen an. In dieser Zeit wird Jesus mit Sicherheit die unterschiedlichen Richtungen und Aktivitäten der dargestellten Gruppen und Bewegungen kennengelernt haben. Eine dieser Gruppen, nämlich die Schriftgelehrten, bot ihm mit **ihrem Konzept und ihrer Praxis der rabbinischen Unterweisung** eine besonders ergiebige Quelle strategischer Einsicht.

Wenn ein jüdischer Junge zur Zeit Jesu etwa im Alter von fünfzehn Jahren den Schulbesuch beendete und den Wunsch hatte, weiter zu lernen, konnte er eine Schule der Schriftgelehrten besuchen. In Jerusalem besuchten Hunderte von Studenten eine der vielen rabbinischen Akademien.[22] Diese fanden entweder im Haus des betreffenden Rabbis oder auf dem Tempelgelände statt. Zu den bekanntesten Rabbinern, deren Tätigkeit sich teilweise mit der Lebenszeit Jesu deckte, gehören Hillel, Schammai, Johanan ben Zakkai und Gamaliel der Ältere, der Saulus von Tarsus zu seinen Schülern zählte (siehe Apg 22:3). Hillel, „dieser größte der Pharisäer“ [23], und Schammai waren die Leiter der zwei einflußreichsten Akademien. Der erste vertrat eine eher liberale, der zweite eine eher konservative Auslegung des Gesetzes.

Wie wir bereits gesehen haben, war es zu jener Zeit durchaus üblich, zur Erlernung eines Berufs eine Zeitlang in die Lehre zu gehen. Dasselbe Konzept finden wir auch im intellektuellen Bereich. Die **Lehrer-Jünger-Beziehung** läßt sich bereits in der griechischen Gesellschaft finden. Sokrates, Plato und Aristoteles hatten jeweils ihre Schüler, und auch im Judentum war es ein bekanntes Lehrverfahren. Mit dem rabbinischen *talmîd*, das heißt „Schüler, Student, Jünger“ (siehe 1 Chr 25:8), verband man, daß sich „jemand (als Lernender) den Schriften und der religiösen Tradition des Judaismus widmet“.[24]

In der Akademie saß der Rabbi auf einem niedrigen Podest, und seine Schüler saßen im Halbkreis um ihn herum auf dem Boden. Der Lehrer versuchte, sein Wissen in Form von Lektionen aus der Schrift und der Tradition weiterzugeben[25], und die Schüler beteiligten sich an Debatten über theologische Fragen, besonders bei Themen, die die richtige Auslegung und Befolgung der *Thora* betrafen. Auch wenn es üblich war, daß sich die Schüler Notizen machten[26], **war die Lehrmethode im wesentlichen mündlicher Art**. Eine starke Betonung lag auf dem Auswendiglernen. Der Prozeß der Vermittlung wurde von zwei Grundsätzen bestimmt, nämlich **Authentizität** und Kürze.

Das Ziel des rabbinischen Unterrichts bestand nicht darin, daß ein *talmîd* die Gedanken seines Meisters mit eigenen Worten darstellen oder sie zusammenfassen konnte. Als Können wurde vielmehr angesehen, daß ein Schüler in der Lage war, aus dem Gedächtnis so genau wie möglich die Worte des Rabbis wiederzugeben. Man folgte gewissenhaft dem Grundsatz, daß „ein Mann die Sprechweise seines Lehrers gebrauchen muß" (M Edujjoth 1,3). Wir lesen die Erklärung Rabbi Joschuas: „Ich habe die Tradition von Rabban Johanan ben Zakkai empfangen, der wiederum hörte sie von seinem Lehrer, und sein Lehrer wiederum von seinem ..." (M Edujjoth 8,7). Es überrascht nicht, daß die rabbinischen Schüler sich nicht nur darin übten, Fragen zu stellen und zu debattieren, sondern zusätzlich eine Vielzahl von Gedächtnishilfen erlernten. B. Gerhardsson bemerkte, daß „die Lehrer durch ständige Wiederholung ihren Schülern den Lehrstoff einprägten".[27] Der Schüler seinerseits mußte die Worte des Rabbis ebenfalls durch ständige Wiederholung in sich aufnehmen. Das Ziel des *talmîd* bestand darin, eine vergleichbare Leistung zu vollbringen wie Rabbi Elieser ben Hyrcanus. Er war ein Schüler Rabbi Johanan ben Zakkais und wurde dafür gepriesen, „eine sorgfältig verputzte Zisterne zu sein, die keinen Tropfen verlor" (M Aboth 2,8).

Der pädagogische Grundsatz der Rabbiner, „Ein Mann sollte seinen Schüler (mündlich) immer auf dem kürzesten Weg lehren"[28], zeigt zudem, daß Wert auf **Kürze** gelegt wurde. Die Rabbiner setzten verschiedene Hilfsmittel ein, zum Beispiel Schlüsselbegriffe, kurze, zusammenfassende Sätze, Bilder und Gleichnisse. Das bewirkte, daß ihre Äußerungen wie „Stacheln“ und „eingeschlagene Nägel“ (Pred 12:11) waren. Der Prozeß des Auswendiglernens wurde dadurch sehr beschleunigt.

Bisher haben wir uns bei der Untersuchung der rabbinischen Unterweisung auf Elemente beschränkt, bei denen es um ein **Miteinander oder um Gemeinschaft mit dem Ziel der Information** ging, das heißt eine Verbundenheit mit dem Ziel des Wissenserwerbs. Nun müssen wir uns noch mit einer zweiten Dimension befassen, dem **Miteinander oder der Gemeinschaft mit dem Ziel der Formung**, das heißt eine Verbundenheit mit dem Ziel der Charakterentwicklung. Ein eifriger jüdischer Schüler richtete sich nach der Wahrheit, die die Schrift lehrt: „Wer mit den Weisen umgeht, wird weise ...“ (Spr 13:20). Er strebte nicht nur nach dem intellektuellen Wissen, das er an der Akademie erwerben konnte, sondern strebte auch nach dem formenden Einfluß, der daraus erwuchs, daß er sich für eine Zeitlang in enge Verbindung mit einem Rabbi seiner Wahl begab.

Für einen *talmîd* stellte der Rabbi nicht nur eine geistige und geistliche Autorität dar, sondern war ihm auch ein Vorbild. Der Rabbi beeinflußte seinen Schüler sowohl durch das, was er sagte, als auch durch das, was er tat. Er prägte das Leben der Schüler durch seine Lehre und seinen Lebensstil. M. Friedeman erklärte: „Die Worte des Rabbis waren kostbar, sein Vorbild war jedoch noch kostbarer.“ [29] Auf der Ebene der Verbundenheit zur Information lehrte der Rabbi vornehmlich mit dem Ziel des Auswendiglernens. Von seinen Schülern erwartete er, daß sie ihm zuhörten und seine Worte behielten. Doch auf der Ebene der Verbundenheit mit dem Ziel der Formung stellte der Rabbi sich seinen Schülern als Vorbild dar. Der Zweck war die Nachahmung, und er erwartete von seinen Schülern, daß sie ihn beobachteten und ihm nacheiferten.

Um den Prozeß der **Nachahmung** zu fördern, verbrachte der Schüler und Jünger seine Zeit in Gemeinschaft mit dem Rabbi und teilte sein Leben mit ihm. Er begleitete ihn zu den Synagogengottesdiensten oder in den Gerichtshof. Er war an seiner Seite, wenn der Rabbi lobenswerte Unternehmungen durchführte. Auf Gängen durch die Felder oder auf dem Marktplatz ergänzte der Rabbi seine theoretischen Unterweisungen mit praxisbezogenen Lektionen. Kurz gesagt, der Jünger war ständig mit seinem Lehrer zusammen. Außerdem wurde von dem Jünger erwartet, daß er seinem Meister gegenüber die Aufgabe eines Dieners wahrnahm und praktische Arbeiten verrichtete, ihm zum Beispiel beim Tragen half, Nahrungsmittel einkaufte, Mahlzeiten zubereitete und verschiedene andere Besorgungen erledigte. Die enge Verbindung, die auf diese Weise zwischen Lehrer und Schüler entstand, förderte in dem Schüler einerseits sein Verständnis und formte zugleich seinen Charakter.

Während der *talmîd* seinem Lehrer sowohl wörtlich als auch in moralischer Hinsicht folgte, eignete er sich immer mehr dessen Lebensweise an und wurde ihm immer ähnlicher. Wie sich aus dem Zusammenfluß zweier Flüsse ein großer Strom ergibt, so hatten auch die beiden Formen der Verbundenheit zusammengenommen einen starken Einfluß: Die Gemeinschaft mit dem Ziel der Information und die Gemeinschaft mit dem Ziel der Formung. Sie prägten den Jünger in ein authentisches Abbild des Beispiels, das sein Meister ihm vorlebte. Wir wollen ein Beispiel aus der rabbinischen Geschichte betrachten. In einem Bericht aus dem Talmud werden bestimmte Wesenszüge des berühmten Rabbi Johanan ben Zakkais beschrieben und abschließend bemerkt: „Und genauso folgte sein Jünger R. Eliezer seinem Verhalten“ (BT Sukka 28a). **Diese Nachahmung befähigte und qualifizierte den Jünger dazu, ein verläßlicher Zeuge seines Lehrers zu sein**. Hier wird die Gültigkeit des Grundsatzes deutlich: „Der Vertreter eines Menschen ist wie er selbst“ (M Berakhoth 5,5). Dieses

Nacheifern sicherte den Erfolg der rabbinischen Unterweisung und bewahrte sie zugleich.

Ein weiterer Aspekt der rabbinischen Ausbildung sollte erwähnt werden. Hierbei handelt es sich um das Element der **Multiplikation**. In Übereinstimmung mit der Forderung: „Bringe viele Jünger hervor“ (M Aboth 1,1) und dem Rat aus dem Talmud: „Bilde Gruppen zum Zweck des Studiums, denn man kann sich die Thora nur in einer Gruppe aneignen“ [30], war es etwas ganz Normales, daß ein Rabbi eine Gruppe von Studenten um sich sammelte. „Hillel der Ältere hatte achtzig Jünger ...“ (BT Sukka 28a). Das löste bestimmte gruppendynamische Prozesse aus. Das Wort Gottes beschreibt sie mit folgendem Grundsatz: „Ein Messer wetzt das andere und ein Mann den anderen“ (Spr 27:17). Wenn sich ein Jünger erkennbar im Wissen der rabbinischen Lehren auszeichnete, wurde das nicht nur dadurch deutlich, daß er wörtlich wiederholte, was er gehört und gelernt hatte und daß er dadurch fähig wurde, andere zu lehren, sondern auch daran, daß er seinen Lehrer weiser machte (siehe M Aboth 6,6).

Es stellt sich nun natürlich die Frage, in welchem Maß Jesus mit den Gedanken und der Praxis der Rabbiner vertraut war.

Aus Johannes 7:15 können wir einen wichtigen Hinweis ableiten. Dort wunderten sich die Juden über Jesus und fragten: „Wie kann dieser die Schrift verstehen, wenn er es doch nicht gelernt hat?“ Diese jüdischen Zeitgenossen erklärten also mit anderen Worten, daß **Jesus nie an einer Rabbinenschule gelernt**, daß er nie zu Füßen eines der verehrten Meister gesessen hatte.

Aus welchen Quellen hatte Jesus dann sein Wissen erworben? Als er begann, in der Öffentlichkeit zu wirken, war dieses Wissen so bemerkenswert, daß ihn die Menschen, die ihn hörten, ohne Zögern von sich aus „Rabbi“ nannten (siehe Joh 1:38,49, 3:2).

Hier ist es hilfreich, sich an unsere anfängliche Feststellung zu erinnern: Am stärksten war Jesus durch sein gottesfürchtiges Elternhaus geformt worden. Als Jesus zwölf Jahre alt war und kurz vor der *Bar Mizwa* stand – dem Alter, in dem man selbst uneingeschränkte Verantwortung gegenüber dem Gesetz Gottes übernahm –, war seine religiöse Erziehung so umfassend, daß selbst Gesetzeslehrer in Jerusalem darüber staunten (Lk 2:46,47). Es ist übrigens interessant, daß die Achtung, die Jesus bei diesem Ereignis von den Honoratioren erhielt, ihm indirekt bescheinigte, daß er **ein außergewöhnliches Verständnis des rabbinischen Wissens, Denkens und Debattierens besaß**.

Dieses bemerkenswerte Verständnis wurde wahrscheinlich zusätzlich durch die Unterweisung in der Synagoge seiner Heimatstadt vertieft. Jesus besuchte dort die Schule. Vorstellbar ist, daß der Schulleiter seinen Schülern immer wieder Wesenszüge der jüdischen theologischen Ausbildung erklärte. In den Gottesdiensten wird Jesus Gastredner sprechen gehört haben, Rabbis, die normalerweise von mehreren Schülern begleitet wurden. Das trug sicherlich dazu bei, das Bild in der Vorstellung Jesu zu vervollständigen.

Zudem erscheint es völlig logisch, daß Jesus im Lauf der Jahre mit einer Reihe von Schriftgelehrten in Kontakt kam, die offensichtlich in jedem galiläischen Dorf zu finden waren (siehe Lk 5:17). Dadurch, daß er persönlich mit ihnen bekannt war, gewann er ein tieferes Verständis ihres Berufs als Schriftgelehrte und ihrer Verbindung mit den Rabbinern.

Es gibt jedoch noch eine vierte Informationsquelle, die wir nicht übersehen dürfen. Jesus reiste mehrfach nach Jerusalem. Dort konnte er die führenden Rabbis und ihre Jünger in den Räumen des Tempels beobachten. Dadurch hatte Jesus immer wieder die Möglichkeit, sein Verständnis der rabbinischen Ansichten zu vertiefen und auch die Methode ihres Lehrens, Debattierens und nicht zuletzt ihrer Schulung kennenzulernen.

Alle diese Einblicke trugen dazu bei, daß in den Jahren, in denen Jesus nicht in der Öffentlichkeit wirkte, in ihm ein tiefes und klares Verständnis heranreifte. Als Jesus schließlich selbst die Zwölf zu Jüngern formte, können wir erkennen, daß er **die Form** der rabbinischen Schulung **verwendete, jedoch deren Inhalt verbesserte** und **ihr Ziel neu definierte**.

1.4 Seine Verleihung der göttlichen Salbung

Als Jesus aus der Verborgenheit seiner abgeschiedenen Zimmermannsexistenz in das Rampenlicht des öffentlichen Wirkens trat, war er ungefähr dreißig Jahre alt (Lk 3:23). Das erinnert an Josef und David, die beide im Alter von dreißig Jahren einflußreiche, leitende Positionen übernahmen (Gen 41:46, 2 Sam 5:4).

Jesus folgte Gott in vollkommenem Gehorsam. Deshalb trat er erst in dem Moment unter den Menschen auf, die zu Johannes dem Täufer in die Jordanebene hinausströmten, als Gottes vollkommener Zeitplan erfüllt war. Das Ereignis der **Taufe Jesu** durch den Erweckungsprediger (siehe Lk 1:16,17) war offensichtlich von großer Bedeutung. Das wird daraus ersichtlich, daß in allen vier Evangelien davon berichtet wird (Mt 3:13-17, Mk 1:9-11, Lk 3:21,22, Joh 1:32, 33). Die begleitenden Umstände der Taufe Jesu hatten sowohl große Bedeutung für sein öffentliches Wirken als auch für ihn ganz persönlich.

Für Johannes stellte die Begegnung mit Jesus einen Höhepunkt seines Dienstes dar, denn nun hatte er die Möglichkeit, der großen Menschenmenge den Messias [31] zu offenbaren (siehe Joh 1:29,31,41). Abgesehen von der allgemeinen Anerkennung, die Jesus durch Johannes erhielt, bot sich Jesus durch den Akt der Taufe die Gelegenheit, sich öffentlich mit den Sündern zu identifizieren, zu deren Rettung er gekommen war (obwohl er selbst ohne Sünde war).

Das Ereignis der Taufe bedeutete für ihn persönlich außerdem eine große Stärkung. Die Worte „Du bist mein lieber Sohn, an dir habe ich Wohlgefallen“ (Mk 1:11) bestätigten, daß er Gottes Sohn war. Sie zeigten ihm zugleich, daß sein himmlischer Vater ihn liebte und Wohlgefallen an ihm hatte.

Im Unterschied zu den vielen anderen Menschen, denen Johannes der Täufer diente, ließ sich Jesus im Wasser taufen und erlebte zugleich **eine besondere Verleihung des Heiligen Geistes**. Lukas berichtet: „Jesus aber, voll heiligen Geistes, kam zurück vom Jordan“ (4:1). Man beachte, daß das Wort „voll“ (griech. *pleres*) „offensichtlich verwandt wurde, um einen bleibenden Zustand zu beschreiben“.[32] Das stimmt mit dem Zeugnis von Johannes überein, daß der Geist Gottes auf Jesus herabkam und auf ihm blieb (Joh 1:32).

Jesus wurde vor allem mit dem Heiligen Geist ausgestattet, damit er die ihm von Gott übertragene Aufgabe besser erfüllen konnte. Es stellt ihn in eine Reihe mit vielen alttestamentlichen Männern Gottes, die Gott besonders ausrüstete, damit sie den speziellen Auftrag ausführen konnten, zu dem Gott sie berufen hatte. Die Salbung der Priester (siehe Ex 29:7) stand in Zusammenhang mit ihrer Weihe für den Dienst Gottes. Wenn ein Prophet gesalbt wurde (z.B. 1 Kö 19:16), diente es dazu, ihn für den Dienst als Sprachrohr Gottes auszurüsten. Die königliche Salbung (z.B. 1 Chr 29:22) war eine Verleihung von Autorität.

Ausgelöst durch seine Taufe personifizierte Jesus Christus die dreifache Salbung des Priesters, Propheten und Königs (siehe Hebr 3:1, Apg 3:22, Joh 18:36). Als Folge davon zeigte sich in seinem Leben und Wirken in einer bisher nie dagewesenen Weise die Befähigung und bestätigende Kraft Gottes durch den Heiligen Geist. Durch eben diese Kraft war es Jesus möglich, in allen Dingen das zu sein und zu tun, was Gottes Plan entsprach. Diese Kraft verlieh seinen Worten und Taten ihre unvergleichliche Wirkung, durch die das Reich Gottes ausgebreitet wurde.

Markus, der Evangelist, der ein besonderes Interesse daran hatte, Jesus als einen Mann der Tat darzustellen, erwähnt nur mit wenigen Worten **die Tatsache**, daß Jesus den Heiligen Geist empfangen hatte (Mk 1:10). Doch den Rest des Kapitels widmet er der Darstellung, welchen **Erweis** es für diese bemerkenswerte Salbung gab, die auf Jesus Christus ruhte. Der Evangelist beschreibt, wie Jesus Christus im Umgang mit Menschen Vollmacht ausübte (V. 16-20), ebenso in der Lehre (V. 21,22), in Befreiung (V. 23-27,32-34,39) und bei der Heilung (V. 29-31, 32-34, 40-42).

Die unleugbare Realität und die außergewöhnlichen Folgen der Verleihung des Heiligen Geistes, die Jesus erlebte, lassen die Frage auftauchen, wie man das **Wesen** dieser Salbung zu verstehen hat. Als Simon Petrus im Haus des römischen Hauptmanns Kornelius predigte, gab er die Antwort auf diese Frage. Im Rückblick lüftete er das Geheimnis, das der Salbung Jesu zugrunde lag, folgendermaßen:

> Ihr wißt, was in ganz Judäa geschehen ist, angefangen von Galiläa nach der Taufe, die Johannes predigte, wie Gott Jesus von Nazareth gesalbt hat mit heiligem Geist und Kraft; der ist umhergezogen und hat Gutes getan und alle gesund gemacht, die in der Gewalt des Teufels waren, denn Gott war mit ihm.
>
> (Apg 10:37,38)

Nach Simon Petrus' Verständis war es das Mitsein Gottes, die **göttliche Gemeinschaft**, die letztlich erklärte, warum sich die Salbung im Leben und Wirken Jesu so machtvoll erwies. An dieser Stelle müssen wir festhalten, daß Jesus Christus nur einmal von sich selbst sagte, daß er mit dem Heiligen Geist „gesalbt" sei (Lk 4:18), und zwar zu Beginn seines öffentlichen Wirkens, als er Jesaja 61:1 im Hinblick auf sich selbst zitierte. Insgesamt jedoch scheint er mehr betont zu haben, daß Gott mit ihm war (Joh 8:29, 16:32).[34]

Aufgrund der Allgegenwart Gottes umfaßte seine **allgemeine Gemeinschaft** die ganze Schöpfung (siehe z.B. Jer 23:24, Ps 139:7-10, Spr 15:3) und richtete sich mit besonderem Interesse und besonderer Hingabe auf sein Volk (siehe z.B. Jes 41:10, 43:2, Ps 91:15). Doch es gab offensichtlich noch eine **besondere Gemeinschaft**, die Gott souverän einigen herausgerufenen Leitern zusagte und insbesondere seinem eigenen Sohn.

Dieses gemeinsame Merkmal verband Jesus noch mehr mit den herausragenden Gestalten alttestamentlicher Zeiten. Es ist in der Tat erstaunlich, wie häufig das Wort Gottes das Geheimnis dieser herausgerufenen Männer Gottes mit einem einfachen, jedoch bedeutungsvollen Begriff zusammenfaßt und erklärt, nämlich, daß Gott mit diesen Menschen war. Die Bibel erklärt zum Beispiel ausdrücklich, daß Gott mit folgenden Personen war:

Abraham:	Gen 21:22
Isaak:	Gen 26:3,24
Jakob:	Gen 28:15, 31:3
Josef:	Gen 39:2,3,21,23
Mose:	Ex 3:12, 33:14
Pinhas:	1 Chr 9:20
Josua:	Jos 1:5, 3:7
Gideon:	Ri 6:12,16
Samuel:	1 Sam 3:19
Saul:	1 Sam 20:13
Salomo:	2 Chr 1:1
Asa:	2 Chr 15:9
Josafat:	2 Chr 17:3
Hiskia:	2 Kön 18:7
Hiob:	Hiob 29:5
Jeremia:	Jer 1:8,19[35]

Doch keiner biblischen Figur schreibt die Bibel so häufig die besondere Gemeinschaft mit Gott zu wie König David, der in gewisser Hinsicht ein alttestamentlicher Vorläufer Jesu Christi war.[36] Wenn wir sein Leben und die Lebensgeschichte anderer gesalbter Leiter in Israel genau betrachten, können wir **ein breites Spektrum von Segnungen** erkennen. Diese sind mit der besonderen göttlichen Gegenwart verbunden, die sich im Leben dieser Menschen auswirkt. Wir sehen zum Beispiel, daß sich Gottes Gemeinschaft folgendermaßen zeigte:

Schutz:	Gen 28:15
Mut:	siehe Ri 6:33,34
Sieg:	siehe 1 Chr 18:6,13
Glaube:	siehe 1 Chr 12:18
Versorgung:	siehe Ps 23:1-4
Ruhe:	siehe 2 Sam 7:1,11
Wissen/ Erkenntnis:	siehe Ex 31:3
Hilfe:	2 Chr 32:8
Verständnis:	siehe 1 Chr 28:12,19
Erfolg:	Gen 39:23
Weisheit:	siehe 1 Kö 3:28
Ehre:	siehe 2 Chr 18:1
Geschick:	siehe Ex 31:3
Wunder:	siehe Ri 6:13

Jesus erlebte seit dem Zeitpunkt seiner Taufe Gottes Gemeinschaft in viel größerem Maß. Ähnlich wie jene Gottesmänner erlangte er dadurch einen ganz neuen Zugang zu den reichen Vorräten aus dem Überfluß Gottes. Dieser stand ihm nun durch die Salbung und Gegenwart des Heiligen Geistes zur Verfügung.

Die göttliche Verbundenheit durchdrang alle Dimensionen des Lebens Jesu – Körper, Seele, Verstand und Geist. Durch sie wurde Jesus Christus mit den übernatürlichen Gaben und Fähigkeiten ausgerüstet, die zur Erfüllung seiner Berufung nötig waren. Durch die göttliche Verbindung war er auf **übernatürliche** und **angemessene** Weise ausgerüstet, ein heiliges Leben zu führen, mit Vollmacht zu predigen und zu lehren, die Geistesgaben einzusetzen, Menschen in die Nachfolge zu rufen und sie zu formen sowie Glauben an Gott zu wecken.

Der Heilige Geist beschenkte Jesus Christus mit allen unverzichtbaren Qualifikationen, die für einen effektiven Dienst nötig sind, und gab ihm **die göttliche Salbung, die für seine besondere Funktion notwendig war**, kurz gesagt, er verlieh ihm Kraft. Im Blick auf Gottes Befähigung durch die Gemeinschaft des Geistes Gottes folgert J. Denney zutreffend: „Kraft – das heißt die Gegenwart Gottes, der tun kann, was Menschen nicht tun können – ist das wesentliche Merkmal des Geistes ...“ [37]

Im Bewußtsein der Salbung und der Kraft, die er empfangen hatte (siehe Lk 4:18,19), machte Jesus sich auf und stellte sich den ungeheuren Herausforderungen, die vor ihm lagen. Er machte sich keine Sorgen, ob er Mangel leiden oder Erfolg haben würde, vielmehr ruhte er in dem Wissen, daß er durch Gottes Gemeinschaft befähigt war und daß ihm dadurch Gottes reichliche Vorsorge und Versorgung zur Verfügung stand. Die übernatürliche Kraft, die sich im Leben Jesu und in seinem sich ausdehnenden Wirken zeigte, bewirkte zugleich, daß die Zeitgenossen Jesu zu einem neuen Erkennen der Nähe Gottes kamen (siehe Lk 7:16, Mt 9:8). Sie erlebten ganz persönlich die Wahrheit, die die Engel verkündigt hatten (Mt 1:23), daß Jesus nämlich der *Immanuel* genannt werden würde, was bedeutet: „Gott mit uns“. Wir sehen, daß der Name *Jesus* auf seine Rolle als Retter hinwies, *Messias* betonte den Gesichtspunkt der Salbung, und *Immanuel* erklärte eine weitere wichtige Seite seines Auftrags: die Menschen mit einer neuen Manifestation der Gegenwart Gottes in ihrer Mitte bekannt zu machen.

Bevor Jesus sich ganz seinem Auftrag widmen konnte, mußte er noch einen weiteren Schritt gehen. Jesus wurde vom Heiligen Geist in die Wüste geführt (Mk 1:12) und wie ein normaler Mensch von Satan in allen Lebensbereichen versucht (Hebr 4:15). Die göttliche Salbung, die auf Jesus ruhte, bewahrte ihn nicht davor, **im Feuerofen der Versuchung geprüft** zu werden.[38] Aber durch Gebet, Glauben und Gottes Wort überwand Jesus den Angriff des Feindes. Und darüber hinaus ging er in geistlicher Hinsicht bereichert aus dieser Zeit der schweren Prüfung hervor (siehe Lk 4:1,14).

Wenn wir genauer untersuchen, welche Erfahrungen Jesus Christus bis zum Zeitpunkt seines öffentlichen Wirkens mit der Gemeinschaft und dem Miteinander gemacht hatte, erkennen wir, daß er drei Formen der **menschlichen Verbindung** erlebte: den geistlichen Einfluß von seinen Eltern, Lehr- und Ausbildungszeit und Unterweisung durch Rabbis. Alle drei Einflußbereiche prägten sein Leben sehr stark.

In der Strategie, die Jesus bei den Zwölfen und deren Formung zu Jüngern anwenden sollte, gab es noch einen vierten entscheidenden Faktor. Dieser entsprang der Erfahrung Jesu mit der **göttlichen Verbindung und Verbundenheit**, der besonderen göttlichen Gemeinschaft, die er durch die Salbung mit dem Heiligen Geist empfangen hatte. Mehr als alle anderen Faktoren qualifizierte und bevollmächtigte ihn diese übernatürliche Ausrüstung für den vor ihm liegenden Auftrag, den Gott ihm gegeben hatte.

2 Jesu Christi Anwendung der Gemeinschaft bei der Formung der Zwölf zu Jüngern

Am Anfang des Hebräerbriefs lesen wir, daß Gott in der Vergangenheit auf verschiedene Weise durch seine Propheten gesprochen hat; doch in den letzten Tagen hat er durch seinen Sohn gesprochen (1:1,2). Gott hatte mit großem Einsatz um die Menschen geworben, in der Hoffnung, daß diese ihre Liebe neu auf ihren Schöpfer richten würden. Gottes Werben fand seinen Höhepunkt darin, daß er schließlich seinen eigenen Sohn in die Welt schickte (siehe Mk 12:6). In dem sich entfaltenden Erlösungsplan für die Menschheit zeigte Gott sich erneut und diesmal in ganz besonderem Maß als ein Gott der Strategie.[1]

Jesus Christus betonte, daß es sein Wunsch war, Gottes Willen zu tun (Joh 6:38) und daß er nur das tun konnte, was er den Vater tun sah (Joh 5:19). Da Jesus von Gott, dem Vater, zur Erfüllung eines bestimmten Auftrags gesandt worden war (siehe Joh 3:16) und da er nur im Gehorsam gegenüber der Führung des Heiligen Geistes handelte (siehe Mt 4:1), schenkte Jesus diesem göttlichen Auftrag und dem, was dieser beinhaltete, seine ganze Aufmerksamkeit und war sich **bewußt**, daß er dabei eine **besondere Strategie** benötigte. Jesus verfolgte zwei herausragende Anliegen: Durch seinen Versöhnungstod sollte er die Errettung der Menschheit erwirken, und er sollte Leiter für eine Bewegung heranbilden, die durch die Menschen entstehen würde, die sein Werk am Kreuz durch den Glauben annahmen und sich seiner Herrschaft unterstellten. Bei der Verfolgung dieser Anliegen ging Jesus weder planlos noch zögernd vor. Im Gegenteil, jeder Schritt war wohlüberlegt und zielgerichtet, von tiefer Gewißheit und äußerster Wirksamkeit geprägt.

Im ersten Kapitel haben wir untersucht, in welcher Weise Jesus verschiedene Formen der Gemeinschaft erlebte, bevor er begann, die Jünger zu schulen. Im zweiten Kapitel werden wir untersuchen, wie er diese Erfahrungen in seinem Umgang mit den Zwölf und ihrer Formung zu Jüngern umsetzte. Diese Darstellung wird ans Licht bringen, wie sich die wachsende Verbundenheit Jesu mit diesen Männern innerhalb des Rahmens einer vierfältigen Berufung entwickelte.

2.1 Sein Ruf zur Beobachtung

Jesus war sich der Aufgabe bewußt, die Gott ihm aufgetragen hatte. Seine Strategie wurde – im Hinblick auf dieses Wissen – von dem Ziel her bestimmt, das er vor Augen hatte. Die Erklärung „Des Weisen Herz kennt die richtige Zeit und das rechte Verhalten“ (Pred 8:5) erwies sich bei ihm als uneingeschränkt wahr. In der vorausgegangenen Darstellung haben wir gesehen, wie „die richtige Zeit“ für das Hervortreten Jesu aus der Verborgenheit durch das Ereignis seiner Taufe gekommen war. Um bei der Aufnahme und dem Aufbau seines Dienstes das „rechte Verhalten“ zu sichern, beschloß Jesus, in der Rolle eines Lehrers aufzutreten.

Seine Mitmenschen erkannten und akzeptierten diese damals bekannte Funktion sofort. Das können wir daran erkennen, daß sie Jesus selbstverständlich und spontan als „Rabbi“ (siehe Joh 6:25, 3:2, 9:2, 11:8, Mk 9:5, 11:21) und „Lehrer“ (siehe Mt 12:38, 19:16, Mk 4:38, Lk 21:7, Mk 9:38) ansprachen. Noch bedeutsamer ist, daß Jesus sich selbst als Lehrer bezeichnete (Mt 26:18, Joh 13:13,14).

Wir können uns vorstellen, daß Jesus aussah wie die anderen Rabbis auch: er trug Sandalen, eine Tunika und hatte einen mit Quasten besetzten Umhang (siehe Mk 6:56). Sein Gesicht war von der Sonne gebräunt, und er trug einen Bart. In seinem öffentlichen Wirken zeigten sich drei verschiedene Aspekte: er predigte, lehrte und heilte (siehe Mt 4:23, 9:35).

Jesus begann seine **Predigt** in Galiläa mit der Botschaft: „Tut Buße, denn das Himmelreich ist nahe herbeigekommen“ (Mt 4:17). Es war dieselbe Botschaft, mit der Johannes der Täufer die Aufmerksamkeit der Menschen geweckt hatte (Mt 3:2). In Übereinstimmung mit dem Boten, der ihm vorausgegangen war, forderte Jesus seine Zuhörer auf, ihr Herz und ihren Lebensstil zu ändern, weil das „Himmelreich“ nahegekommen war. „Himmelreich“ war ein jüdischer Begriff für das „Reich Gottes“ (Mk 1:15), das im wesentlichen die Herrschaft Gottes im menschlichen Herzen beschreibt (siehe Lk 17:21). Besonders die drei synoptischen Evangelien zeigen, daß die Vorstellung vom Reich Gottes sowohl in der Predigt Jesu als auch in seiner Lehre einen zentralen Platz einnahm (siehe z.B. Mt 13:1-52).

Auch wenn die Verkündigung von Jesus anfänglich der des Johannes entsprach, da er genau wie dieser in der Öffentlichkeit predigte und ebenfalls Menschen zur Taufe führte, gab es trotzdem wesentliche Unterschiede. Johannes war ein Asket, er betonte das Gericht und richtete sein Augenmerk vorwiegend auf die Nation Israel. Jesus hingegen war ein Mann des Volkes, er verkündigte Errettung und hatte bei dem, was er tat, die ganze Welt im Blick.

Er hatte etwa dreißig Jahre lang das Wort Gottes, die jüdische Kultur und ihr Wesen sowie den Charakter und die Bedürfnisse der Menschen studiert. Als er nach dieser Zeit öffentlich auftrat und **lehrte**[2], geschah es in einer Art und Weise, die die Menschen in äußerstes Erstaunen versetzte (siehe Mk 1:22,27).

Die Inhalte, mit denen er sich befaßte, ähnelten in vielen Punkten dem rabbinischen Denken.[3] Auch die verschiedenen sprachlichen Formen, von denen Jesus Gebrauch machte, ließen eine Verbindung zu den anderen Rabbis erkennen, z.B. Kernsätze, Sprichwörter, Fragen, Bilder, Vergleiche und besonders Gleichnisse.[4]

Doch es gab einen auffallenden Unterschied, den Matthäus mit den folgenden Worten charakterisierte: „er lehrte sie mit Vollmacht und nicht wie ihre Schriftgelehrten" (7:29). Woher kam diese offensichtliche Kraft der Lehre Jesu?

Erstens hatte Jesus jahrelang in engem Kontakt mit dem gewöhnlichen Volk gelebt und war deshalb bestens mit ihrem Leben und Denken vertraut. Wenn er das Volk lehrte, fiel es ihm leicht, sich auf seine Zuhörer einzustellen. Er sprach zu ihnen in inhaltsstarken, einfachen, klaren, praxisbezogenen und eindrücklichen Worten. Zweitens sprach er den Verstand, die Gefühle und den Willen seiner Zuhörer an und forderte damit eine Antwort heraus. Drittens. Jesus versuchte nie, seine Lehren durch einen Rückgriff auf die rabbinische Tradition zu bekräftigen. Statt dessen leitete er seine Vollmacht direkt von seiner engen Beziehung zu Gott ab. Und schließlich verlieh die Salbung des Heiligen Geistes, die auf ihm ruhte, seinen Worten, die zeitweise einen prophetischen Klang besaßen, eine solche Kraft, daß sie auf bisher unbekannte Weise tief in das Herz und Denken seiner Zuhörer eindrangen.

Die einzigartige Vollmacht, mit der Jesus lehrte, war die göttliche Bestätigung seines Wirkens. Diese Bestätigung wurde jedoch auch sehr deutlich in den zahlreichen **Heilungen** sichtbar, die das Wirken Jesu begleiteten. Wenn man die vielen verschiedenen Wunder betrachtet, die Jesus während seines öffentlichen Wirkens vollbrachte, stellen die Heilungen natürlich nur einen Teil dar.

Jesus selbst betrachtete die Wunder nicht nur als einen integralen Bestandteil seiner göttlichen Sendung (siehe Lk 4:18), sondern erklärte auch, daß diese Wunder mehr als alles andere seine Sendung bestätigten. Als die Jünger Johannes des Täufers zu Jesus kamen, um ihrem im Gefängnis sitzenden Meister einen Beweis dafür zu erbringen, daß der Lehrer aus Nazareth wirklich der Messias sei, gab ihnen Jesus zur Antwort:

> Geht hin und sagt Johannes wieder, was ihr hört und seht: Blinde sehen und Lahme gehen, Aussätzige werden rein und Taube hören, Tote stehen auf, und Armen wird das Evangelium gepredigt.
> (Mt 11:4:5)

Die Wunder, und nicht zuletzt die Heilung verschiedenster Krankheiten, waren ein besonderes Merkmal des Wirkens Jesu. Im Zusammenhang mit Johannes dem Täufer wird in den Evangelien von keinerlei Wundern berichtet (siehe Joh 10:41). A. Schlatter wies darauf hin[5], daß auch die berühmten Rabbis Hillel, Gamaliel der Ältere und Johanan ben Zakkai keine Wunder vollbrachten. Jesu wunderwirkende Tätigkeit stellte daher ein weiteres besonderes Merkmal seines unvergleichlichen Dienstes dar.

Wir haben bisher die dreifache Ausprägung des öffentlichen Wirkens Jesu betrachtet. Nun werden wir unsere Aufmerksamkeit auf einen weiteren wichtigen Bestandteil seines Auftretens, seine Rolle als Lehrer, richten. J. Klausner stellte fest: „Es war damals in Palästina ein normaler Anblick, daß Lehrer („Rabbis") große Scharen von Jüngern anzogen ..."[6] Auf dem Hintergrund dieser vertrauten Form **berief Jesus eine Kerngruppe von Jüngern**, die sein Leben und seinen Dienst beobachten sollten.

Anfänglich wandte sich Jesus an eine große Zuhörerschaft, doch im Laufe der Zeit konzentrierte er sich mehr und mehr darauf, eine Kerngruppe von Männern zusammenzustellen und sie zu schulen. Sie sollten später in der Lage sein, ihm dabei zu helfen, Gottes weitreichende Absichten auszuführen. In der Zimmermannswerkstatt hatte Jesus sich früher häufig zunächst ein bestimmtes gewünschtes Endprodukt vorgestellt. Dann hatte er sich darangemacht, das geeignete Rohmaterial und die richtigen Werkzeuge auszuwählen sowie die Arbeitsweise festzulegen. Entsprechend beschäftigte sich Jesus nun damit, die geeigneten Männer auszuwählen. Sie mußten optimal dazu geeignet sein, sich innerhalb des sich ausbreitenden Reiches Gottes für Leitungsaufgaben schulen zu lassen. Auf welche Art von Männern fiel Jesu Wahl? Welchen Kriterien folgte er?

Als erstes **beschloß Jesus, Männer zu gewinnen, die ungelernt waren**, ein Merkmal übrigens, das den Jüngern auch dann noch anhaftete, als Jesus bereits in den Himmel aufgefahren war (siehe Apg 4:13). Es sollte uns nicht überraschen, daß Jesus versuchte, Männer zu gewinnen, die wahrscheinlich nur die Grundschule besucht und dann Fertigkeiten in einem Beruf erworben, aber ganz bestimmt nie zu Füßen der Rabbis gesessen hatten.

Johannes 7:15 legt die Vermutung nahe, daß Jesus selbst einen Bogen um die rabbinische Unterweisung gemacht hat.[7] Wenn er als Jünger einem Rabbi gefolgt wäre, würde er das Risiko eingegangen sein, sich von menschlicher Weisheit beeinflussen zu lassen und auf Menschen zu hören, statt sich vom Heiligen Geist führen zu lassen. Leicht wäre er dann einem menschlichen Vorbild nachgeeifert statt seinem himmlischen Vater. Er hätte in Gefahr gestanden, sich an einengende menschliche Traditionen anstelle der befreienden Grundsätze der göttlichen Schrift zu binden. Es würde das Risiko bestanden haben, daß er den Weg größerer Unabhängigkeit statt engerer Abhängigkeit von Gott eingeschlagen hätte. Verständlicherweise wird Jesus alles daran gelegen gewesen sein, die Einflüsse auszuschalten, die Gottes erklärte Absichten für sein eigenes Leben und für das Leben seiner zukünftigen Nachfolger hätten durchkreuzen können. Deshalb zog er es vor, Männer zu berufen, die nicht erst mühsam umlernen mußten, weil sie von den Wegen der Menschen geprägt waren, sondern Männer, die den Wunsch hatten, viel im Hinblick auf die Wege Gottes zu lernen.

Die Entscheidung Jesu, Galiläa zu seinem Hauptwirkungsfeld zu machen, war ein Schritt von großer strategischer Bedeutung. Erstens kannte Jesus diese Gegend sehr gut, weil er dort aufgewachsen war. Außerdem war es die dicht besiedeltste Region Palästinas. Wenn er als Wanderprediger umherzog, würden sich seine Lehre und sein persönlicher Einfluß hier schnell ausbreiten. Der Widerstand von seiten der Pharisäer war in der konservativen nördlichen Provinz zudem weitaus weniger zu fürchten als in der Umgebung Jerusalems.[8] Vor allem waren die Galiläer jedoch ein besonderer Menschenschlag, der bestens für das Vorhaben von Jesus geeignet war.

Man konnte die **Galiläer** leicht an ihrem starken Dialekt erkennen (siehe Mt 26:73), da sie die Gutturallaute vermischten. Die Galiläer hatten den Ruf, impulsiv und aufbrausend zu sein. Aber entscheidender war, daß sie als fromm, stark, zäh und mutig galten, außerdem waren sie fortschrittlich. Josephus schreibt: „[Sie waren] immer gern auf Neuerungen aus, und von Natur aus offen für Veränderungen ..." [10] Von niemand sonst wurde Jesus so offen und herzlich aufgenommen als von diesen unkomplizierten und begeisterungsfähigen Menschen (Joh 4:45). Niemand sonst unterstützte ihn so treu, und vor allem ließen sich die Galiläer in seinen Dienst rufen und stellten die Mehrheit seiner Nachfolger. Die Zwölf waren tatsächlich alle Galiläer (siehe Apg 1:11), mit Ausnahme von Judas Iskariot, der aus dem jüdischen Dorf Kerioth stammte.[11]

Immer wieder zeigte Jesus eine besondere Vorliebe für die galiläischen **Fischer**. Aus Markus 1:16, Matthäus 4:21 und Johannes 21:2,3 können wir ableiten, daß zumindest Simon Petrus, sein Bruder Andreas, die zwei Söhne des Zebedäus Johannes und Jakobus, Nathanael, Thomas und noch ein weiterer der Zwölf zu dieser Gruppe gehörten. Ihr beruflicher Hintergrund hatte sie geprägt. Sie waren umsichtig, kannten harte Arbeit, waren risikofreudig, ausdauernd und es gewohnt, zusammenzuarbeiten (siehe Lk 5:7,9,10).

Wir sehen also, daß Jesus nach einfachen Männern suchte, die aufgeschlossen, kraftvoll und leicht zu motivieren waren, nach Männern, die in der Praxis der harten

Schule des Lebens gelernt hatten. Die ersten vierzehn Monate[12], die Jesus mit diesen Männern verbrachte, bewegte ihn vor allem ein Anliegen: er wollte ihnen **reichlich Gelegenheit zum Beobachten** geben.

In dieser Phase „taten die ersten Jünger tatsächlich nicht viel mehr, als Jesus zu beobachten ..."[13], so lautet R.E. Colemans Einschätzung. Doch diese Beobachtung war ihre Schulung, denn sie bot ihnen gerade die Einblicke, die Jesus ihnen geben wollte. Seit jener ersten Einladung an Johannes und Andreas „Kommt und seht!" (siehe Joh 1:39) gab Jesus seinen Jüngern ständig die Möglichkeit, Zeuge seiner Lebensweise, seiner Worte und Taten zu sein, um dadurch ein tieferes Verständnis zu gewinnen, sich überzeugen zu lassen, Erfahrungen aus erster Hand zu machen und auf diese Weise zu lernen.[14] Die Männer, die in dieser Phase mit Jesus zusammen waren, befanden sich nur zeitweise in seiner Nähe. Sie begleiteten ihn nur zu bestimmten Zeiten (siehe Mk 1:38, 2:23), gelegentlich kehrten sie zu ihrem Beruf und ihrer Familie zurück (siehe Joh 1:40-42, Lk 5:1-11). Durch diese Situation bot sich ihnen immer wieder neu die Möglichkeit, darüber nachzudenken, welche Folgen eine langfristige Hingabe an Jesus Christus haben würde.

Doch es gibt noch einen weiteren Gesichtspunkt über den Kontakt Jesu zu der entstehenden Kerngruppe, der der Erklärung bedarf. Es handelt sich um die Tatsache, daß Jesus seinen Jüngern nicht nur als Lehrer, sondern **als Leiter gegenübertrat**. Für die Aufgabe, die Erlösung der Menschheit zu erwirken, wurde von Jesus keine geistliche Führungsrolle gefordert, doch für die andere Aufgabe, eine Bewegung ins Leben zu rufen, durch die Gottes weltweiter Plan gefördert werden sollte, war eine solche Führungsrolle nötig.

Jesus war ein Leiter, der versuchte, „eine spezielle Gruppe des Volkes Gottes dahin zu beeinflussen, daß sie sich den Zielen Gottes widmete".[15] Im Zusammenhang damit war Jesus tief betroffen von dem beklagenswerten Zustand der Menschen, denn „sie waren verschmachtet und zerstreut wie die Schafe, die keinen Hirten haben“ (Mt 9:36).[16] **Es war sein Wunsch, qualifizierte Leiter hervorzubringen, die als Katalysatoren dienen und die verborgenen geistlichen Kapazitäten der Menschen für die Dinge Gottes wecken konnten**. Seine Methode zur Erreichung dieses Ziels bestand darin, eine Kerngruppe von Männern auszuwählen.

Jesus sprach in seiner Rolle als Leiter deutlich von seinem Ziel und äußerte einen **klaren Handlungsplan**. Dadurch gewann er die Aufmerksamkeit seiner zukünftigen Nachfolger. Markus hielt dies mit den Worten fest: „Folgt mir nach, ich will euch zu Menschenfischern machen“ (1:17). Jesus griff auf das Berufsverständnis der Männer zurück und versprach ihnen, sie zu Männern zu machen, die andere Menschen für Gott gewinnen würden. Er vertraute auf das Potential, das in ihnen lag, und gab diesem Vertrauen Ausdruck. Doch zugleich inspirierte Jesus sie auch und malte ihnen eine Vision und ein Ziel vor Augen. Tatsächlich pflanzte er bereits hier an dieser Stelle den Samen des Missionsbefehls in das Herz und die Gedanken der Jünger.

Als Leiter wußte Jesus, daß der Erfolg oder Mißerfolg seiner Mission entscheidend davon abhing, daß er die richtigen Helfer auswählte. Deshalb **ergriff er die Initiative und berief Menschen** dazu, seine Jünger zu werden (Mt 4:19, 4:21, 9:9). Dieses Vorgehen war in der rabbinischen Tradition unbekannt, ebenso die Tatsache, daß er sie dazu berief, **nicht nur seiner Lehre, sondern ihm als Person zu folgen** (Mk 1:17, Joh 1:43, ebenso Joh 21:19,22).[17] Jesus berief sie nicht nur, damit sie an Erkenntnis zunahmen oder eine Aufgabe übernahmen, sondern rief sie in eine Beziehung hinein.

2.2 Sein Ruf zum verbindlichen Zusammensein

Ohne Zweifel signalisierte die Entwicklung der Ereignisse, die sich in Markus 3:13,14 widerspiegeln, einen entscheidenden Augenblick in der Beziehung zwischen Jesus und seinen Anhängern:

> Und er ging auf einen Berg und rief zu sich, welche er wollte, und die gingen hin zu ihm. Und er setzte zwölf ein, die er auch Apostel nannte, daß sie bei ihm sein sollten und daß er sie aussendete zu predigen.

Jesus spürte, daß die Zeit gekommen war, die größere Zahl der möglichen Kandidaten auf eine kleine Gruppe vollzeitlicher Begleiter zu reduzieren. Deshalb **„rief (er) zu sich, welche er wollte“** (V. 13). Das zeigt erneut, daß die Initiative vollkommen auf seiner Seite lag. Souverän nahm er für sich die Freiheit in Anspruch, alle die einzeln und namentlich zu berufen, die er am besten dafür geeignet hielt, sich zunächst als Helfer schulen zu lassen und später dann seinen Auftrag weiterzuführen.

Aus Lukas' Bericht über dieses bedeutsame Ereignis (6:12,13) wissen wir, daß Jesus eine ganze Nacht im Gebet verbrachte, um sich auf diese wichtige Entscheidung vorzubereiten. Es bestand die Möglichkeit, sich von rein menschlicher Zuneigung fehlleiten zu lassen, wie wir es bei Samuel im Alten Testament sehen können (siehe 1 Sam 16:6-12). Um so dringlicher war es, auf Gott zu warten und von ihm konkrete Weisung zu erbitten. Übrigens hob Lukas durch den Gebrauch des Wortes „erwählen“ (gr. *eklego* – V. 13) hervor, daß Jesus eine bewußte Auswahl traf (siehe auch Joh 15:16,19). In der Gegenwart des Heiligen Geistes und unter dessen Leitung wählte Jesus genau die Menschen aus, die Gott dazu ausersehen hatte (siehe Joh 17:6,9).

Zu denen, die Jesus Christus berief und die zur Kerngruppe der Zwölf gehören sollten, befand sich zunächst Simon Petrus, ein Mann mit einer beträchtlichen Begabung zum Leiter. Sein Bruder Andreas, ein unauffälliger Diener, hatte Simon ganz am Anfang mit dem Lehrer aus Nazareth bekanntgemacht. Andreas war vorher ein Jünger des Täufers gewesen, zusammen mit Johannes, dem Sohn des Zebedäus. Jesus gab Johannes und seinem Bruder Jakobus den Spitznamen „Donnersöhne" (Mk 3:17). Wie ihr impulsiver Berufskollege Simon waren auch diese beiden Hitzköpfe typische Vertreter des temperamentvollen galiläischen Menschenschlags. Außerdem berief Jesus Philippus aus Bethsaida, der Bartholomäus (Nathanael) von dem Auftreten des Messias berichtet hatte, dazu Jakobus, den Sohn des Alphäus, Thaddäus (Judas) und Thomas, der offensichtlich ebenso wie Bartholomäus eher ein Skeptiker war (siehe Joh 11:16, 20:24-29, 1:46,48). Weiterhin gehörte zu der Gruppe Matthäus (Levi); sein Hintergrund als Zöllner und deshalb Kollaborateur der Römer zog ihm die Verachtung jedes patriotischen Juden zu, besonders wenn es sich um so feurige Nationalisten und Revolutionäre handelte wie den Zeloten Simon (Kanaanäus). Schließlich war da noch Judas Iskariot, der einen Hang zum Materialismus besaß (siehe Joh 12:4-6, Mt 26:15,16) und zum Schluß seinen Herrn verriet.

Soweit wir aus den Evangelien erkennen können, war Simon Petrus der einzige verheiratete Mann in der Gruppe (siehe Mk 1:30). Wenn man sich vor Augen hält, daß in der jüdischen Gesellschaft das heiratsfähige Alter eines Mannes bei achtzehn Jahren lag, so mag die Einschätzung J. S. Stewarts richtig sein: „Das Christentum begann als eine Bewegung junger Menschen".[18] Diese Beurteilung wird weiter bekräftigt durch die Tatsache, daß Jesus seine Jünger als „Kinder" anredete (Joh 21:5).

Es spricht also einiges dafür, daß die Mehrheit der Zwölf noch relativ jung war, als Jesus sie berief. Ebenso müssen wir bedenken, daß diese Kerngruppe von Männern einen

Mikrokosmos der Vielfältigkeit des menschlichen Charakters darstellte. Offensichtlich war der Blick Jesu bei seiner Auswahl nicht in erster Linie darauf gerichtet, wie die Zwölf zu dem Zeitpunkt waren, als er sie berief, sondern auf das, was unter seiner Leitung und seinem Einfluß aus ihnen werden konnte (siehe Joh 1:42). Jesus war durchaus nicht blind für ihre Mängel und Schwächen, aber zugleich wußte er, daß die Zwölf Lernbereitschaft und Hingabe mitbrachten und daß er darauf aufbauen konnte. Jesus war zutiefst davon überzeugt, daß Gott ihm diese Zwölf anvertraut hatte, und voll Zuversicht, mit unbeirrter Hingabe und einer klaren Strategie vor Augen machte er sich daran, sie zu schulen.

Das Hauptprinzip der Methode Jesu wird in einer Formulierung bei Markus angedeutet. Dort heißt es, daß Jesus die Zwölf auswählte, „**daß sie bei ihm sein sollten**" (Mk 3:14). In den zwanzig Monaten[19], die der Berufung der Jünger folgten, gab Jesus ihnen immer wieder die Möglichkeit, an seinem Leben und Dienst teilzuhaben. Sie gingen mit Jesus, redeten mit ihm, aßen und tranken gemeinsam mit ihm, arbeiteten und ruhten mit ihm zusammen. Sie begleiteten ihn in die Synagoge, in den Tempel, wanderten durch die Felder und am See Genezareth entlang, in die Dörfer und nach Jerusalem. Sie waren mit ihm bei einer Hochzeit und bei einer Beerdigung, besuchten gemeinsam Freunde und Kranke und waren bei ihm, ganz gleich, ob er sich einer großen Menschenmenge oder einzelnen widmete, ob er mit Frauen oder Kindern sprach, mit geistlichen Leitern oder Menschen aus Randgruppen, Juden oder Heiden, Reichen oder Armen. Sie hörten ihn beten, predigen und lehren. Sie sahen, wie er heilte und befreite. Sie erlebten Jesus in der Öffentlichkeit und privat, froh und traurig, durstig und müde.

Mit anderen Worten, Jesus bot den Jüngern zahlreiche Gelegenheiten, ein **verbindliches Zusammensein** mit ihm zu erleben.

Jesus wußte, daß das verbindliche Zusammensein mit ihm der fruchtbarste Boden für die Jünger war, um charakterlich heranzureifen, in der Erkenntnis zu wachsen und um bestimmte Fähigkeiten heranzubilden. Darum machte er die Erfahrung der Gemeinschaft mit ihm zum zentralen Punkt ihrer Schulung. D. Watson erklärte: „Jesus hatte keinen formellen oder vorgegebenen Lehrplan. Statt dessen berief er seine Jünger dazu, *bei ihm zu sein*."[20] R.E. Coleman hebt hervor: „Die Wahrheit wurde nicht in abstrakten Lehren oder Regeln vermittelt, sie wurde aufgrund der Erfahrungen eines gemeinsam geteilten Lebens erfaßt."[21] Durch ihren ständigen Umgang mit Jesus, indem die Jünger sahen, wie er war, was er sagte und was er tat, sollten sie seine Vision, sein Denken und seine Handlungsweise kennenlernen und übernehmen. Der Einfluß, der von dem Vorbild Jesu und seiner Lehre, seiner Haltung, seinem Handeln und seiner Salbung ausging, sollte jede Faser im Wesen der Jünger prägen. Es war der Wunsch von Jesus, daß die Zwölf ihm in allen Bereichen ihres Lebens immer ähnlicher werden sollten (siehe Mt 10:25). Die Methode, die Jesus wählte, war einfach und zwanglos, praktisch und ganzheitlich. Die Schule der Jünger war die Gesamtheit der Lebenserfahrungen, die sie mit Jesus teilten, und die Worte ihres Lehrers waren lediglich eine Erklärung der Lektionen, die sie aus seinem Leben bereits gelernt hatten.

Das **verbindliche Zusammensein bildete das Zentrum und das Geheimnis der Schulungsmethode des Meisters.** Daher überrascht die Beobachtung nicht, daß Jesus viel Zeit mit seinen Schützlingen verbrachte und in den Monaten, die der Berufung folgten, diese Zeit ständig weiter ausdehnte. Diese Beobachtung gibt uns Anlaß, der Folgerung Colemans zuzustimmen: „Im Vergleich zu der Zeit, die Jesus mit anderen verbrachte, investierte er so viel Zeit in das Zusammensein mit diesen wenigen Jüngern, daß es sich nur als bewußte Strategie verstehen läßt."[22]

In den Evangelien wird nicht nur im Zusammenhang mit

verschiedenen Aktivitäten, die die Jünger zusammen mit ihrem Meister unternahmen, davon gesprochen, daß sie „mit Jesus waren“ (z.B. Mt 26:20,36, Mk 3:7, 8:10, 11:11, Lk 6:17, 7:11, 8:1, 9:18, Joh 3:22, 6:3, 11:54, 18:1,2). Es sieht vielmehr so aus, als wäre derselbe Begriff als Synonym dafür gebraucht worden, ein Jünger Jesu zu sein (z.B. Mt 26:69,71, Mk 16:10, Joh 18:26). Das gegenseitige Miteinander, das zwischen dem Meister und seinen Jüngern existierte, wird in den Evangelien ebenfalls gleichbedeutend als Schulungsmethode erwähnt, die Jesus bei seinen Jüngern anwandte (Mk 3:14, siehe auch Lk 22:28, 24:44, Joh 7:33, 13:33, 14:9,25, 16:4, 17:12).

Jesus setzte das Konzept des verbindlichen Zusammenseins nicht nur für den Schulungsprozeß ein; es diente noch weiteren Zielen. Es war mehr als ein **pädagogisches** Prinzip, das angewandt wurde, um zu garantieren, daß die Jünger auf der Grundlage einer engen Gemeinschaft nachhaltig geprägt wurden. Jesus Christus sah in dieser Methode das beste Instrument, um seinen Kontakt zu den Zwölfen auf eine solide **Beziehungsbasis** zu stellen.

Wir erinnern uns daran, daß die Erfahrungen, die Jesus in seinem frommen Elternhaus und in der Zimmermannswerkstatt machte, in ihm ein Verständnis und eine Wertschätzung für tiefe zwischenmenschliche Beziehungen weckten und ihm halfen, selbst entsprechende Beziehungen aufzubauen. Die Evangelien lassen keinen Zweifel daran aufkommen, daß **Jesus** auch in der Zeit, als er begann, in der Öffentlichkeit zu wirken, **Menschen sehr am Herzen lagen.** Oberste Priorität dabei hatte seine Beziehung zu den Zwölfen. Niemandem widmete er sich so bereitwillig wie ihnen (vgl. Mk 9:30,31); es war ihm ein besonderes Anliegen, daß sie seine Lehre und seinen Auftrag verstanden (siehe Mk 4:34, Mt 16:21), und er hatte bemerkenswerte Geduld mit ihrem langsamen Wachstum (siehe Mk 8:17-21). Ihr Wohlergehen lag ihm sehr am Herzen (siehe Joh 18:8), er gab seiner Liebe zu ihnen Ausdruck (Joh 15:9), sagte ihnen, daß er sich nach Gemeinschaft mit ihnen sehne (Lk 22:15), und er trat besonders in der Fürbitte für sie ein (siehe Joh 17:6-19, Lk 22:31,32).

Es gibt jedoch noch einen weiteren Bereich, der uns erstaunliche Einblicke in das Wesen und die Tiefe der Beziehung Jesu zu seinen Jüngern gewährt, nämlich **seine vertrauliche Art, mit ihnen zu reden**. T. W. Manson verdanken wir die bemerkenswerte Entdeckung, daß die Sprache, die Jesus im Umgang mit den Zwölfen verwandte, besondere Züge aufwies.[23] Ein Merkmal in diesem Zusammenhang ist vielleicht besonders aufschlußreich. Das Wort „Jünger" kommt im Blick auf die Nachfolger Jesu 225mal in den Evangelien vor[24], doch Jesus selbst sprach die Zwölf direkt nur zweimal so an (Joh 13:35, 15:8). Offensichtlich hatte der Meister nicht dieselbe Vorliebe für das Wort wie die vier Evangelisten. Warum?

Jesus schien seine Jünger lieber mit „meine Brüder" anzureden (Mt 12:49, 28:10, Joh 20:17) und sie als „Kinder" (Mk 10:24), „meine Kinder" (Joh 13:33), „Freunde" (Joh 15:15, 21:5) und „meine Freunde" (Lk 12:4, siehe auch Joh 15:14) zu bezeichnen. Der griechische Text der Evangelien zeigt, daß Jesus zwei verschiedene Worte für „Freund" verwandte, *philos* und *hetairos*, wobei das erste eine liebevolle, zärtliche Beziehung ausdrückt, das zweite im Sinne von „Kamerad" oder „Partner" zu verstehen ist.[25] Es ist aufschlußreich, daß Jesus, wenn er zu den Zwölfen sprach, immer das Wort *philos* verwendete. Nur als er Judas im Zusammenhang des Verrats ansprach, benutzte er das Wort *hetairos* (Mt 26:50).

Die verschiedenen oben genannten Begriffe, die ein Ausdruck der Liebe sind, sprechen von enger Gemeinschaft, herzlicher Vertrautheit und einer Verbundenheit des Herzens.[26] Sie waren besser als der sonst übliche Begriff „Jünger" geeignet, das Wesen des verbindlichen Zusammenseins auszudrücken, in dem Jesus mit den Zwölfen lebte. Der Begriff „Jünger" hätte leicht fehlgedeutet und so ausgelegt werden können, wie er von einer bestimmten rabbinischen Richtung verstanden wurde, nämlich vor allem auf der intellektuellen Ebene und nicht so sehr auf der Beziehungsebene.[27] Jesus hatte nicht im Sinn, eine Akademie zu errichten, **er wollte eine Gemeinschaft aufbauen**. Zunächst konzentrierte er sich darauf, Freunde zu gewinnen, erst danach richtete er seine Aufmerksamkeit darauf, Apostel auszusenden (siehe Mk 3:14).

An dieser Stelle muß noch ein weiterer Gesichtspunkt bedacht werden. Die starke Betonung der Beziehungsebene, die wir im Umgang von Jesus mit den Jüngern festgestellt haben, war untrennbar mit der theologischen Sichtweise Jesu verbunden, besonderes mit **seiner Theologie der Leiterschaft**.[28] Die theozentrische jüdische Erkenntnistheorie ließ keinen Raum für die Vorstellungen einer humanistischen Philosophie von Leiterschaft. Die Vorstellung Jesu von geistlicher Leitung im allgemeinen und seiner persönlichen Rolle als Leiter im besonderen entsprang seiner theologischen Sichtweise. Diese drehte sich im wesentlichen um „die Wahrheit der Vaterschaft Gottes" als „dem inspirierenden und vorherrschenden Gedanken in all Seinem Wirken".[29] Jesu unnachahmliche Erfahrung dieser Wahrheit und sein Begreifen derselben zeigte sich einzigartig darin, wie er Gott anredete. Er nannte ihn liebevoll und zärtlich *„Abba"* (aramäisch für „mein Vater", „Papa"). Für diese Form der Anrede Gottes gab es in der rabbinischen Tradition nirgendwo eine Parallele.[30]

Jesus war von dem tiefen Verlangen beseelt, daß sich in der persönlichen und herzlichen Beziehung zu seinen Jüngern hier auf der Erde die enge und liebevolle Beziehung widerspiegelte, die er zu seinem Vater im Himmel hatte; seine Beziehung zu den Jüngern sollte von derselben Qualität sein. Dieses Verlangen zeigte sich in der Art, wie Jesus die geistliche Leitung ausübte (siehe Joh 15:9). Darüber hinaus betrachtete Jesus es als ein wesentliches Element seines Auftrags, den Jüngern durch sein Leben den Charakter des Vaters nahezubringen (siehe Joh 14:8-10). Da Jesus Christus Gott als den Vater aller Menschen immer vor Augen hatte, war es ganz natürlich, daß er seine Jünger als Brüder betrachtete. Die zukünftige Leiterschaftsschulung bereitete er dadurch vor, daß er auf der Grundlage des verbindlichen Zusammenseins eine Bruderschaft aufbaute.

Wie bereits erwähnt, lernte Jesus in den Jahren der Vorbereitung eine Reihe von Gruppen und Bewegungen kennen, die jede für sich der damaligen jüdischen Gesellschaft ihr bestimmtes Gepräge gaben. Es gab verschiedene Formen der wechselseitigen Abhängigkeit zwischen Lehrern und Nachfolgern, die Jesus vertraut waren. **Jesus selbst bevorzugte die rabbinische Lehrweise und nahm sie als Vorbild für die Schulung der Zwölf**. Er übernahm die äußere Form, doch den Inhalt änderte er beträchtlich.

K.H.Rengstorf wies darauf hin, daß der neutestamentliche Gebrauch des Wortes „Jünger" (griechisch *mathetes*) „immer das Bestehen einer persönlichen Verbindung beinhaltet, die das ganze Leben formt", und daß „kein Zweifel [daran besteht], wer die formende Kraft ausübt".[31] Das erweist sich besonders bei Jesus Christus und den Zwölfen als wahr, und zwar in einem so umfassenden Maß, daß Rengstorf von „dieser gänzlich unjüdischen Beziehung Jesu zu Seinen Jüngern" sprach.[32]

Im Unterschied zur rabbinischen Praxis ergriff Jesus die Initiative bei der Berufung seiner Jünger. Er rief sie zu sich als Person und nahm das Recht in Anspruch, ihr einziger Lehrer zu sein. Er bereitete sie nicht auf eine Ordination vor, sondern darauf, viel Frucht zu bringen; nicht auf eine Karriere, die zu Anerkennung und Ehre führen würde, sondern darauf, sich selbst zu verleugnen. Er ließ sie wissen, daß sie leiden würden, wenn sie in seinem Namen vorangingen. Er berief sie nicht nur für einen begrenzten Zeitabschnitt, sondern forderte sie zu einer lebenslangen Hingabe auf.

Wir sehen also, daß sich Jesus die bekannte Form der rabbinischen Unterweisung zunutze machte, aber in Anbetracht seiner unvergleichlich weitreichenden Absichten **den Inhalt neu gestaltete**, und das nicht zuletzt dadurch, daß er **der Schulung durch eine starke Bindung an sich selbst einen ganz anderen Klang gab**. Um noch einmal Rengstorf zu zitieren: „Jesus bindet exklusiv an sich selbst. Der Rabbi und der griechische Philosoph sind sich darin gleich, daß sie eine bestimmte Sache vertreten. Jesus bietet sich selbst an.“ [33]

Jesus betrachtete den Prozeß der Jüngerschaftsschulung als einen dynamischen Vorgang, in dem das Denken und die Lebensweise seiner Schüler Stück für Stück ihm gleichgestaltet werden sollten. Ihm als dem Meister zu „folgen“ (griechisch *akoloutheo)*, war das bevorzugte Bild und der Terminus technicus, den Jesus für diesen handlungsreichen Vorgang verwendete (siehe z.B. Mt 10:38, 19:28, Mk 2:14, 8:34, Lk 9:59, 18:22, Joh 1:43, 21:19,22). Jesus betrachtete die Formung zu Jüngern als eine Übertragung seines Lebens auf dem Weg der Beziehung und nicht nur als eine rein intellektuelle Akzeptanz bestimmter theoretischer Grundsätze. Nun verstehen wir, warum **Jesus nie abstrakt von einem Konzept der „Jüngerschaft“ sprach** [34], obwohl das Wort *akolouthesis* zu diesem Zweck hätte eingesetzt werden können, wie G. Kittel erklärt.[35]

Der Abschnitt in Markus 3:13,14 zeigt noch einen weiteren Aspekt. In dem Wunsch, seinen Jüngern möglichst günstige Lernbedingungen zu bieten, **wählte Jesus den äußeren Rahmen eines Teams**. Dadurch traten bestimmte gruppendynamische Prozesse in den Vordergrund, die sich Jesus zunutze machte. Ein Team weckt ein Gefühl der Zugehörigkeit und Sicherheit, fördert gegenseitige Ermutigung, regt an und fordert heraus. In solch einer Umgebung wächst ein Klima, das dem Aufbau von Beziehungen und Verantwortungsbewußtsein förderlich ist. In einem Kreis gleichgesinnter Menschen ist es leichter, die Vision lebendig zu erhalten, die Motivation nicht zu verlieren und in der Hingabe nicht nachzulassen. Charakterliche Ecken und

Kanten werden abgeschliffen, und einer ergänzt den anderen. Die Unterstützung durch eine Gruppe fördert das Leistungsvermögen, und durch Zusammenarbeit erzielt man bessere Resultate, als wenn jemand sich allein müht (siehe Pred 4:9-12, Lev 26:8). Allgemein läßt sich sagen, daß der Rahmen des Teams dazu diente, den „vertikalen", formenden Einfluß, der von der Person Jesu und seiner Unterweisung ausging, durch die „horizontale" Kommunikation und Interaktion, die sich zwischen den Zwölfen abspielte, zu stärken und zu vertiefen (siehe Spr 27:17).

Das Ziel von Jesus war, eine weltweite Bewegung zur Ausbreitung des Reiches Gottes in Gang zu setzen. Bei der Verfolgung dieses Ziels hatte Jesus einen klaren Plan, der ihm half, unproduktive Unternehmungen zu vermeiden. Seine Strategie bestand darin, durch Jüngerschaftsschulung auf der Grundlage des verbindlichen Zusammenseins qualifizierte Leiter für die entstehende Bewegung hervorzubringen. Jesus hatte einen klaren Wunsch für seine zwölf sorgsam ausgewählten Jünger. „In der persönlichen Atmosphäre einer engen, täglichen Gemeinschaft mit ihrem Meister sollten sie lernen, was sie als Seine Zeugen und Botschafter für die Welt sein, tun, glauben und lehren sollten." [36]

Jesus selbst faßte dieses Ziel zusammen, als er den Zwölfen erklärte: „Und auch ihr seid meine Zeugen, denn ihr seid von Anfang an bei mir gewesen" (Joh 15:27). Diese Worte enthüllen, daß er selbst äußerstes Vertrauen in den Wert und die Effektivität des **Jüngerschaftsmodels des verbindlichen Zusammenseins** setzte, das er unter seiner Leitung anwandte. Wurde dieses Vertrauen im nachhinein nicht vollkommen gerechtfertigt und auf erstaunliche Weise bestätigt, als die Mitglieder des *Sanhedrins* bei der Begegnung mit Menschen, die Jesus geschult hatte, bemerkten, „daß sie mit Jesus gewesen waren" (Apg 4:13)?

2.3 Sein Ruf zur Nachahmung

Jesus verfolgte das Ziel, „Menschenfischer" (Mk 1:17) heranzubilden. Mit diesem Ziel vor Augen suchte er sich geeignete Menschen aus, denen er eine entsprechende Schulung zukommen lassen wollte. Da es der Wunsch Jesu war, ihnen die qualitativ beste Vorbereitung für ihre zukünftige Rolle zu geben, beschloß er, die Zahl der Jünger so niedrig zu halten, daß der Erfolg der Schulung gesichert war. Deshalb wählte er eine Kerngruppe von lediglich zwölf Männern aus, denen er seine besondere Aufmerksamkeit widmen und die er zu Jüngern formen wollte.

Wie wir bereits gesehen haben, machte Jesus seine enge Beziehung zu den Zwölfen zur Grundlage ihrer Schulung. Wie wir ebenso festgestellt haben, war ihm diese herzliche Gemeinschaft so kostbar, daß er es vermied, die Zwölf direkt mit dem eher förmlichen Begriff „Jünger" anzusprechen. Es handelte sich bei ihnen nicht um Schüler, die auf dem Weg waren, Meister der Exegese und der rabbinischen Tradition zu werden, sondern um seine Freunde, die auf das engste mit ihm verbunden waren und ihr Leben mit ihm teilten. Dementsprechend ließ sich der lebendige Prozeß, in dem sie sich befanden, nicht angemessen in den Begriffen einer starren Terminologie erfassen. Deshalb hatte auch das abstrakte Konzept von „Jüngerschaft" keinen Platz im Wortschatz von Jesus.

Im Zentrum des formenden Einflusses, dem Jesus seine Schützlinge aussetzen wollte, stand **die Kraft seiner Persönlichkeit**. E. Griffith-Jones schrieb: „Nun kann der Einfluß der Persönlichkeit auf keine andere Weise als eben durch Persönlichkeit angemessen vermittelt werden."[37] Jesus wählte den Weg des verbindlichen Zusammenseins, um den Einfluß seines Charakters, seiner Taten und Worte uneingeschränkt im Leben der Zwölf wirksam werden zu lassen. Durch seine Verbundenheit mit ihnen setzte Jesus die Jünger dem Einfluß seiner Persönlichkeit aus. Diese Schulungsart war einfach und unspektakulär, doch es gab keine Methode, die natürlicher, tiefgreifender und wirkungsvoller gewesen wäre, um die Zwölf auf die Ziele Jesu hinzulenken.

E. Stanley Jones erklärte einmal: „Das Christentum ist nicht nur ein Konzept, es ist eine ansteckende Angelegenheit.“ [38] Dieses **ansteckende Element** setzte Jesus zur Schulung der Zwölf ein. W.L.Duewel nannte es „das Geheimnis aller herausragenden Leiter, welcher Art auch immer“.[39] Durch die enge Beziehung, die Jesus zu seinen Jüngern hatte, erwuchs eine große Nähe. Diese erreichte den Punkt, wo sein Geist ihren Geist berührte, wo sie seinen Herzschlag spüren und aufnehmen konnten. Dadurch entstand eine Vision, wurde Motivation geweckt, zur Hingabe inspiriert, zur Anteilnahme angespornt und Glaube entfacht – kurz gesagt, **es wurde nicht nur Wahrheit gelehrt, es wurde eine Einstellung übernommen**. Es war die Absicht von Jesus, den Zwölfen nicht nur theoretische **Information** weiterzugeben, sondern auch eine bleibende **Formung** des Charakters in ihnen zu bewirken. Durch die Gemeinschaft mit ihm nahmen sie nicht nur seine Worte auf, sondern es wurde ihnen zugleich sein Vorbild vor Augen gestellt. Es gab viele Gelegenheiten, bei denen die Zwölf Zeuge des Lebens und Wirkens Jesu in all seinen Dimensionen wurden. Das alles zusammengenommen war das Lehrbuch der Zwölf. Ein anderes gab es nicht, doch es umfaßte alles. Aus ihm konnten sie sowohl auf der kognitiven Ebene als auch auf der Erfahrungsebene alle wichtigen Lektionen lernen, die für ihr zukünftiges Wirken für das Reich Gottes wichtig sein würden. Sie konnten das Beispiel von Jesus in einer Vielfalt von Situationen des tatsächlichen Lebens beobachten. Sie erhielten dadurch tiefere Einsicht, und der Weg Jesu wurde ihnen bestätigt. Sie bekamen den sichtbaren Beweis geliefert, daß die Prinzipien, die Jesus ihnen vermittelt hatte, auch praktizierbar waren. Gleichzeitig wurde ihnen ein Vorbild gegeben, an das sie sich später erinnern und an das sie in anderen Situationen anknüpfen konnten.

Jesus versah die Leiterschaftsaufgabe, die er in dem Formungsprozeß der Zwölf innehatte, nicht in der Art eines an Aufgaben ausgerichteten Supervisors, sondern vielmehr in der Art eines **um den Menschen besorgten Mentors**. Seine Haltung drückte größtes Interesse am Wohlergehen und der Entwicklung seiner Schützlinge aus. Er war sich bewußt, daß er viel Zeit investieren und diese Zeit weise nutzen mußte, um tiefe Beziehungen aufzubauen und zu pflegen. Deshalb wachte er sorgsam über die Quantität und Qualität der Zeit, die er mit seinen Nachfolgern verbrachte.

In Begegnungen von Jesus mit Menschen gab es ein herausragendes Merkmal, und zwar seine besondere Wertschätzung der Mahlzeiten. Jesus sah sie als Gelegenheiten an, in einer entspannten Atmosphäre Beziehungen aufzubauen und Gespräche zu führen. Das zeigt sich sowohl bei den Kontakten, die er mit dem Volk pflegte (siehe Lk 5:29-32, 7:36-50, 10:38-42, 14:1-23, 19:5-27, Joh 2:1-11), als auch im Umgang mit seinen Jüngern (siehe Joh 13:2-17,26, 21:9-19, Apg 1:4). Zusätzlich nahm Jesus die Zwölf zu bestimmten Zeiten beiseite (siehe Mk 4:34, 4:35,36, 10:32, Lk 10:23, 18:31) und hielt es für unverzichtbar, sich gelegentlich allein mit ihnen zurückziehen, um sie weiter zu unterweisen und ihr Wachstum zu fördern (siehe Mk 8:10, 9:30,31, Lk 9:10, Joh 11:54).

Jesus hatte die Absicht, seinen Jüngern beispielhaft vorzuleben, wie sie einmal werden sollten. Natürlich erforderte das von seiten der Jünger die Entschlossenheit, Jesus nachzuahmen. Wenn Jesus seinen Lieblingsbegriff der Jüngerschaftsschulung benutzte, nämlich „ihm nachzufolgen“, war auch dieser wichtige Gesichtspunkt ihrer Beziehung zu ihm darin eingeschlossen.

W. Barclay erklärt, daß in dem klassischen griechischen Verb *akoloutheo* verschiedene Bedeutungsinhalte mitklingen. Es wurde zum Beispiel angewandt, wenn von einem Soldaten gesprochen wurde, der seinem Hauptmann folgte, oder von einem Sklaven, der seinen Herrn begleitete; man konnte damit Gehorsam gegen das Gesetz oder die Befolgung eines Rates zum Ausdruck bringen.[40] In der rabbinischen Tradition wurde das Wort „folgen" verwendet, um zu beschreiben, daß der Schüler in respektvollem Abstand „hinter" seinem Lehrer „herging". Doch das Wort hatte auch die bildhafte Bedeutung von „Jünger sein", sein Leben nach dem Vorbild des jeweiligen Rabbis ausrichten. Im Zusammenhang mit der Jüngerschaftsschulung durch Jesus wurde die Bedeutung weiter konkretisiert: das Wort beschrieb nun das enge, verbindliche Zusammensein Jesu mit seinen Nachfolgern, wobei dieses Zusammensein **das klare Ziel hatte, daß die Nachfolger schrittweise in sein Bild umgestaltet werden sollten**.

A. Schlatter erkärt, daß der Beruf der Jünger einzig und allein darin bestand, Jesus nachzufolgen.[41] Das war sowohl eine lehrreiche als auch eine befreiende Erfahrung. Durch das Beispiel Jesu wurde ihnen vor Augen geführt, was sie lernen mußten; und durch seine sie begleitende Gemeinschaft half er ihnen, das Gelernte in die Tat umzusetzen. Dadurch waren Hilfsmittel wie vorgefaßte Lehrpläne, Handbücher, Regeln und Verordnungen vollkommen überflüssig. Aufgrund ihrer Freundschaft zu Jesus hatten die Jünger den Wunsch, ihm Freude zu machen, seine Leitung zu akzeptieren, sich seiner Führung zu unterstellen und seinen Anweisungen zu gehorchen. Während sie ihm in dieser Weise folgten, „formte [Jesus] sie in sein Bild. Das ließ sie so werden, wie sie später waren."[42]

Eine weitere Beobachtung ist von besonderer Bedeutung. Jesus lieferte seinen Jüngern im Hinblick darauf, was „nachfolgen" wirklich bedeutete, durch sein eigenes Vorbild das beste Beispiel, denn **er selbst richtete sein Leben völlig darauf aus, Gott nachzufolgen**. Er war mit seinem himmlischen Vater in einer einzigartigen innigen Beziehung verbunden, und es war sein ausdrücklicher Wunsch, dem Vater zu gefallen (Joh 8:29), ihn zu verherrlichen (Joh 12:27,28) und ihm in allen Dingen zu gehorchen (Joh 6:38,

4:34). Gottes unvergleichliches Wesen betrachtete er als unbedingte Norm für sich selbst (siehe Mt 5:48), und den Prioritäten seines Vaters gab er in seinem eigenen Leben den ersten Platz (siehe Mt 6:9,10, 6:33). Jesus vollbrachte die Werke Gottes (Joh 5:19,36, 14:10, 17:4) und gab Worte Gottes weiter (Joh 8:26,28, 12:50, 14:24, 17:8,14). Neben vielen anderen göttlichen Wesenszügen zeigte sich in seinem Leben Gottes Liebe (siehe Joh 15:9), Erbarmen (Mt 9:36; siehe auch Lk 13:34), gerechter Zorn (siehe Mk 11:15-17) und Vergebungsbereitschaft (siehe Lk 23:34). Kurz gesagt, Jesus war in beispielhafter Weise ein Abbild seines himmlischen Vaters, und dadurch wurde Gott in ihm in umfassender Weise sichtbar (siehe Joh 1:18, 10:30, 12:45, 14:9).

Das Vorbild, das der Meister den Jüngern durch seine Existenz, sein Handeln und Reden war, half diesen, an Erkenntnis zuzunehmen, Fähigkeiten zu entwickeln und charakterlich zu reifen. Ohne Zweifel war es der dritte Bereich, dem Jesus seine Hauptaufmerksamkeit widmete. Den Berichten der Evangelien zufolge äußerte sich Jesus überraschend selten zu praktischen Fragen des geistlichen Dienstes. L. Eims bemerkte in diesem Zusammenhang: „Es ist verwunderlich, wie *wenig* Jesus zu Seinen Männern über Fähigkeiten zum Dienst sprach. Er befaßte sich vor allem mit dem Menschen und nicht so sehr mit den Methoden des geistlichen Dienstes.“[43] Jesus konzentrierte sich in seiner Unterweisung in erster Linie auf die Frage der **inneren Haltung und der geistlichen Prinzipien**, die dem Verhalten, dem Aufbau von Beziehungen, dem Einsatz von Fähigkeiten und der Durchführung von Aufgaben zugrunde liegen und diese bestimmen.

Die Bibel zeichnet ein Bild der Jünger, das durchaus realistisch und ehrlich einige ihrer Schwächen zutage treten läßt, besonders was den Bereich ihres Charakters anbelangt. Wir können erkennen, daß sie wenig Glauben hatten und nur langsam lernten, daß sie manchmal die Beherrschung verloren und ungeduldig und streitsüchtig waren; wir erleben sie als ängstlich, skeptisch und mit Vorurteilen beladen. Die liebevolle und geduldige Hingabe Jesu an sie bedeutete nicht, daß er stillschweigend über ihre Fehler hinwegsah. Im Gegenteil, verschiedene Schwächen sprach er sehr deutlich an, besonders eine Schwäche, die er mehr als alles andere verabscheute – ihren Stolz, „denn was sollten diese Jünger als Diener des Reiches Gottes Gutes bewirken, wenn ihr Hauptinteresse darin bestand, welchen Platz sie selbst in diesem Reich einnahmen?“ [44] Es ist bezeichnend für die liebevolle und rücksichtsvolle Schulungsweise von Jesus Christus, daß er die Zwölf nie direkt wegen ihres Stolzes kritisierte. Vielmehr gab er sich außerordentliche Mühe, sie wiederholt auf ein Mittel hinzuweisen, dem entgegenzuwirken – Demut.

In Matthäus 11:29 forderte Jesus sie auf: „Lernt von mir; denn ich bin sanftmütig und von Herzen demütig.“ Die umfassendere Bedeutung der beiden griechischen Worte *praÿs* („sanftmütig“) und *tapeinos* („demütig“) besagt, daß Jesus hier seine Zuhörer auffordert, ihn nachzuahmen, und zwar einerseits in seiner sanften, milden, rücksichtsvollen Haltung und andererseits in seiner bescheidenen, sich selbst in den Hintergrund stellenden Wesensart. Diese Aufforderung berührte zweifellos einen wunden Punkt im Leben der Jünger, weil es ihnen sowohl an Sanftmut (siehe z.B. Mt 19:13, Lk 9:49, 9:54, Mk 10:41) als auch an Demut (siehe z.B. Mk 9:33,34, 10:35-37, Lk 22:24) fehlte.

Jesus versuchte auf verschiedene Weise, ihrer Neigung zum Stolz entgegenzuwirken. Er sprach dieses Thema in seiner allgemeinen Lehre an (Mt 23:12, Lk 14:7-11, 18:9-14), er ließ es in seinen konkreten Unterweisungen, die direkt an die Jünger gerichtet waren, zur Sprache kommen (siehe Mk 9:35, 10:42-44), und er forderte sie auf, ihn selbst zum Vorbild zu nehmen (Mk 10:45).[45] Außerdem gab er ihnen ein anschauliches Beispiel (Mt 18:1-4). Als er merkte, daß sie seine Absichten immer noch nicht richtig begriffen hatten, beschloß er, ihnen durch sein Handeln ein gleichermaßen anschauliches und drastisches Beispiel zu geben – er übernahm den niedrigen Dienst, ihnen die Füße zu waschen (Joh 13:1-12). In dieser äußerst demütigenden Situation wies Jesus noch einmal auf **die Vorbildfunktion seines Lebens** hin und ermahnte die Zwölf: „Ein Beispiel habe ich euch gegeben, damit ihr tut, wie ich euch getan habe" (Joh 13:15).

Die Bemühungen von Jesus bei der Formung der Zwölf zielten darauf, daß sie ihn in Wort und Tat und in ihrer Haltung nachahmen sollten. Dadurch, daß er die grundlegenden Wahrheiten oft wiederholte (z.B. Mt 13:44-46, 25:14-30, Lk 19:11-27, Joh 14:16-26, 16:7-15, Mk 8:31, 10:32-34) und eine eindrückliche und poetische Sprache benutzte, konnten sich die Jünger leichter an seine Worte erinnern.[46] Sie lernten nicht nur durch das **Hören**, sondern auch durch das **Tun**, denn Jesus gab ihnen die Möglichkeit, das Gelernte anzuwenden (z.B. Joh 4:2, Mt 10:5-8, Mk 6:39-43, 14:12-16). Und sie lernten durch **Sehen**. Der Meister lebte sein Leben offen vor ihnen, und das hinterließ den stärksten Eindruck (siehe z.B. Lk 9:18, 11:1, Joh 13:34, 1 Joh 3:16, 1 Petr 2:21-23, 1 Joh 1:1-3).

Wie wir bereits gesehen haben, übernahm Jesus die traditionelle Form der rabbinischen Unterweisung, wobei er deren Inhalt verbesserte. Eine wichtige Beobachtung an dieser Stelle ist, daß Jesus ein anderes Ergebnis anstrebte und es auch definierte. Ein entscheidender Abschnitt zu dieser Frage findet sich in Matthäus 23:1-36.

Auf den ersten Blick wird man schnell dazu verleitet, diesen Abschnitt falsch zu deuten und ihn als deutliche Verurteilung aller Schriftgelehrten und Pharisäer zu verstehen. Doch wir tun gut daran, zunächst zu bedenken, daß Jesus hier zum Volk und zu seinen Jüngern sprach (V. 1) und nicht direkt die betreffenden geistlichen Führer angriff. Zweitens ist es hilfreich, die Bemerkung von A. Finkel zu bedenken. Er schreibt, daß die Polemik Jesu „gegen dic eifrigen Pharisäer, die zur Schule Schammais gehörten, gerichtet war", die Haltung „der Jünger aus Hillels Schule jedoch – ihre Demut, Zurückhaltung, klare logische Beweisführung und ihre liberale Position – war mit der des Lehrers aus Nazareth geistesverwandt".[47] Offensichtlich fühlte Jesus sich gedrängt, bestimmte Irrwege anzuklagen, die er im Leben einiger Schriftgelehrter und Pharisäer beobachtete. Vor diesem Hintergrund traten jedoch zugleich die Eigenschaften, die Jesus im Leben seiner Anhänger zu sehen wünschte, noch schärfer hervor.

Jesus warnte seine Zuhörer davor, sich diese jüdischen Leiter als Vorbild zu nehmen, denn sie selbst hielten sich in der Praxis nicht an ihre eigenen Worte (V. 3). Er mißbilligte die Tatsache, daß sie die Menschen durch Gesetzlichkeit belasteten (siehe V. 4); sie prahlten mit ihrer religiösen Praxis (V. 5), suchten nach öffentlicher Anerkennung und Ehre (V. 6, 7) und unterdrückten die Armen (V. 14). Außerdem machte Jesus deutlich, daß sie zweierlei Maß anlegten (siehe V. 23) und ihr Äußeres nicht mit ihrem Innern übereinstimmte (siehe V. 25, 28). Deshalb waren sie in den Augen Jesu nicht für eine geistliche Führungsrolle qualifiziert. Hinzu kam, daß sie „blind" waren (V. 16, 17, 19, 24, 26) und „Heuchler" (V. 13-15, 23, 25, 27, 29).

Natürlich machte Jesus mit dieser Verurteilung eine indirekte Aussage. Seine Jünger sollten keine dieser Schwächen aufweisen. Vielmehr sollte ihr Leben von **Demut**, **Liebe** und **Integrität** gekennzeichnet sein, sie sollten auf innere Frömmigkeit achten, nicht auf äußere Gesetzlichkeit. Jesus lehnte entschieden ab, daß sie sich mit dem Ehrentitel „Rabbi" anreden ließen (V. 8). Er wünschte auch nicht, daß sie in die Falle der Selbsterhöhung gerieten. Und die Zwölf sollten nie vergessen, daß ihr Vertrauen im Blick auf ihren zukünftigen Dienst niemals auf einer Ordination[48] durch Menschen gegründet sein sollte, sondern allein auf der **Bevollmächtigung durch Gott**. Immer wieder betonte

Jesus, daß er allein die Rolle ihres einzigen Meisters und Lehrers besaß und daß sie ihm allein folgen und sich ihn allein zum Vorbild nehmen sollten.

Mit der Aussage „Wenn er vollkommen ist, ist er wie sein Meister“ (Lk 6:40) faßte Jesus das oberste Ziel des verbindlichen Zusammenseins in Worte zusammen, die Methode, mit der er die Zwölf zu Jüngern formte. Warum konzentrierte er sich bei der Schulung der Zwölf darauf, **in ihnen ein Ebenbild von sich selbst hervorzubringen?**

Erstens. Jesus beabsichtigte, eine Bewegung in Gang zu setzen, die sich durch Vervielfältigung ausbreiten sollte. Für einen solchen Prozeß war es entscheidend, welches Vorbild immer wieder neu hervorgebracht werden sollte. In Gottes Augen gab es nur einen, der sich dazu eignete, dieses vollkommene Vorbild zu sein, das benötigt wurde, nämlich sein eigener Sohn (siehe Mt 3:17, 17:5).

Zweitens. Jesus gründete bewußt keine Schule oder Organisation, er entwarf weder ein Programm noch ein Handbuch. Er beschloß vielmehr, die Wahrheit mit Hilfe von Menschen zu verbreiten, nämlich durch seine Nachfolger. Durch die Wahrheit, die er lehrte, und besonders durch sein eigenes Vorbild säte Jesus das aus, was sich im Leben und Dienst der Zwölf entwickeln sollte: „Der erste und wahrscheinlich entscheidende Aspekt ihrer Schulung bestand in ihrer persönlichen Verbundenheit mit ihm und darin, daß sie durch sein Beispiel und die Nachahmung desselben lernten.“ [49] Dadurch, daß die Jünger Jesus nacheiferten, konnte seine Gemeinschaft mit ihnen sein eigenes Bild in ihnen hervorbringen. Das wiederum sollte ein authentisches Zeugnis für die Zukunft sichern.

Doch dieses vorrangige Ziel – daß die Jünger ihren Meister widerspiegeln sollen –, wird nie durch eigenes Bemühen erreicht werden. Der Mensch ist von sich aus nicht in der Lage, dem Beispiel von Jesus zu folgen. Es ist nötig, in enger Gemeinschaft mit ihm zu bleiben (siehe Joh 15:4,5). Das wird durch die ständige Gegenwart des Heiligen Geistes ermöglicht, und nur dadurch kann eine fortschreitende Umwandlung in das Bild Jesu Christi geschehen (siehe 2 Kor 3:18).

2.4 Sein Ruf zur Weiterführung

In Matthäus 10:27 fordert Jesus seine Jünger auf: „Was ich euch sage in der Finsternis, das redet im Licht; und was euch gesagt wird in das Ohr, das predigt auf den Dächern." Diese Aufforderung läßt den Wunsch des Meisters erkennen, daß seine **verborgene Schulung** der Zwölf zu einem **öffentlichen Wirken** der Jünger führen sollte. Genauer gesagt war es der Wille Jesu, daß die Zwölf in der Zukunft den Auftrag fortführen und die Leitung der Mission übernehmen sollten, die er durch sein Kommen initiiert hatte.

Während Jesus mit der ausgewählten Kerngruppe seiner Nachfolger zusammen war, sagte er wiederholt sein kommendes Leiden, seinen Tod und seine Auferstehung voraus (Mk 8:31, 9:31, 10:32-34). Besonders als er zum letzten Mal die Gelegenheit hatte, ungestört mit den Jüngern zusammen zu sein – vor dem Verrat durch Judas Iskariot –, versuchte Jesus, ihre Aufmerksamkeit auf seinen bevorstehenden Tod zu richten (Joh 13:33, 14:2,4,12,28, 16:5,7,10, 16,28, 17:11,13). Wenn man sich jedoch einige der Schlüsselbegriffe ansieht, die Jesus von Anfang an im Blick auf die Zwölf verwendete, so wird deutlich, daß **Jesus seine Begleiter schon von Beginn an darauf vorbereitete, daß sie einmal sein Werk weiterführen sollten**.

Gleich am Anfang formulierte Jesus sein Ziel, sie zu „Menschenfischern" zu machen (Mk 1:17). Er wollte aus ihnen Männer formen, die unzählige Menschen zu seinem Vater führen würden. Als Jesus die Zwölf zu einem verbindlichen Zusammensein mit ihm berief, heißt es, daß er sie „auch Apostel nannte" (Mk 3:14). Die Schulung, der sie sich unterziehen würden, sollte sie dazu ausrüsten, als Vertreter seines göttlichen Auftrags zu den Menschen ausgesandt zu werden. Mehrfach stellte Jesus den Zwölfen das Bild einer Ernte vor Augen (Mt 9:37,38, 13:30, Mk 4:29, Joh 4:35). Damit wies er sie auf ihre zukünftige Rolle hin, Seelen für Gott zu ernten. Beim letzten Abendmahl machte der Meister die erstaunliche Äußerung, daß, wer an ihn glaubt, „noch größere“ Werke (Joh 14:12) als die vollbringen würde, die er selbst auf der Erde vollbracht hat. Er ermutigte seine Freunde mit der Aussicht, daß Gott sie in einer neuen und mächtigen Weise gebrauchen würde, um sein Reich aufzurichten.

Als sich Jesus Christus die zukünftige Beteiligung seiner Jünger vorstellte, dachte er nicht nur an eine Fortsetzung seines Wirkens, sondern sah Wachstum, Ausbreitung und Multiplikation voraus – kurz gesagt, **das Entstehen einer Bewegung**. D. Flusser schrieb: „Wir wollen nicht die Behauptung aufstellen, daß Jesus eine Kirche, nicht einmal eine einfache Gemeinschaft gründen wollte, vielmehr wollte er eine Bewegung ins Leben rufen.“ [50] Nach Meinung von J.H. Charlesworth setzte der Lehrer von Nazareth „ohne Zweifel die palästinische Jesus-Bewegung in Gang“.[51]

Eine Reihe von Äußerungen des Meisters lassen keinen Zweifel daran, daß in der Strategie, die er verfolgte, das Bild einer sich entwickelnden Bewegung einen vorherrschenden Aspekt darstellte. Auf dieses Ziel hin arbeitete er, auch wenn es während seines Lebens hier auf der Erde für ihn nur im Glauben sichtbar wurde. Das zeigt sich in dem Gleichnis, das Jesus als wesentlich zum Verständnis seiner sinnbildlichen Lehre im allgemeinen betrachtete (Mk 4:13). Es handelt sich um das Gleichnis des Sämanns, in dem der Same, der auf das gute Land fiel, eine Ernte einbrachte, die dreißig-, sechzig- und hundertmal mehr war als das, was anfänglich gesät wurde. Dieselbe Wahrheit leuchtet erneut auf, als er die Ausbreitung des Reiches Gottes mit dem Wachstum eines Senfkorns vergleicht (Mt 13:31,32). Ebenso deutlich wird es in dem Prinzip, auf das er in Johannes 12:24

hinweist. Jedes Weizenkorn, das stirbt, bringt viele neue Körner hervor. Darüber hinaus taucht der Gedanke im hohenpriesterlichen Gebet auf. Dort dachte Jesus an alle, die durch das Wort der Jünger zum Glauben kommen würden, und schloß sie in seine Fürbitte mit ein (Joh 17:20).

Die Botschaft, die Jesus zu verkündigen kam, die gute Nachricht der Liebe Gottes und seines Opfers für eine Welt, die in Sünde verloren ist (siehe Joh 3:16), war von so entscheidender Bedeutung, daß nicht nur einige wenige das Vorrecht haben sollten, sie zu hören. Vielmehr sollte diese Botschaft auf der ganzen Welt verbreitet werden. Deshalb war es das Ziel von Jesus, eine Bewegung ins Leben zu rufen. Durch die intensive Schulung der Kerngruppe der Zwölf setzte er dieser Bewegung einen Anfang und gab ihr ein Fundament. Das Wachstum würde von dem zukünftigen Wirken der Jünger abhängen.

Jesus wußte sehr genau, daß die Menschen Richtungsweisung benötigten (siehe Mt 9:36). Deshalb **bereitete Jesus seine engsten Nachfolger gründlich auf die zukünftigen Leiterschaftsaufgaben vor**, die sie in der entstehenden Bewegung haben würden. Wie wir bereits gesehen haben, tat er dies vor allem dadurch, daß er **sich selbst als Vorbild hinstellte** (siehe Mt 11:29, Joh 13:15). Gleichzeitig **lehrte** er die Zwölf auch über bestimmte Fragen der Leiterschaft (z.B. Mk 10:42-45, Lk 16:10-12, Joh 21:15-18), und zusätzlich gab er ihnen die **Möglichkeit**, das Gelernte **in der Praxis anzuwenden**.

Besonders aufschlußreich ist in diesem Zusammenhang das Beispiel, das wir in Matthäus 10:1-42 finden. Seit längerem hatten die Jünger in verschiedenen Bereichen beobachten können, wie Jesus seinen Auftrag ausführte. Nun gab er ihnen die Möglichkeit, die Erhörung ihrer eigenen Gebete zu sein (siehe Mt 9:38) und sandte sie mit einem konkreten Auftrag aus. Dieser Auftrag war begrenzt, da die Zwölf die Aufgabe hatten, einzig und allein zu ihren jüdischen Mitmenschen zu gehen (Mt 10:5,6). Gleichzeitig ging es bei diesem Auftrag um Nachahmung. Sie sollten dem Wirken ihres Meisters nacheifern (siehe Mt 10:7,8).

Jesus übertrug seinen Schülern Autorität (siehe Mt 10:1) und schickte sie auf den Weg. Jetzt waren die Zwölf nach den Worten von A. B. Bruce gewissermaßen „Missionarslehrlinge“[52], die ein „Lehrexperiment“ durchführen mußten.[53] Sie konnten Erfahrungen sammeln, indem sie ihr theoretisches Wissen in der Praxis anwandten; sie konnten zusätzliche Fähigkeiten für ihren Dienst erwerben, hatten die Möglichkeit, zu lernen, ihr persönliches Vertrauen auf ihn zu setzen und konnten üben, Verantwortung zu tragen und Rechenschaft abzulegen. Insgesamt konnten sie an Reife zunehmen und einen Vorgeschmack davon bekommen, was ihr zukünftiges Dasein als Apostel für sie bedeuten würde.

Neben dem verbindlichen Zusammensein und der Vorbildfunktion durch Jesus gab es den weiteren wichtigen Aspekt des Delegierens, von dem Jesus bei der Heranbildung der Zwölf zu Leitern Gebrauch machte. Als Jesus mit seinen Freunden beim letzten Abendmahl versammelt war, machte er zum Schluß, als er zu seinem himmlischen Vater betete, die erstaunliche Äußerung: „Ich habe dich verherrlicht auf Erden und das Werk vollendet, das du mir gegeben hast, damit ich es tue“ (Joh 17:4). Ohne Zweifel bestand ein wichtiger Aspekt dieses anvertrauten Werkes darin, daß er die Zwölf geschult hatte. Zu dem Zeitpunkt konnte Jesus mit dem Gefühl zurückblicken, daß er diese Aufgabe vollendet hatte.

Auch die Jünger selbst waren sich bewußt, daß Jesus sie auf den geistlichen Dienst als Leiter vorbereitete. Abgesehen von der Lehre, die sie diesbezüglich erhielten, konnten sie nicht die Augen davor verschließen, daß Jesus sogar innerhalb ihrer aus zwölf Jüngern bestehenden Gruppe noch einmal einen **engeren Einflußkreis** auswählte. Jesus widmete sich ganz besonders Simon Petrus, Johannes und Jakobus; das geschah jedoch nicht, weil sie besonders geistlich waren, sondern weil sie eine besondere Eignung besaßen. Es gab mehrere herausragende Erlebnisse, die Jesus nur diesen dreien gewährte (Mk 5:37-43, Mt 17:1-9, Mk 14:33-42). Zudem wurde ersichtlich, daß Jesus der Entwicklung von Petrus ganz besondere Aufmerksamkeit schenkte (z. B. Mt 17:25-27, Lk 22:31,32, Mk 16:7, Joh 21:15-19). In diesem Zusammenhang ist es interessant, daß im Rückblick gerade Petrus besonders bewußt war, wie der Meister seine Nachfolger als Leiter zurüstete (siehe Apg 1:21).

Mit Blick auf das Unternehmen Jesu Christi, die Zwölf zu einer Weiterführung seines Auftrags auszurüsten und mit Blick auf die darin enthaltene Weisheit äußerte R. E. Coleman: „Er baute sein ganzes Werk allein auf sie auf. Selbst wenn die Welt ihn nicht beachten würde, konnte sie Seine Strategie nicht besiegen.“[54] Hier gilt jedoch zu bemerken, daß sich das Vertrauen Jesu auf die Wirksamkeit seiner Methode (siehe Joh 15:27) nicht auf die menschliche Begabung der ausgewählten Kandidaten gründete. Genausowenig gründete es sich allein auf seine Bemühungen bei ihrer Zurüstung. Sie hatten sicherlich die beste Leiterschaftsschulung erhalten, die es auf dieser Welt gibt, nämlich die Schulung, die Jesus selbst den Zwölfen hatte zukommen lassen, aber dennoch hielt der Meister die Zwölf noch nicht für genug ausgerüstet, um die Leitungsverantwortung zu übernehmen, die er ihnen in Zukunft zugedacht hatte. Das wurde in den langen Ausführungen von Jesus während des letzten Abendmahls sehr deutlich. Jesus sprach vor allem darüber, was den Jüngern nach seinem bevorstehenden Abschied helfen würde, ihren Weg fortzusetzen. In diesem Zusammenhang **erklärte er mit eindrücklichen Worten und sehr ausführlich das Wesen und die Aufgabe des Heiligen Geistes**.

In den vier Evangelien können wir an vielen Stellen erkennen, wie wesentlich und eng der Heilige Geist mit dem Leben und Wirken Jesu verbunden war (siehe z. B. Mt 1:18,

3:16, Mk 1:12, Lk 4:14,18, Joh 1:33). Die Synoptiker liefern uns nur eine sehr begrenzte Lehre über den Heiligen Geist (siehe z.B. Lk 11:13, Mk 3:28,29, Mt 10:20, 28:19), doch Johannes bietet uns eine ausführliche Lehre über den Charakter und das Wirken der dritten Person der Trinität (z.B. Joh 3:5-8, 7:39, 14:16-18,26, 15:26, 16:7-15).[55]

Bald nachdem Judas Iskariot in die Nacht hinausgegangen war (Joh 13:30), begann Jesus, den zurückgebliebenen Elf zu erkären, daß in Zukunft der Heilige Geist bei ihnen sein (siehe Joh 14:16) und ihnen in verschiedener Weise helfen würde. Als „Geist der Wahrheit" (Joh 14:17) würde er ihr Lehrer sein (Joh 14:26), ja, sie „in alle Wahrheit leiten" (Joh 16:13) und sie an alles erinnern, was Jesus ihnen gesagt hatte (Joh 14:26). Er würde sowohl von Sünde überführen als auch von Gerechtigkeit und Gericht überzeugen (Joh 16:8). Außerdem würde er Zeugnis für Jesus ablegen (Joh 15:26) und ihn verherrlichen (Joh 16:14). Zusammenfassend kann man sagen, daß der Heilige Geist den Jüngern die Fülle Christi offenbaren und ihnen helfen würde, ihren Blick auf ihn gerichtet zu halten.

Noch bedeutsamer ist die Tatsache, daß Jesus den Elf versicherte, der Heilige Geist würde die Aufgabe eines „Beistands" haben (Joh 14:16,26, 15:26, 16:7). Das griechische Wort hierfür, *parakletos*, bedeutet wörtlich „an jemandes Seite gerufen", das heißt „zu Hilfe gerufen" werden.[56] Im klassischen Gebrauch stammte dieser Begriff aus dem Gerichtswesen und bedeutete „Ratgeber eines Angeklagten zu sein oder dessen Anwalt und Verteidiger im Gerichtshof".[57] Damit ließ Jesus die Jünger wissen, daß der Heilige Geist nach seinem Fortgehen zu ihnen kommen und seine Sache **zunächst vor ihnen**, doch **dann durch sie** auch vor der Welt vertreten würde. Der Heilige Geist würde ihnen als Anwalt, Tröster und Ermahner zu Hilfe kommen.[58]

Entsprechend bedeutsam ist es, daß Jesus in Johannes 14:16 von einem „anderen Beistand" sprach. Auch hier gibt uns der Rückgriff auf das griechische Wort weitere Einblicke. *Allos* („anderer“) drückt eine rein zahlenmäßige Unterscheidung aus und nicht etwa einen Unterschied in der Qualität.[59] Es bezeichnet also eine weitere Sache derselben Art. Anders ausgedrückt, die Elf erhielten von Jesus, der in 1 Johannes 2:1 selbst *parakletos* genannt wird, das Versprechen, daß **der Heilige Geist ihn ersetzen würde**. Der Heilige Geist „würde im unsichtbaren Bereich der Wirklichkeit genau denselben Platz bei ihnen einnehmen, wie ihn Jesus in der sichtbaren Erfahrung der menschlichen Existenz eingenommen hatte ...“[60] Er sollte von seiner Natur her denselben Dienst an den Jüngern tun, den Jesus vollführt hatte, solange er bei ihnen war.

Besonders eine Aussage Jesu wird die Jünger sprachlos gemacht haben: „Aber ich sage euch die Wahrheit: Es ist gut für euch, daß ich weggehe ...“ (Joh 16:7). Inwiefern sollte es vorteilhaft und nützlich für sie sein, mitzuerleben, wie ihr geliebter Meister von ihnen ging? Jesus gab ihnen die Antwort, indem er sie darauf hinwies, daß der Heilige Geist nicht nur mit ihnen, sondern in ihnen sein würde (Joh 14:17). Seine eigene zeitlich begrenzte Gegenwart sollte schon bald von der ständigen Gegenwart des Heiligen Geistes in ihren Herzen abgelöst werden. An die Stelle der körperlichen Anwesenheit Jesu, die durch Raum und Zeit begrenzt war, trat nun das universale göttliche Zusammensein des Heiligen Geistes mit ihnen. Durch die Gemeinschaft des Heiligen Geistes würden die Jünger an jedem Ort und zu jeder Zeit die Gemeinschaft mit Jesus erfahren können.

Diese Vermittlerrolle des Heiligen Geistes sollte für die Weiterführung und den Erfolg des Auftrags Jesu in der Zukunft von absolut entscheidender Bedeutung sein. Nur dadurch konnte das Versprechen von Jesus: „Siehe, ich bin bei euch alle Tage ...“ (Mt 28:20) für sie zu einer lebendigen Realität werden. Nur dadurch konnte die ständige Gegenwart des Heiligen Geistes sie mit den übernatürlichen Qualifikationen ausrüsten, die nötig waren, um Christi weltweite Absichten fortzuführen und angemessen zu vertreten, um seinem Beispiel würdig zu folgen und um die Bewegung, die er ins Leben gerufen hatte, mit fähigen Leitern zu versorgen.

Jesus verschwieg seinen Jüngern nicht, daß sie noch weitere Unterweisung benötigten: „Ich habe euch noch viel zu sagen; aber ihr könnt es jetzt nicht ertragen" (Joh 16:12). Er war jedoch zuversichtlich, daß der Heilige Geist ihnen die notwendige Anleitung geben würde. Denn indem der Heilige Geist an die Stelle von Jesus trat, **änderte sich zwar die Person des Mentors, nicht jedoch das Programm**. Die einzelnen Personen der Trinität haben keine unterschiedlichen Ziele. Über den Heiligen Geist sagte Jesus: „Er wird nicht aus sich selber reden; sondern was er hören wird, das wird er reden ..." (Joh 16:13), und er „wird's von dem Meinen nehmen und euch verkündigen" (Joh 16:15). J. Denney hat diesen Tatbestand mit folgenden Worten gut ausgedrückt: „Der Geist ist das *alter ego* Jesu".[61]

Jesus sagte: „Ich bin gekommen, um auf der Erde ein Feuer anzuzünden. Wie froh wäre ich, es würde schon brennen!" (Lk 12:49). Diese Erklärung läßt erkennen, wie sehr **er sich nach einer mächtigen, weltweiten Bewegung sehnte**. F. F. Bruce erklärte: „Das Feuer war im Wirken Jesu bereits da, aber die Welt hatte noch nicht Feuer gefangen."[62] Die Worte von Jesus „ein Feuer anzuzünden auf Erden" können auch als „die Welt revolutionieren"[63] verstanden werden. Diese Deutung verstärkt den Eindruck, daß Jesus sich nach einem mächtigen Ausgießen der Kraft des Heiligen Geistes sehnte, durch das die Welt für Gott entzündet werden sollte.

Mit größter Weisheit und Sorgfalt **förderte Jesus im voraus die Leiter, die benötigt wurden**, um eine derartige Bewegung in Übereinstimmung mit den Absichten Gottes zu lenken. Würden sie den kommenden Herausforderungen gewachsen sein? Die Jünger hatten das Vorrecht, eine ausgezeichnete Leiterschaftsschulung zu erhalten. Würde sich das in der Art widerspiegeln, wie sie ihre Leitungsaufgabe wahrnehmen würden? Natürlich würden sie nach dem Fortgehen Jesu auf die Erfahrungen zurückgreifen, die sie unter seiner Leitung und Begleitung gemacht hatten. Doch das würde nicht ihre einzige Hilfe sein. Vielmehr würden sie auch in Zukunft das Zusammensein von Jesus mit ihnen erfahren. Es sollte ihnen durch die bleibende Nähe des Heiligen Geistes ermöglicht werden. In der Vergangenheit hatte sich die Gemeinschaft mit Jesus als völlig ausreichend erwiesen. Genauso würde es in der kommenden Zeit sein, vorausgesetzt, die Jünger würden ihren Teil dazu beitragen und eine enge Beziehung zu Jesus aufrechterhalten. Kein Wunder, daß der Meister die Elf ausdrücklich dazu aufforderte, in ihm zu bleiben (siehe Joh 15:4-10).

Nach der Auferstehung lehrte Jesus seine Jünger weiter über das Reich Gottes (Apg 1:3) und definierte ihren Auftrag (siehe z. B. Mt 28:19,20, Mk 16:15). Jesus gab sich viel Mühe, seinen Jüngern die Kraftquelle nahezubringen, die sie allein qualifizieren würde, um diesen Auftrag zu erfüllen (siehe Lk 24:49, Apg 1:8). Er wollte, daß seine Nachfolger denselben Segen erlebten, der für ihn so kostbar gewesen war. Er erklärte, **daß sie benötigten, was er selbst als unverzichtbar erlebt hatte**. Deshalb gab er ihnen die Anweisung, zu warten und Jerusalem nicht zu verlassen (Apg 1:4, Lk 24:49), bis sie den Heiligen Geist empfangen hatten.

Die Erfahrung der göttlichen Gemeinschaft im Leben und Dienst seiner Nachfolger und die sich daraus ergebende Befähigung und Bevollmächtigung mußte jedoch von Gott zunächst erbeten werden. Jesus versprach: „Und ich will den Vater bitten ...“ (Joh 14:16). Seine letzte Handlung vor der Himmelfahrt bestand darin, die Jünger zu segnen (Lk 24:50,51). Daraufhin widmeten auch diese sich dem Gebet (Apg 1:13,14).

Nachdem der Boden auf diese Weise vorbereitet war, wurden die Jünger am Pfingsttag „erfüllt von dem heiligen Geist“ (Apg 2:4). Nun waren sie ausgerüstet, den Auftrag in Angriff zu nehmen und zu erfüllen, zu dem Jesus sie berufen hatte: als seine Zeugen in alle Welt zu gehen.

3 Jesu Christi Streben nach einem Zeugnis durch die Zwölf

Als Jesus seine auserwählten Jünger schulte, hatte er nicht den Wunsch, sie zu belesenen Gelehrten, klugen Theologen oder großartigen Rednern zu machen. Die Aufgabe, die er ihnen zugedacht hatte, drückte er mit folgenden Worten aus:

> ... und vor Statthalter und Könige werdet ihr geführt werden um meinetwillen, ihnen zum Zeugnis. (Mk 13:9)
>
> Und auch ihr seid meine Zeugen, denn ihr seid von Anfang an bei mir gewesen. (Joh 15:27)
>
> ... seid dafür Zeugen. (Lk 24:48)
>
> ... und werdet meine Zeugen sein in Jerusalem und in ganz Judäa und Samarien und bis an das Ende der Erde. (Apg 1:8)

Um die Weiterführung seiner Mission sicherzustellen, mußte Jesus dafür sorgen, daß es Menschen gab, die seine Sache in der Welt vertraten. Deshalb wählte er eine Gruppe von Nachfolgern aus, die nicht etwa aufgrund ihrer intellektuellen Begabung oder ihrer Bildung, sondern aufgrund ihres Charakters und ihrer Haltung dazu qualifiziert waren, diesem Ziel zu dienen. Diese Menschen waren bereit, sich belehren zu lassen, sie waren einfach, ehrlich und voller Eifer. Ihre Eigenschaften befähigten sie auf besondere Weise, als die Sprecher von Jesus aufzutreten. Doch welche besondere Bewandtnis hatte es, daß Jesus ihre zukünftige Rolle als Zeugendienst beschrieb?

3.1 Sein Wunsch nach einem glaubwürdigen Zeugnis

In der ursprünglichen Bedeutung tritt **ein Zeuge** (griechisch *martys*) in der Umgebung eines Gerichtshofs auf. *Martys* „benennt im klassischen Sinn eine Person, die aufgrund von Beobachtung ein Zeugnis gibt oder die im rechtlichen Sinn dazu aufgefordert wird, eine Tatsache, eine Übereinkunft zu bestätigen."[1] Das Alte Testament liefert uns in diesem Zusammenhang ein sehr anschauliches Beispiel, und zwar in der Geschichte von Boas. Als dieser sich ein Stück Land und seine zukünftige Frau Ruth erwarb, tat er das in Anwesenheit mehrerer Zeugen (siehe Ruth 4:1-11).

Ein Zeuge erinnert sich an frühere Beobachtungen und beschreibt, was er gesehen und gehört hat (siehe Mt 11:4). Da er aus erster Hand und von einem persönlichen Standpunkt aus berichtet, hat sein Zeugnis eine gewisse autobiographische Färbung. Aufgrund seiner persönlichen Kenntnis und seiner Erlebnisse mit Personen, Umständen und Vorkommnissen kann er bestimmte Tatsachen oder Ereignisse bestätigen (siehe Joh 3:11).

Jesus erklärte, daß **seine Jünger als Zeugen auftreten würden**. Weil sie Augenzeugen seines Lebens und Wirkens, seinen Todes und seiner Auferstehung waren, sah Jesus voraus, daß sie davon Zeugnis geben würden.[2] Hier muß man jedoch verstehen, daß allein die Kenntnis der Worte und Taten Jesu noch nicht ausreichte, um die Jünger zu wirkungsvollen Zeugen zu machen. Auch andere Menschen hatten die Taten von Jesus beobachtet, und trotzdem wurden sie nie seine Zeugen (siehe Lk 23:48).

Was motivierte die auserwählten Männer später dazu, als Zeugen aufzutreten? Zunächst war es **ihre enge und intensive Verbindung mit Jesus** (siehe Joh 15:27). Während sie bei Jesus waren, wurden sie von seiner Persönlichkeit beeinflußt. Sie wurden seine engen Freunde und, um mit T. B. Kilpatrick zu sprechen, dadurch „befähigt, Zeugnis zu geben, und zwar nicht nur von einigen Seiner Taten, sondern von Seinem Charakter und Seinem Einfluß; sie besaßen nicht nur ein Verständnis Seiner Lehre, sondern ein Verständnis von Ihm selbst".[3] Zweitens war ihnen bewußt, daß sie **besonders dazu auserwählt waren**, Zeugnis zu geben (siehe Apg 10:41) **und** daß es ihnen **sogar befohlen** war (siehe Apg 10:42).

Die Ankündigung von Jesus in Apostelgeschichte 1:8 enthält den auffallenden Ausdruck „meine Zeugen". Mit diesem Ausdruck wollte Lukas nicht in erster Linie darauf hinweisen, wessen Zeugen die Jünger sein, sondern für wen sie Zeugnis ablegen würden. Eine genauere Untersuchung des griechischen Textes legt diese Auslegung nahe; deshalb wäre es zutreffender, diese Bibelstelle mit „Zeugen meiner Person" oder „Zeugen für mich"[4] zu übersetzen.

Von den Jüngern wurde mehr erwartet, als nur die Gedanken und die Lehre ihres Meisters zu überliefern. M. Griffiths schreibt, daß sie „nicht nur von dem, was Jesus sagte, sondern auch von dem, was er tat, ein glaubwürdiges Zeugnis geben sollten. Jesus gab ihnen sowohl durch seinen Auftrag als auch durch sein Beispiel zu verstehen, was sie sagen und tun sollten."[5] Sie sollten die Historizität und Realität Jesu bezeugen, sollten von ihren vergangenen und gegenwärtigen Erfahrungen mit ihm berichten, die sie durch seine fortwährende Gemeinschaft mit ihm machten. Bei ihrem Zeugnis sollte es nicht um die Darstellung einer bestimmten Theologie gehen; ihr Zeugnis sollte **auf Jesus** als den Christus **hinweisen**. Ein Zeuge in einem griechischen Gerichtsfall vereinte „seine geistigen Kräfte mit der Person, für die er als Zeuge auftrat, um dieser zum Sieg zu verhelfen. Im Grunde trat er – im strengen Sinn – mehr für die Person ein als für die Sache."[6] Entsprechend geht es einem wahren Jünger in erster Linie darum, von der Person Jesu Zeugnis zu geben.

Ein Jünger war durch Wort und Tat ein Vertreter Jesu, und sein Leben war eine Bestätigung seiner Botschaft. Sein Zeugnis umfaßte alles, **was er für Christus war, tat und**

sagte. D.L. Guder schrieb, daß der Meister seine Jünger vorbereitete, „glaubhafte Zeugen zu sein, Menschen, deren Worte durch ihr ganzes Leben als glaubhaft und vollmächtig bestätigt wurden." Er fügte hinzu, daß die Boten und ihre Botschaft nicht voneinander getrennt werden können.[7]

Aufgrund dieser Untrennbarkeit ist **der Charakter des Zeugen eine Sache von entscheidender Bedeutung**. Die Bibel warnt vor einem falschen Zeugnis (Ex 20:16, 23:1) und erklärt nicht nur ausdrücklich, daß Gott ein falsches Zeugnis haßt (Spr 6:16,19), sondern weist auch auf die fatalen Folgen hin (Spr 25:18, siehe 1 Kö 21:8-14). Entsprechend ist das wahrhaftige Zeugnis eines ehrlichen und aufrichtigen Menschen ein großer Segen (Spr 14:25, 25:13).

Wenn es um ein wahrhaftiges Zeugnis geht, sind weder Originalität noch Erfindungsreichtum gefragt, sie sind im Gegenteil hinderlich. In diesem Zusammenhang ist es hilfreich, wenn wir uns an die Merkmale der rabbinischen Unterweisung erinnern, die in Kapitel 1.3 zur Sprache kamen. Wie wir dort gesehen haben, lag eine Betonung darauf, daß der Schüler die Worte seines Lehrers verinnerlichte und seine Lebensweise annahm. Die Gemeinschaft, sowohl zum Ziel der Information als auch der Formung, sollte bewirken, daß der *talmîd* zu einem glaubwürdigen Abbild seines Rabbis wurde. Das Zeugnis seines Lebens sollte das Prinzip bestätigen: „Der Vertreter eines Menschen ist wie er selbst" (BT Berakhoth 34b).

Jesus folgte dem rabbinischen Muster und **scheute bei der Unterweisung der Zwölf keine Mühe. Er schulte sie mit dem Ziel, daß ihr zukünftiges Zeugnis verläßlich und richtig wäre**. Zunächst berief er sie dazu, zu beobachten, dann rief er sie in ein verbindliches Zusammensein, und später forderte er sie zur Nachahmung auf. Doch von Anfang an bestand sein Ziel darin, sie in sein Bild zu formen (siehe Lk 6:40). Um ein glaubwürdiges Zeugnis von ihm geben zu können, mußten ihn die Zwölf zunächst einmal sehr gut persönlich kennenlernen und auch eine gründliche Kenntnis seines Denkens, Handelns und Charakters erwerben, sonst hätten sie niemals die Fähigkeit entwickeln können, ihn authentisch widerzuspiegeln. Jesus legte bei seiner Schulungsmethode, die auf dem Prinzip des verbindlichen Zusammenseins basierte, besonderen Wert darauf, daß seine Jünger seinem Beispiel nacheiferten. Dadurch wurden sie so gründlich vorbereitet, daß Jesus – ähnlich der soeben erwähnten rabbinischen Tradition – den Zwölfen versicherte: „Wer euch aufnimmt, der nimmt mich auf ..." (Mt 10:40, siehe Joh 13:20). Und den Zweiundsiebzig sagte er: „Wer euch hört, der hört mich ..." (Lk 10:16).

Eine der Säulen des biblischen Gesetzes war das Prinzip, daß ein Tatbestand durch mehrere Zeugen bestätigt werden mußte. In Deuteronomium 19:15 lesen wir zum Beispiel: „Es soll kein einzelner Zeuge gegen jemand auftreten wegen irgendeiner Missetat oder Sünde, was für eine Sünde es auch sei, die man tun kann, sondern durch zweier oder dreier Zeugen Mund soll eine Sache gültig sein." Wenn jemand von einem größeren Verbrechen überführt werden sollte, mußten mindestens zwei Zeugen die Sache bestätigen, bevor irgendeine Entscheidung getroffen werden konnte (siehe auch Num 35:30, Deut 17:6). Der Beweis durch Umstände allein galt als nicht ausreichend, vielmehr mußten Augenzeugen auftreten. Und diese durften ihre Erklärung nicht schriftlich abgeben, sondern mußten es mündlich tun. L. Coenen bemerkte zudem: „Die Assoziation von Zeugnis oder Zeuge mit nicht nachweisbaren, subjektiven Überzeugungen gibt es im AT nicht, genausowenig im Judaismus."[8]

Der Apostel Johannes wandte das Prinzip, daß eine Sache von mehreren Menschen bezeugt werden muß, auf Jesus Christus an. Sorgfältig wies er darauf hin, daß das Zeugnis von Jesus über sich selbst von vielen Seiten bestätigt wurde (Joh 8:14,18, 18:37): durch das bestätigende Zeugnis des Vaters (Joh 5:37, 1 Joh 5:9,10), des Heiligen Geistes (Joh 15:26, siehe 1 Joh 5:6), der Schrift (Joh 5:39, siehe 19:36,37), der Werke, die Jesus tat (Joh 5:36, 10:25), Johannes des Täufers (Joh 1:15,34, 3:26), der Jünger Jesu (Joh 1:41, 6:69) und anderer Beobachter (Joh 4:39,42, siehe 12:17).

Jesus selbst wies wiederholt darauf hin, daß eine **mehrfache Beglaubigung** notwendig sei (Mt 18:16, Joh 5:31,32, 8:17,18). Und die Zwölf machte er besonders darauf aufmerksam, wie wichtig diese Bestätigung im Zeugnis für ihn sei. Ihr Zeugendienst für ihn würde nur dann volle Glaubwürdigkeit besitzen, wenn sich **ihr Zeugnis mit der zusätzlichen Bezeugung des Heiligen Geistes verbinden würde** (siehe Joh 15:26,27).

Der Beitrag, den der Heilige Geist im Prozeß des Bezeugens leistet, ist sowohl entscheidend als auch vielfältig. Wir müssen vor allem verstehen, daß „die Frage, inwieweit das Wort des Zeugnisses wirksam ist, vollkommen vom Wirken des Heiligen Geistes abhängt“[9], stellte J. R. van Pelt fest. Der Heilige Geist ist die entscheidende Person in dem Prozeß, und nur durch seine Gemeinschaft mit ihm und seine Befähigung ist ein Jünger überhaupt dazu ausgerüstet, den Auftrag Christi zu erfüllen und sein Zeuge zu sein.

Der Heilige Geist motiviert dazu, Zeugnis zu geben (siehe Apg 4:18-20), und er verleiht Mut (siehe Apg 5:29). Als „Geist der Wahrheit“ (Joh 14:17) bewahrt er das Zeugnis Christi maßgeblich davor, in Vergessenheit zu geraten (siehe Joh 14:26) und verunreinigt zu werden (siehe Joh 16:13). Er offenbart die richtigen Worte, die für eine konkrete Situation benötigt werden (siehe Lk 12:12), er tritt als Anwalt für die Wahrheit ein, die vermittelt wurde (siehe Joh 16:7-11), und verleiht der Botschaft Kraft, so daß die Worte mitten ins Herz der Zuhörer treffen (siehe Apg 2:37). Außerdem bewirkt der Heilige Geist einen übernatürlichen, objektiven Erweis, um das gesprochene Zeugnis zu bekräftigen (siehe Mk 16:17,18, Apg 4:14,16).

Durch die Erfahrung am Pfingsttag wurden die Elf in die Lage versetzt, in einer engen Verbindung und auf machtvolle Weise mit dem Heiligen Geist zusammenzuarbeiten. Schon bald nach diesem Geschehen verwiesen die Apostel vor dem *Sanhedrin* darauf, daß der Heilige Geist ihr Zeugnis beglaubigte: „Und wir sind Zeugen dieses Geschehens und mit uns der Heilige Geist, den Gott denen gegeben hat, die ihm gehorchen" (Apg 5:32).

Auch im Hinblick auf den Zeugendienst **stellte Jesus sich durch seine eigene Lebensweise den Jüngern als Vorbild hin**. Der Apostel Johannes beschrieb ihn als „der treue und wahrhaftige Zeuge" (Offb 3:14) und schilderte ihn in seinem Evangelium als „den Zeugen par excellence", um einen Ausdruck von J. M. Boice zu verwenden.[10] Der Täufer bezeugte, daß Jesus der Messias sei (siehe Joh 1:6-34). Das eigene Zeugnis von Jesus bezog sich vor allem auf seinen Vater im Himmel (Joh 1:18). Er bezeugte, was er aufgrund seiner engen Beziehung zu ihm gehört und gesehen hatte (siehe Joh 3:11,32, 5:19,20). Kurz gesagt, Jesu Leben, Worte und Werke bezeugten die Gegenwart, das Wesen, die Absichten und die Kraft Gottes.

Die Jünger sollten in der Welt eine ähnliche Rolle einnehmen. Um sie darauf vorzubereiten, unterzog der Meister sie einer intensiven Schulung, die sich auf die Verbindung mit ihm gründete. Hinter seinem Bestreben lag das konkrete Ziel, daß sie diese Rolle als alternative Zeugen ausüben sollten.

3.2 Sein Wunsch nach einem alternativen Zeugnis

Ohne Frage setzte sich Jesus mutig von seinen jüdischen Zeitgenossen ab, und zwar aus mehreren Gründen.

Seine einzigartige Stellung war vor allem auf **seine gottesfürchtige Lebensweise** zurückzuführen. Das vorherrschende Merkmal seines Lebens in diesem Zusammenhang war seine vollkommene Unterordnung unter den Willen Gottes. Jesus war von Herzen bereit, Gott gegenüber Rechenschaft abzulegen. Die Absichten seines himmlischen Vaters machte er zur einzigen Richtschnur seines Handelns und lebte in freudigem Gehorsam. Aus seiner großen Liebe zu Gott heraus machte er es sich zum Grundsatz, seinem himmlischen Vater in allen Dingen wohlzugefallen (siehe Joh 8:29). Zudem zeigte er, daß er Gott vollkommen vertraute. Unglaube, wie er ihn bei einigen Menschen seiner Zeit beobachtete, erfüllte ihn mit Staunen (Mk 6:6). Sein unerschütterlicher Glaube an Gottes Wesen und Wort entsprang der ständigen Gemeinschaft, die Jesus mit Gott pflegte. Das Wirken Jesu auf der Erde war von Anfang bis Ende in eine Atmosphäre des Gebets eingebettet, was besonders deutlich im Lukasevangelium zum Ausdruck kommt.

Zweitens sehen wir die **bemerkenswerte Vollmacht von Jesus über den Einfluß Satans** in seinen verschiedenen Formen. Nachdem er den gezielten Angriff Satans in der Wüste bezwungen hatte, „wich er [Satan] von ihm eine Zeitlang" (Lk 4:13). Satan warf wiederholt das Netz der Versuchung aus [11], doch jedesmal überwand Jesus ihn siegreich. Durch den Heilungs- und Befreiungsdienst (siehe Lk 4:18) zeigte Jesus immer wieder deutlich, daß die Kraft Gottes viel stärker ist als die List, das Wirken und die Bindung Satans.

Jesus wich außerdem dadurch von der damaligen rabbinischen Praxis ab, daß er **Kontakt zu Menschen aus allen Gesellschaftsschichten pflegte**. Weil er das Verlangen hatte, die Verlorenen zu suchen, ging er zu denen, die Gott am meisten brauchten, und zu diesen gehörten auch die Verachteten und Ausgestoßenen. Er schreckte nicht davor zurück, einen Aussätzigen zu berühren oder mit einem Zöllner zu essen. Er wurde sogar angeklagt, ein Freund der Zöllner und Sünder zu sein (siehe Mt 11:19). Doch Jesus überschritt nicht nur soziale, sondern auch kulturelle Schranken. Er hatte Kontakt zu Menschen mit samaritischem, römischem und griechischem Hintergrund.

Ein weiteres herausragendes Merkmal des Meisters war **seine Haltung gegenüber Frauen**. Dadurch, daß er viel von einem Ort zum andern zog, kam er mit den verschiedensten Menschen in Kontakt. Ein besonders aufschlußreicher Vorfall war die Begegnung mit der Samariterin am Brunnen. Das vierte Kapitel des Johannesevangeliums berichtet mit ungewöhnlicher Ausführlichkeit davon. Allein schon die Tatsache, daß Jesus durch Samarien reiste, war in den Augen der damaligen Juden anstößig (siehe V. 9). Doch die Jünger staunten noch mehr, als sie Jesus in aller Öffentlichkeit in ein Gespräch mit einer Frau vertieft sahen (siehe V. 27). Damals war es Frauen weder erlaubt, als Zeugen im Gericht aufzutreten, noch durften sie sich aktiv in der Synagoge beteiligen.[12] Die Rabbiner wehrten sich entschieden dagegen, daß Frauen in der *Thora* unterrichtet wurden.[13] Rabbi Jose ben Johanan warnte sogar davor, „nicht zu viel mit dem Frauengeschlecht zu reden" (M Aboth 1,5). Doch der Meister setzte sich einfach über die kulturellen und sozialen Tabus hinweg, weil er die geistliche Not einer Samariterin sah und ihr helfen wollte. Als wäre das nicht schon genug, kam Jesus in Jerusalem einer Ehebrecherin zu Hilfe und verteidigte sie gegen ihre Ankläger aus den Reihen der Rabbiner und Pharisäer (siehe Joh 8:3-11). Jesus ging sogar so weit, Frauen in den erweiterten Kreis seiner Nachfolger aufzunehmen (siehe Lk 8:1-3, Mk 15:40,41). Für diesen Schritt gab es nirgendwo bei den jüdischen Lehrern eine Parallele.[14]

Schließlich sei **die Lehre Jesu** genannt. Sie stellte die traditionellen Anschauungen in Frage und entsprach nicht den Erwartungen. Die Bergpredigt verdeutlicht das mehr als irgendein anderer Abschnitt der Evangelien (Mt 5-7). Sie enthält eine Reihe grundlegender Prinzipien, anhand derer die alternative Lebensweise des Volkes Gottes im Reich Gottes dargestellt wird. Es handelt sich um die göttliche Gegenkultur, die zum Ziel hat, dem Reich der Finsternis entgegenzutreten, in dieses Reich einzudringen und es zu überwinden. Als Vertreter dieser alternativen Kultur sollten die Jünger zum Beispiel sanftmütig sein (5:5) und ein reines Herz haben (5:8). Sie sollten als Friedensstifter auftreten (5:9), ihre Feinde lieben (5:44) und andere Menschen nicht verurteilen (7:1). Sie sollten mit ihrem geistlichen Leben nicht prahlen (6:1-6,16), Gottes Absichten den ersten Platz einräumen (6:33), seinen Willen tun (7:21) und sich Schätze im Himmel sammeln (6:20). Zusätzlich machte der Meister den Kontrast anhand einiger Bemerkungen deutlich, durch die er die besonderen Merkmale des Reiches Gottes von den Richtlinien und Normen der Welt abheben wollte.[15] Er gab seinen Schützlingen ganz besondere Anweisungen: „Wer sein Leben findet, der wird's verlieren; und wer sein Leben verliert um meinetwillen, der wird's finden" (Mt 10:39). Zum Schluß ermahnte Jesus die Zwölf: „Aber so ist es unter euch nicht" (Mk 10:43). Noch einmal betonte er, wie er sich geistliche Leiterschaft vorstellt. Sie soll sich an der Haltung des Dienens orientieren und ist der Vorstellung der Welt völlig entgegengesetzt, bei der es häufig nur um eine angesehene Stellung und Vorherrschaft geht.

Die Beobachtungen, die wir bisher dargestellt haben, verdeutlichen, daß Jesus Christus hier auf der Erde beispielhaft ein alternatives Zeugnis vorlebte. Er führte ein heiliges Leben, das heißt ein Leben der Trennung von der Sünde, abgesondert für Gott. Dieses Zeugnis eines gottesfürchtigen Lebens stellte automatisch fortwährend eine Anklage gegen alle Unheiligkeit in seiner Umgebung dar. Einigen Menschen war dies zuviel; sie konnten die Anwesenheit Jesu nicht ertragen (siehe Mt 8:34). Jesus hatte Gottes Norm der moralischen Vollkommenheit unentwegt vor Augen. Eigentlich sollten alle Menschen nach diesem Maßstab leben, und Jesus rief seine Jünger dazu auf, seinem Vorbild zu folgen (siehe Mt 5:48). Die Vorbildfunktion von Jesus als alternativer Zeuge sollte die Jünger dazu anregen, ihm nachzueifern. In seinem hohenpriesterlichen Gebet faßte Jesus das mit wenigen Worten zusammen. Es war sein Wunsch, daß die Jünger in der Welt, aber nicht von der Welt sein sollten (Joh 17:11,14,16). Jesus gab seinen Nachfolgern eine Reihe von Richtlinien, die ihnen helfen sollten, ein Leben in der Weise alternativer Zeugen zu führen. Einige dieser Richtlinien wollen wir kurz betrachten. Drei stellen mehr eine Aufforderung dar, zwei eine Bestätigung.

Jesus gebot seinen Jüngern, einander zu **lieben** (Joh 13:34, 15:17). Das Gebot, andere Menschen zu lieben, war ihnen durchaus vertraut (siehe Mt 22:39). Doch Jesus forderte sie nun auf, einander so zu lieben, wie er sie geliebt hatte (Joh 15:12), und gab dadurch dem Gebot eine neue Betonung. Sie sollten selbstlos, bedingungslos und in einer opferbereiten Haltung lieben. Dadurch, daß Jesus – auf der Grundlage des verbindlichen Zusammenseins – die Zwölf zu Jüngern formte, hatte er eine Bewegung ins Leben gerufen. Doch diese Bewegung würde nur dann Bestand haben und wachsen, wenn die Beziehungen untereinander stimmten und auf Liebe gegründet waren. Jesus erklärte, daß diese gegenseitige Liebe das Merkmal seiner Jünger sei, an dem die Welt sie erkennen sollte (Joh 13:35).

Die zweite Aufforderung war der Wunsch Jesu, daß seine Nachfolger in **Einheit** lebten (siehe Joh 17:21). Damit meinte er jenen inneren Einklang, der letztlich nur durch die Hilfe und den Beistand des Heiligen Geistes bewirkt werden konnte. Die Aufgabe der Jünger bestand darin, sich dafür einzusetzen, daß diese Einheit erhalten blieb. Dafür war zum Beispiel die Bereitschaft nötig, den ersten Schritt zu tun, um eine gestörte Beziehung wieder in Ordnung zu bringen (siehe Mt 5:23,24). Ebenso sollten sie bereit sein, dem anderen zu vergeben (siehe Mt 6:12, Mk 11:25). Ihr Einssein war nur unter der Voraussetzung möglich, daß jeder einzelne in Demut lebte (siehe Mt 11:29). Die vollkommene Einheit der Jünger würde der Welt bestätigen, daß Jesus tatsächlich von Gott, dem Vater, gesandt war (Joh 17:23).

Während des letzten Abendmahls erklärte Jesus seinen Freunden, daß er sie dazu erwählt und berufen habe, **Frucht** zu bringen (Joh 15:16). Früher hatte er bereits davor gewarnt, schlechte Frucht zu bringen (siehe Mt 7:17-19) oder überhaupt keine Frucht (siehe Mt 25:24-30). Nun forderte Jesus sie auf, viel Frucht zu bringen, und zwar Frucht, die bleibt (Joh 15:8,16). Wenn sie das täten, wenn die Frucht des Heiligen Geistes[16] in ihrem Leben sichtbar würde, wenn sie wie ihr Meister Gutes täten (siehe Apg 10:38) und „Menschenfischer" wären (Mt 4:19), dann würden sie sich wahrhaftig als seine Jünger erweisen.

Bereits in einem recht frühen Stadium der Verbundenheit der Jünger mit Jesus äußerte dieser seine Zuversicht im Blick auf die Jünger und bestätigte ihnen: „Ihr seid das Salz der Erde" (Mt 15:13). Dem **Salz** wohnt die Kraft inne, Geschmack zu verleihen, den Verwesungsprozeß aufzuhalten, zu reinigen und zu düngen. Man merkt, ob Salz vorhanden ist oder fehlt. Es wirkt in aller Stille, ist spürbar, wenn es ausgestreut wird, und übt einen mächtigen Einfluß aus. Jesus sprach also von der einflußreichen und entscheidenden Rolle, die die Jünger in der Gesellschaft spielen sollten. Das schloß auch die Aufgabe ein, inmitten einer sündigen und deshalb zugrundegehenden Welt als „moralisches Desinfektionsmittel" zu wirken (siehe Joh 3:16), um es mit einem Ausdruck von R. V. G. Tasker zu sagen.[17]

„Ihr seid das Licht der Welt" (Mt 5:14), erklärte Jesus. Damit sprach er erneut sein Vertrauen in die Jünger aus und gab seiner Überzeugung Ausdruck, daß sie eine Veränderung bewirken würden. Wie **Licht** das Gegenteil von Dunkelheit ist, so sollten die Jünger in einer unheiligen Umgebung ein heiliges, alternatives Zeugnis verkörpern. Licht vertreibt Dunkelheit, es macht sichtbar, führt, zeigt Gefahren auf und ermöglicht Leben. Genauso sah Jesus die Rolle seiner Nachfolger. Sie würden einen ähnlich entscheidenden Einfluß auf die Welt in ihrer Umgebung ausüben. Das Johannesevangelium spricht wiederholt von dem Dualismus von Licht und Finsternis[18], und der Apostel Johannes beschreibt Jesus als das Licht, das in diese Welt gekommen ist (siehe Joh 1:8,9, 3:19). Der Meister selbst offenbarte sich und sagte: „Ich bin das Licht der Welt" (Joh 8:12, 9:5). Vor diesem Hintergrund verdeutlicht seine Zusicherung an die Jünger in Matthäus 5:14 worin ihre Aufgabe besteht, nämlich ihn als die wahre Lichtquelle widerzuspiegeln. S. Briscoe erklärt: „Jünger beweisen ihr Jüngersein dadurch, daß ihr Leben etwas von den Wesensmerkmalen Christi erkennen läßt; Sein Leben leuchtet durch das ihre hindurch".[19] Diese Äußerung ist zutreffend, seit die ersten Jünger damit beauftragt wurden, als Vertreter ihres Meisters in dieser Welt zu dienen. Außerdem zeigte sich in der Erklärung von Jesus erneut sein brennender Wunsch, daß die Jünger seinem Beispiel nacheifern. W. Barclay drückt es folgendermaßen aus: „Als Jesus Seinen Nachfolgern gebot, die Lichter der Welt zu sein, forderte Er damit nichts weniger, als daß sie wie Er sein sollten."[20] Kein Zweifel, als christusähnliche Lichter würden sie zwangsläufig ein alternatives Zeugnis sein und in der Welt für Gott Einfluß nehmen.

3.3 Sein Wunsch nach einem weltweiten Zeugnis

Die tiefgründige Wahrheit, die D. J. Bosch mit den Worten formulierte: „Gott ist ein missionarischer Gott ..."[21], bringt ein Kernelement der biblischen Offenbarung zum Ausdruck. In Gen 12:2,3 gab Gott Abraham folgende weitreichende Verheißung:

> Und ich will dich zum großen Volk machen und will dich segnen und dir einen großen Namen machen, und du sollst ein Segen sein. Ich will segnen, die dich segnen, und verfluchen, die dich verfluchen; und in dir sollen gesegnet werden alle Geschlechter auf Erden.

Von dem Zeitpunkt an, als Gott Abraham erklärte, daß er zunächst ihn segnen und ihn dann zu einem Segen für alle Menschen machen würde, traten im Alten Testament Gottes weltweite Absichten immer wieder zutage. Es gibt genügend Hinweise aus der Schrift[22], die die irrtümliche Meinung widerlegen, Gottes missionarisches Interesse sei speziell eine neutestamentliche Besonderheit. Man muß letztlich W. G. Scroggies Überzeugung zustimmen: „Die Bibel ist im wesentlichen ein missionarisches Buch", und „die Offenbarungen sind vor allem von einem missionarischen Interesse geprägt."[23]

Da Gott ein missionarischer Gott ist, hat er nicht nur sein Wort gesandt, sondern seinen Sohn (Joh 3:16,17). Die Evangelien, insbesondere das vierte, lassen erkennen, **daß Jesus sein Werk hier auf der Erde in dem tiefen Bewußtsein tat, Gottes Abgesandter zu sein**. Immer wieder sprach er davon, daß Gott ihn gesandt hatte (z.B. Mt 10:40, Mk 9:37, Lk 4:18, 10:16, Joh 5:23,24,30,36-38).[24] Jesus ließ keinen Zweifel daran, daß seine Mission vorwiegend den Juden galt (Mt 15:24), doch wies auch darauf hin, daß diese Mission auf vielfältige Weise weltweite Bedeutung haben würde.

Jesus wies auf das Ausmaß des göttlichen Auftrags hin, den er empfangen hatte und zu dessen Erfüllung er gekommen war, und sprach in diesem Zusammenhang wiederholt von der Welt (z.B. Mt 13:38, 24:14, Mk 14:9, Joh 6:33, 12:46,47, 17:21,23). An anderer Stelle brachte er sein Wirken hier auf der Erde mit dem zukünftigen Schicksal der Völker in Verbindung (z.B. Mk 13:10, Lk 21:25, Mt 25:32). Die Worte des Meisters forderten die Jünger dazu auf, eine **weltweite Sicht** zu entwickeln. Auch die Art seines Handelns wirkte in dieselbe Richtung.

Da Jesus das Ziel vor Augen hatte, ein weltweites Zeugnis aufzubauen, wirkte er nicht in der Abgeschiedenheit. Er unterschied sich in dieser Hinsicht deutlich von seinem Zeitgenossen, dem Rabbi Johanan ben Zakai. Dieser verbrachte zunächst achtzehn Jahre in dem galiläischen Dorf 'Arav (in der Nähe von Nazareth), wo er die ganze Zeit nur einen *talmîd* hatte.[25] Erst danach zog er als Lehrer nach Jerusalem. **Weil seine Bemühungen weitreichende Folgen haben sollten, suchte Jesus mit viel Bedacht das Umfeld aus, in dem er wirken wollte** und war zum größten Teil in aller Öffentlichkeit tätig. Er predigte in den Synagogen zahlreicher Ortschaften (Mk 1:39), und später lehrte er vor wechselnder Zuhörerschaft täglich im Tempel (Lk 19:47). Darüber hinaus sprach er unter freiem Himmel zu großen Menschenansammlungen. Lukas schildert einmal, daß „einige tausend Menschen zusammen[kamen], so daß sie sich untereinander traten" (12:1).

Noch in einem weiteren Punkt sehen wir einen strategischen Schachzug. Eine ganze Zeit lang machte der Meister das dichtbesiedelte Galiläa zu seinem Hauptwirkungsfeld. Er konzentrierte sich besonders auf die Stadt Kapernaum am Nordwestufer des Sees Genezareth, die seine „Zentrale" wurde. Der Wechsel von Nazareth nach Kapernaum (Mt 4:13), das in der Bibel „seine Stadt" genannt wird (Mt 9:1), kann nicht allein auf die Tatsache zurückgeführt werden, daß die Menschen in Nazareth Jesus nicht achteten (siehe Mt 13:54-57). Ausschlaggebender war, daß Kapernaum im Gebiet von Sebulon und Naphtalie lag. Von dieser Gegend war in einer göttlichen Verheißung die Rede (siehe Mt 4:14-16). Außerdem war die Stadt ein Handelszentrum. Sie lag an der wichtigsten Handelsstraße, die Alexandria mit Damaskus verband. Die günstige Lage am See machte es außerdem einfach, die angrenzenden Gebiete mit dem Schiff zu erreichen. Die Begebenheit in Matthäus 8:5-13 legt die Vermutung nahe, daß in Kapernaum eine Abteilung römischer Soldaten stationiert war. Dadurch bestand die Möglichkeit, Menschen mit einem anderen kulturellen Hintergrund zu erreichen. Diese Möglichkeit nutzte Jesus in seiner Begegnung mit dem Hauptmann aus.

Jesus wirkte überall in Galiläa (Mt 4:23), doch da er viel

umherzog, kam er auch nach Judäa, Samaria, Peräa, in die Dekapolis und nach Phönizien. Sein Wirken galt bewußt in erster Linie dem Volk Israel; er wirkte offensichtlich nicht in hellenistischen Städten wie zum Beispiel Sepphoris und Tiberias. **Der bemerkenswerte Radius seiner Aktivitäten** deutet andererseits jedoch darauf hin, daß er keinerlei Vorurteile gegenüber Menschen aus anderen Völkern hatte und offen war, über kulturelle Grenzen hinweg Menschen zu helfen, wenn ihn der Heilige Geist in diese Richtung führte (siehe z.B. Joh 4:4-26, Mt 15:21-28).

Durch seine beispielhafte Vorgehensweise und seine Worte weckte Jesus in den Zwölfen zunehmend das Bewußtsein, daß die Mission, die er verfolgte, weltweite Dimensionen besaß. Sie selbst sollten eine entscheidende Rolle dabei spielen, diese Mission zu erfüllen. Als Jesus die Zwölf mit der Zusage ermutigte, daß sie das Licht der Welt wären (Mt 5:14), **legte** er ihnen damit gleichzeitig **dieselbe Verantwortung auf, die auch auf ihm lag**. J. O. Sanders drückt das folgendermaßen aus: „Mit diesen inhaltsschweren Worten faßte der Herr der Ernte in Worte, daß die galiläische Berufung einen weltweiten Zeugendienst umfaßte. Der Rahmen, in dem ihr Zeugnis wirksam werden sollte, war nichts weniger als ‚die Welt'".[26]

Nach seiner Auferstehung äußerte sich der Meister insgesamt fünfmal mit äußerster Klarheit und Prägnanz in dieser Hinsicht. Er definierte umfassend den Auftrag des weltweiten Zeugendienstes, auf den er seine Jünger vorbereitet hatte. Eine nähere Untersuchung bringt ans Licht, daß **die fünf verschiedenen Versionen des Missionsbefehls jeweils einen anderen Akzent setzen**. Dadurch wird das Wesen der Aufgabe, mit der Jesus seine Freunde betraut hat, weiter erklärt.

In Markus 16:15 heißt es:

> Und er sprach zu ihnen: Gehet hin in alle Welt
> und predigt das Evangelium aller Kreatur.

Die Worte des Meisters machen unmißverständlich deutlich, daß es sich bei dem Missionsbefehl weder um eine rein menschliche Idee handelte noch um ein freiwilliges Projekt. Vielmehr war es **ein göttliches Gebot**, dem gehorcht werden mußte. Von den Jüngern wurde erwartet, daß sie aktiv wurden und auf dem Weg der **Evangelisation** diesen Auftrag mit weltweiter Ausrichtung erfüllen sollten. Sie sollten **jedem Menschen** auf der Welt die gute Nachricht der Liebe Gottes für die Menschheit verkündigen.

Weitere Einblicke können aus Lukas 24:46-48 gewonnen werden:

> [Er] sprach zu ihnen: So steht's geschrieben, daß Christus leiden wird und auferstehen von den Toten am dritten Tage; und daß gepredigt wird in seinem Namen Buße zur Vergebung der Sünden unter allen Völkern. Fangt an in Jerusalem, und seid dafür Zeugen.

Bezeichnenderweise hebt diese Wiedergabe des Missionsbefehls **den Inhalt der Botschaft** hervor, die die Jünger verbreiten sollten. Zugleich betonte Jesus ihre **Rolle als Zeugen** und ließ sie wissen, daß ihr weltweites Zeugnis seinen Ausgangspunkt in Jerusalem haben würde.

In Apostelgeschichte 1:8 zitiert der dritte Evangelist Jesus noch einmal:

> Aber ihr werdet die Kraft des heiligen Geistes empfangen, der auf euch kommen wird, und werdet meine Zeugen sein in Jerusalem und in ganz Judäa und Samarien und bis an das Ende der Erde.

Hier gab Jesus seinen Freunden die entscheidende Verheißung des Heiligen Geistes. Damit lenkte er ihre Aufmerksamkeit auf **die unverzichtbare Kraftquelle**, die zur

Erfüllung ihrer Aufgabe notwendig sein würde. Die Verheißung war „gepaart mit der Darstellung eines Aktionsplans, der sehr konkrete Anweisungen über die Vorgehensweise und die Ziele enthielt".[27] Außerdem hob Jesus noch einmal die Rolle der Jünger hervor, **seine Zeugen** zu sein, und betonte die weltweite und zugleich **kulturübergreifende Reichweite ihres zukünftigen Wirkens**.

Johannes 20:21 enthält die vierte Äußerung:

> Da sprach Jesus abermals zu ihnen: Friede sei mit Euch! Wie mich der Vater gesandt hat, so sende ich euch.

Jesus bezog sich hier nicht nur auf die Tatsache, daß er von seinem Vater beauftragt war und nun in gleicher Weise seine Nachfolger beauftragte. Die Bedeutung der griechischen Wortwahl gibt uns weitere aufschlußreiche Hinweise.[28] Der Meister betonte, **daß die Jünger den Auftrag, den er begonnen hatte, auf völlig analoge Weise fortsetzen sollten**. Anders ausgedrückt, sie wurden daran erinnert, wie unverzichtbar es war, daß sie in der Art ihres Wirkens das Vorbild von Jesus nachahmten (siehe Joh 13:15, 14:12).

Als letztes müssen wir uns noch Matthäus 28:18-20 anschauen:

> Und Jesus trat herzu und sprach zu ihnen: Mir ist gegeben alle Gewalt im Himmel und auf Erden. Darum gehet hin und machet zu Jüngern alle Völker: Taufet sie auf den Namen des Vaters und des Sohnes und des heiligen Geistes und lehret sie halten alles, was ich euch befohlen habe. Und siehe, ich bin bei euch alle Tage bis an der Welt Ende.

Auch hier ist es hilfreich, sich den griechischen Text genauer anzusehen. Das Hauptverb für die Verse 19 und 20a ist die Imperativform *matheteusate* („machet zu Jüngern"). Abhängig von diesem Verb sind drei adverbiale Partizipien, nämlich *poreuthentes* („gehend"), *baptizontes* („taufend") und *didaskontes* („lehrend"). Jesus setzt zwar den Rahmen und spricht davon, daß seine Nachfolger in die Welt gehen sollen, doch sein ausdrückliches Gebot an sie lautet, Menschen zu Jüngern zu machen. Er sagte ihnen auch, daß taufen und lehren grundlegende Elemente in diesem Prozeß wären. In der fünften Version des Missionsbefehls steht also nicht die Aufforderung im Mittelpunkt, in alle Welt zu gehen[29], sondern die Jünger wurden vielmehr **dazu verpflichtet,** überall, wohin sie gingen, **Menschen zu Jüngern zu machen**. Anders als die anderen Evangelisten verknüpft allein Matthäus – durch das „Darum" in Vers 19 – die Beauftragung der Jünger mit der universalen Autorität Jesu. Er beschließt die Beschreibung der Strategie des Meisters zur Erreichung der Welt mit einer Zusicherung an die Jünger: **der Verheißung der ständigen Gemeinschaft** Jesu.

Wenn man die letzten Verse des Matthäusevangeliums mit den Anweisungen vergleicht, die in Matthäus 10:5-8 gegeben werden, dann fallen zwei bemerkenswerte Unterschiede auf. Erstens, in Kapitel 10 werden die Zwölf angewiesen, sich bei ihrem Dienst auf ihre jüdischen Mitmenschen zu beschränken. Don Richardson liefert dafür folgende Erklärung: „Diese vorübergehende Begrenzung legte Jesus seinen Jüngern ... deshalb auf, ... weil seine Jünger weder geistlich noch geistig für einen solchen kulturübergreifenden Auftrag vorbereitet waren."[30] Jetzt, kurz vor der Himmelfahrt des Meisters, **werden sie aufgefordert, zu allen Völkern zu gehen**. Zweitens, bei der ersten Aussendung wird den Zwölfen nicht die Verantwortung übertragen, Menschen zu Jüngern zu machen. Ihre eigene intensive Schulung war noch nicht abgeschlossen. Im Hinblick auf das verbindliche Zusammensein als Grundlage der Jüngerschaftsschulung fehlte es ihnen sowohl noch an dem richtigen Verständnis als auch an ausreichender Erfahrung. Deshalb konnten sie bei einem solchen Vorgang noch keine führende Rolle einnehmen. In Kapitel 28 nun **beauftragt Jesus sie,** sich in dem Prozeß der Formung zu Jüngern **auf Reproduktion und Multiplikation zu konzentrieren**. „Jesus wußte, daß eine Bewegung fähige Leiter benötigte, wenn sie wachsen und sich auf der ganzen Welt ausbreiten sollte", schrieb M. Rush.[31] Jesus hatte weltumspannende Pläne vor Augen. Vor diesem Hintergrund befahl er seinen Nachfolgern, sich darauf zu konzentrieren, die Gläubigen zu Jüngern zu machen und sie dadurch zu Leitern heranzubilden. Auf diese Weise sollte sich in der ganzen Welt Gottes Einfluß ausbreiten, ausgelöst durch die Bewegung, die schon bald durch die Bevollmächtigung des Heiligen Geistes mit Macht ihren Anfang nehmen sollte.

3.4 Sein Wunsch nach einem vollmächtigen Zeugnis

Nachdem Jesus verherrlicht war, sandte Gott den verheißenen Heiligen Geist (siehe Joh 7:39, 14:26). Am Pfingsttag wurden die Nachfolger Jesu „ausgerüstet mit Kraft aus der Höhe" (Lk 24:49), eine gewaltige Erfahrung, die ihr Leben revolutionierte.

Sie, die früher selbstsüchtig, schwach im Glauben, ängstlich und schwankend gewesen waren, wurden nun in liebende, vertrauende, mutige Menschen verwandelt, die Großes für Gott vollbrachten. Ganz besonders strahlte die Gegenwart Jesu nun in einem viel stärkeren Maß aus ihrem Leben hervor; sie spiegelten sein Bild viel mehr wider. J. V. Taylor erklärte es so: „Der Heilige Geist kam und nahm für immer Wohnung in den wartenden Jüngern, wie er für immer Wohnung in Jesus genommen hatte. Dadurch bewirkte der Heilige Geist eine Ausweitung der Inkarnation und führte sie in die ganze Fülle dessen hinein, was ihnen in Christus zur Verfügung stand".[32] A. B. Bruce konkretisierte und erklärte, daß ihnen „die Erleuchtung des Verstandes, die Erweiterung des Herzens, die Heiligung der Fähigkeiten und die Verwandlung des Charakters" verliehen wurde.[33] **Dadurch rüstete der Heilige Geist sie aus, die Aufgabe zu vollbringen, zu der sie berufen waren. Jesus hatte sie auf diese Aufgabe vorbereitet, indem er sie auf der Grundlage des verbindlichen Zusammenseins zu Jüngern formte.**

Zuvor hatte der Meister angekündigt, daß der Heilige Geist Zeugnis von ihm geben würde, daß die Jünger jedoch Zeugen sein würden (Joh 15:26, Apg 1:8). Seit der Verleihung des Heiligen Geistes zu Pfingsten wurde diese Zeugenrolle ein vorherrschendes Merkmal in ihrer neu erlangten geistlichen Position. Die dritte Person der Trinität löschte durchaus nicht ihre jeweilige von Gott gegebene Individualität aus. Vielmehr erfüllte er ihr Leben derart, daß von nun an das Bild ihres Meisters unverkennbar durch ihren Lebensstil und ihren Dienst hindurchleuchtete (siehe Apg 4:13).

Kein Wunder, daß die Männer, die mit Jesus zusammen gewesen waren, nun auch anders bezeichnet wurden, worin eine entscheidende Änderung zum Ausdruck kam. Als sich die Zwölf in der Verbindung mit Jesus noch im Lernprozeß befanden, wurden sie normalerweise „Jünger" genannt. In der Apostelgeschichte heißen jedoch alle Mitglieder der ursprünglichen Kerngruppe „Apostel"; das bedeutet, „einer, der als Bote oder Vertreter gesandt wird, jemand, der einen Auftrag erhalten hat".[34] Durch das Kommen des Heiligen Geistes wurden sie befähigt, die reichen göttlichen Quellen anzuzapfen. Dadurch wurden sie mit neuer körperlicher, geistiger, moralischer und geistlicher Kraft versorgt. So ausgerüstet, zogen die Apostel als bevollmächtigte Vertreter ihres Meisters los, um seine Mission fortzusetzen und auszubreiten.

Die Zeugen waren nun mit neuer Kraft ausgerüstet. Am stärksten und auffälligsten **personifizierte und verwendete Simon Petrus den vielfältigen Reichtum, der ihnen durch das Kommen des Heiligen Geistes und Gottes**

Gnade zur Verfügung stand. Petrus stammte aus Bethsaida (Joh 1:44) und war verheiratet (siehe Mk 1:30). Als typischer Galiläer war er fromm, tatkräftig und mutig, besaß gleichzeitig jedoch ein etwas ungestümes Temperament. Sein Charakter war nicht nur vielschichtig, er wies zum Teil auch gegensätzliche Züge auf. In einem Moment war Petrus voller Glauben (siehe Mt 14:28,29), im nächsten voller Angst (siehe Mt 14:30). Einmal schien er entschlossen (siehe Joh 18:10), ein anderes Mal war sein Wille schwach (siehe Mt 26:40,43,45). In einem Moment war er ein Verkünder göttlicher Offenbarung (siehe Mt 16:17), im nächsten Moment benutzte Satan ihn als sein Sprachrohr (siehe Mt 16:23). J. O. Sanders liefert eine sehr treffende Beurteilung: „Petrus' lebhafte Persönlichkeit, seine unverblümten Äußerungen und tiefe Frömmigkeit, verbunden mit seiner großen Kraft und seinen vielen Fehlern machen ihn zu einer idealen Testperson für die Methoden des Meisters."[35]

Jesus hatte erkannt, daß Simon außergewöhnliches Potential für einen Leiter besaß. Zu Anfang ihrer Verbindung hatte Simon noch ein recht impulsives Wesen, doch Jesus gab gleich von Beginn an seiner Zuversicht Ausdruck, daß dieser Fischer eine gute Entwicklung nehmen würde. Er gab ihm einen zweiten Namen, *Kephas*. Das ist das aramäische Äquivalent zum griechischen *Petrus*, was „Fels" bedeutet (siehe Joh 1:42, Mk 3:16). Immer wieder ermutigte Jesus Petrus in der Zeit ihres Zusammenseins (siehe Mt 16:17-19, Lk 22:32), und mehr als irgendeinem anderen Jünger aus der Kerngruppe widmete Jesus seine Zeit und Kraft der Vorbereitung auf die zukünftige Rolle als Leiter.

Jesus hatte sich Petrus in besonderer Weise gewidmet und ihn besonders zugerüstet. Deshalb muß seine Enttäuschung um so größer gewesen sein, als der Fischer dreimal leugnete, daß er bevorrechtigt gewesen war, die Gemeinschaft mit dem Meister zu erleben. Petrus bekräftigte seine Leugnung sogar noch mit einem Schwur und mit Flüchen (Mt 26:69-74). Um so erstaunlicher war die liebevolle, gütige Reaktion Jesu auf das Versagen Simons. Er gab seinem reumütigen Freund die Möglichkeit, seine traurige Verfehlung in einer ganz persönlichen Begegnung allein mit ihm zu regeln. Erst danach erschien Jesus den anderen zehn Jüngern (Lk 24:34, 1 Kor 15:5).

Als Folge der Erfüllung mit dem Heiligen Geist zu Pfingsten (siehe Apg 2:1-4) wurden Petrus' verborgene Leiterfähigkeiten an den Tag gebracht. Seine Persönlichkeit wurde vom Feuer des Heiligen Geistes entzündet (siehe Mt 3:11), und **seine alternative Lebensführung** (siehe Apg 4:19,20, 5:29) machte ihn zu einem hell leuchtenden Licht für die Welt seiner Umgebung. Außerdem hatten **die Worte seines Zeugnisses** eine enorme Wirkung auf seine Zuhörer (siehe Apg 2:37). Er war ausgesandt, eine Botschaft zu verkündigen, und Petrus ließ offensichtlich keine günstige Gelegenheit vorübergehen, um seinen Zuhörern deutlich zu machen, daß diese Botschaft glaubwürdig und wahr sei:

> ... dessen sind wir alle Zeugen (Apg 2:32).
>
> ... dessen sind wir Zeugen (Apg 3:15).
>
> Wir können's ja nicht lassen, von dem zu reden, was wir gesehen und gehört haben (Apg 4:20).
>
> Und wir sind Zeugen dieses Geschehens ... (Apg 5:32).
>
> Und wir sind Zeugen für alles, was er getan hat ... (Apg 10:39).
>
> ... uns, den von Gott vorher erwählten Zeugen, die wir mit ihm gegessen und getrunken haben, nachdem er auferstanden war von den Toten. Und er hat uns geboten ... zu bezeugen ... (Apg 10:41,42).

Diese Bibelstellen offenbaren, wie sehr das Denken und der Dienst der Jünger von dem Wunsch Jesu durchdrungen war, daß sie als seine Zeugen wirkten. In Apostelgeschichte

13:31 heißt es: „Und er ist an vielen Tagen denen erschienen, die mit ihm von Galiläa hinauf nach Jerusalem gegangen waren; die sind jetzt seine Zeugen vor dem Volk." Besonders die letzten Worte dieser Erklärung von Paulus zeigen auf eindrucksvolle Weise, daß die Apostel genau das taten, worauf Jesus sie vorbereitet und wozu er sie beauftragt hatte. Es war ein Beweis dafür, daß das Ziel, das Jesus bei der Zurüstung und Schulung seiner Nachfolger vor Augen gehabt hatte, erreicht war.

J. Stalker drückte die Erkenntnis aus: „Niemand hat Macht bei Menschen, der nicht Macht bei Gott für Menschen hat ..."[36] Wenn man das Wirken des Apostels Petrus studiert, bekommt man den Eindruck, daß er von einer ähnlichen Überzeugung geleitet wurde. Denn er war offensichtlich ein Mann des **Gebets**. Wir lesen, daß er jeweils zur Zeit des Nachmittagsgebets das Tempelgelände betrat (Apg 3:1). Als in der frühen Gemeinde die Notwendigkeit entstand, Helfer für die Bewältigung bestimmter Aufgaben einzusetzen, hob Simon die beiden wichtigsten Prioritäten der Apostel hervor: „Gebet und der Dienst des Wortes" (Apg 6:4). Die Weisung Gottes, in das Haus von Kornelius zu gehen und dort Menschen zu dienen, die aus einer anderen Kultur stammten, erhielt Petrus, während er sich im Gebet befand (siehe Apg 10:9-23). Bei einer Gebetszeit, bei der auch Petrus anwesend war, erbebte die Erde, und alle wurden neu mit dem Heiligen Geist erfüllt. Diese Tatsache zeigt auf eindrucksvolle Weise, in welch einer starken Gebetsatmosphäre Petrus lebte.

Noch häufiger wurde die geistliche Kraft, die durch das Gebet gewonnen wurde und aufrechterhalten blieb (siehe Apg 4:30), in den übernatürlichen Manifestationen sichtbar, die das Wirken von Petrus begleiteten. Die Apostelgeschichte berichtet von einer Begebenheit, in der Petrus Worte der Erkenntnis einsetzte (siehe 5:1-10); er war Gottes Werkzeug zur Heilung des Äneas (9:33,34) und eines Gelähmten (3:1-8). Auf Petrus ruhte eine außergewöhnliche

Salbung, „so daß sie die Kranken sogar auf die Straßen hinaustrugen und sie auf Betten und Bahren legten, damit, wenn Petrus käme, wenigstens sein Schatten auf einige von ihnen fiele“ (5:15). Gott verherrlichte sich auch dadurch, daß er Tabea als Antwort auf Simons Gebet ins Leben zurückrief (9:36-41).

Gottes Bestätigung durch **übernatürliche Zeichen** hatte großen Einfluß darauf, wie die Menschen das Zeugnis von Petrus aufnahmen. Dadurch, daß sein Wirken so offensichtlich von Gottes Gemeinschaft begleitet wurde, zog es die Aufmerksamkeit der Menschen auf sich (Apg 3:11,12), erbrachte einen unwiderlegbaren Beweis (Apg 4:14,16), diente dazu, Glauben zu wecken (siehe Apg 9:35,42), bewegte Menschen zum Lob Gottes (Apg 3:8,9, 4:21) und verhinderte das Eingreifen Satans (siehe Apg 5:3).

Ein immer wieder auftretendes Merkmal im Dienst von Petrus verdient besondere Beachtung. Wir sehen, daß er im Namen Jesu lehrte (siehe Apg 5:28), über Vergebung in Jesu Namen sprach (Apg 10:43), in demselben Namen die Taufe anordnete (Apg 10:48) und einem Menschen durch den Glauben an den Namen Christi gebot, gesund zu werden (Apg 3:6,16). Petrus war als Bote des Meisters ausgesandt worden, trat für dessen Sache ein und bezeugte ihn. Er hatte allezeit vor Augen, daß die Vollmacht, mit der er wirkte, nicht von ihm kam, sondern ihm verliehen worden war (siehe Lk 9:1, Mt 28:18,19) und daß er Kraft empfangen hatte (siehe Joh 14:26, Apg 1:8). Er lebte in dem Wissen, daß das Geheimnis seines erfolgreichen Wirkens für Gott darin lag, daß er durch die ständige Gemeinschaft mit Jesus befähigt wurde. Genau das war der Inhalt der Verheißung, die Jesus den Elf vor seiner Himmelfahrt gegeben hatte und die nun durch Pfingsten für sie alle auf machtvolle Weise zur Wirklichkeit geworden war.

Jesus hatte eine Gruppe von Menschen erwählt, die er für die weltweite Ernte einsetzen wollte, und sie zu Jüngern geformt. Dieser Erntetrupp wurde nun unter dem Kraft verleihenden Einfluß des Heiligen Geistes **plötzlich zu einer sichtbaren Bewegung** und breitete sich mit atemberaubender Geschwindigkeit aus. Als Antwort auf die Predigt von Simon Petrus, die vom Heiligen Geist gesalbt war, wurden am Pfingsttag 3000 neue Gläubige gewonnen (Apg 2:41), und Gott fügte täglich neue Menschen hinzu (Apg 2:47). Schon bald stieg die Zahl der Männer, die sich für Jesus Christus entschieden hatten, auf ungefähr 5000 an (Apg 4:4). Die „Bewegung des Weges", wie sie schon bald genannt wurde[37], breitete sich weiter in Jerusalem aus (Apg 5:14, 6:1,7), erreichte Judäa, Samaria und Galiläa (Apg 9:31). Dann breitete sie sich bis nach Damaskus aus (Apg 9:19), bis nach Phönizien, Zypern und Antiochia (Apg 11:19). Dort wurden die Jünger Jesu Christi zum ersten Mal Christen genannt (Apg 11:26).

Die Erfüllung mit dem Heiligen Geist[38] **bewahrte die innere Dynamik und sicherte die äußere Ausbreitung** der entstehenden Bewegung. Jesus war bei seiner Taufe mit göttlicher Kraft ausgerüstet worden, hatte seinen Nachfolgern die Salbung des Heiligen Geistes verliehen (siehe Apg 2:33), und nun handelten die Anhänger der Bewegung des Weges genauso (siehe Apg 8:14-17, 9:17). Was sie weitergaben, war bildlich gesprochen nicht nur ein Staffelholz, sondern eine Fackel. Sie entzündeten überall, wohin sie kamen, ein Wirken Gottes; ihr christusähnliches Zeugnis wurde reproduziert und multipliziert.

Auf diese Weise war der Rahmen dafür gesetzt, daß sich die Bewegung des Weges auf der ganzen Welt ausbreiten konnte. Das Werkzeug, das Gott erwählte, um diese große Aufgabe zu bewältigen, war Saulus von Tarsus. Sein jüdischer Hintergrund, seine theologische Ausbildung bei dem berühmten Rabbi Gamaliel, seine römische Staatsbürgerschaft, seine Vertrautheit mit der griechischen Kultur und Sprache, sein Eifer, seine Entschlossenheit und sein Mut –

das alles ließ ihn auf einzigartige Weise für diese gewaltige Aufgabe geeignet erscheinen. Er hatte sich durch eine dramatische Begegnung mit dem auferstandenen Christus auf der Straße nach Damaskus bekehrt (Apg 9:3-6), war zum Apostel berufen (Röm 1:1, siehe Apg 9:15) und mit dem Heiligen Geist erfüllt worden (siehe Apg 9:17). Nun trat er unter den Heiden des ersten Jahrhunderts als der größte Pioniermissionar auf.

Im ersten Teil dieses Buches haben wir uns damit beschäftigt, welchem grundlegenden Prinzip Jesus bei der Jüngerschaftsschulung der Zwölf folgte: dem Prinzip der Verbundenheit. Im zweiten Teil dieser Untersuchung soll in Augenschein genommen werden, welche Schlüsse wir unter anderem daraus für die Mission ziehen können. Dabei müssen wir zunächst dem Wirken des Apostels Paulus besondere Aufmerksamkeit schenken. Er war der erste, der die weltweite Strategie Jesu Christi über die Grenzen Palästinas hinaus anwandte und insbesondere Jesu Jüngerschaftsmethode des verbindlichen Zusammenseins im Kontext fremder Kulturen einsetzte.

II

Missiologische Implikationen: Verbundenheit als ein unentbehrliches Prinzip für alle Bemühungen bei der Jüngerschaftsschulung

„Wenn wir darauf zielen, viel Frucht zu bringen,
merken wir, daß wir Erkenntnis und Einblick
in die göttlichen Methoden brauchen;
nur dann können wir sie in unserer Arbeit anwenden."

*J. Hudson Taylor**

4 Jesu Christi Methode der Gemeinschaft als Ur-Beispiel und Vorbild

In Matthäus 12:30 erklärte Jesus: „Wer nicht mit mir ist, der ist gegen mich; und wer nicht mit mir sammelt, der zerstreut.“ Diese ernüchternde Äußerung macht deutlich, daß weder in der Missionsarbeit noch im Zusammenhang irgendeines anderen geistlichen Werkes Raum für eine „neutrale“ Strategie ist. Entweder dienen unsere Bemühungen den Absichten Gottes, oder sie fördern die Interessen der Mächte der Finsternis. Zugleich sind Jesu Worte eine ernste Warnung vor der fatalen Neigung, missionarische Tätigkeiten allein aufgrund menschlichen Strebens zu planen und durchzuführen. Es war Hudson Taylor, der Gründer der China-Inland-Mission, der besorgt die Frage erhob: „Ist der häufige Mißerfolg unserer Bemühungen nicht darauf zurückzuführen, daß wir versuchen, Gottes Werk nach der Weise der Menschen zu tun – ja, manchmal sogar nach der Weise des Teufels?“[1]

Nur wenn wir uns in rechter Weise an der Vergangenheit orientieren, können unsere Strategien effektiver werden, und nur so können wir echte Fortschritte erzielen. Diese Orientierung ist sehr bedeutsam, wenn wir über die Zukunft der Missionsarbeit im allgemeinen und die Heranbildung von Leitern im besonderen nachdenken. J.H.Kane machte die provozierende Äußerung: „Für die Missionsbewegung der heutigen Zeit ist es wichtiger als alles andere, zu den Missionsmethoden der frühen Kirche zurückzukehren.“[2] Tatsächlich müssen wir noch einen Schritt weiter gehen und zuallererst versuchen, **das Wesen und die Bedeutung des überragenden Beispiels** zu erfassen, **das Jesus Christus selbst für die Mission gesetzt hat**. Wir wollen verstehen, welche Bedeutung das Vorbild Jesu hat und welche Folgen daraus für die Mission zu ziehen sind. Es gibt niemand unter den neutestamentlichen Verfassern, der uns dabei besser helfen könnte, als der Apostel Paulus. Paulus, der in der Umgebung fremder Kulturen als Bahnbrecher für den christlichen Glauben auftrat, kannte die Prinzipien des Modells, das der Meister bei der Jüngerschaftsschulung auf der Grundlage des verbindlichen Zusammensein angewandt hatte. Und er verstand es, diese Prinzipien in der jeweiligen neuen Umgebung zu deuten und in die Praxis umzusetzen.

Obwohl Paulus hochbegabt war und eine außerordentlich gute theologische Ausbildung besaß, nahm er sich nicht die Freiheit, bei der Heranbildung von Leitern eigene Modelle zu entwickeln. Vielmehr folgte er treu der Vorgabe des Meisters. Bei unserer Untersuchung wollen wir deutlich machen, wie die Methode Jesu kulturübergreifend anzuwenden ist. Folglich werden wir bei der weiteren Analyse hervorstechender Merkmale der Methode Jesu zusätzlich unseren Blick auf das richten, was wir aus dem Wirken und den Schriften von Paulus lernen können.

4.1 Jesus Christus als die Motivation

Die Realität der Liebe des himmlischen Vaters zu ihm war für die Beziehung Jesu zu Gott von absolut grundlegender Bedeutung. Diese Liebe wurde ihm bei seiner Taufe (Mt 3:17) und bei der Verklärung (Mt 17:5) öffentlich und deutlich bestätigt. Doch auch ganz persönlich lebte Jesus in dem tiefen Bewußtsein, daß sein himmlischer Vater sich ihm in großer Liebe, Zärtlichkeit und Fürsorge bedingungslos zugewandt hatte (siehe Joh 5:20, 10:17, 15:9, 17:24,26). Durch dieses Bewußtsein wurde Jesus in der Tiefe von dem Wissen getragen, angenommen zu sein. Gottes Liebe verlieh ihm Identität, Vertrauen und Sicherheit.

Die göttliche Liebe, die ihm in dieser Weise geschenkt wurde, erwiderte er mit großer Liebe und von ganzem Herzen (siehe Joh 14:31). Einmal wollte ein Schriftgelehrter wissen, welche Gebote der Lehrer aus Nazareth für die wichtigsten hielt:

> Jesus aber antwortete ihm: Das höchste Gebot ist das: „Höre, Israel, der Herr, unser Gott, ist der Herr allein, und du sollst den Herrn, deinen Gott, lieben von ganzem Herzen, von ganzer Seele, von ganzem Gemüt und von allen deinen Kräften." Das andre ist dies: „Du sollst deinen Nächsten lieben wie dich selbst." Es ist kein anderes Gebot größer als diese. (Mk 12:29-31)

Jesus griff bei seiner Antwort direkt auf ein Zitat aus dem *Schema* zurück. Diese Unmittelbarkeit verdeutlicht erneut, wie vertraut Jesus mit dem traditionellen jüdischen Denken war und daß er diesem Denken folgte. Noch bedeutsamer ist jedoch, daß „das höchste und größte Gebot", wie es in dem Paralleltext bei Matthäus genannt wird (22:38), kurz und knapp zusammenfaßt, worauf Jesus in seiner Sichtweise, seiner Haltung und seinem Handeln in erster Linie ausgerichtet war. Mit seinem ganzen Leben **stellte er auf einzigartige Weise beispielhaft dar, was es bedeutet, Gott mit dem ganzen Sein zu lieben**.

In seinen Ausführungen beim letzten Abendmahl sagte Jesus den Elf: „Wie mich mein Vater liebt, so liebe ich euch" (Joh 15:9). Das heißt, er machte seine persönliche Erfahrung der Liebe Gottes zum Maßstab seines liebevollen Interesses an seinen Schülern. Seine Liebe zu ihnen war von aktiver Natur: er schützte, lehrte und ermutigte sie und diente ihnen; er war ihnen ein Vorbild, trat im Gebet für sie ein und brachte Opfer für sie. Die selbstlose und barmherzige Liebe, die Jesus den Jüngern gegenüber zum Ausdruck brachte, motivierte diese, sich mit ihm zu verbinden. Sie vertrieb ihre Ängste, machte sie frei, sie selbst zu sein, stärkte ihr Selbstbewußtsein, weckte Vertrauen und half ihnen, ihren eigenen Weg mit Gott zu finden. Kein Wunder, daß sich bei einer so liebevollen Unterweisung der Lernprozeß, dem der Meister seine Schützlinge unterziehen wollte, nicht als eine mühevolle Qual erwies, sondern im Gegenteil als ein Abenteuer, das mit vielen Freuden verbunden war.

Jesus stellte seinen Zeitgenossen die Liebe zu Gott als unverzichtbar vor Augen (siehe Mt 22:37,38). Doch im Blick auf die Zwölf fügte er dieser Forderung noch ein weiteres Element hinzu: „Wer Vater oder Mutter mehr liebt als mich, der ist meiner nicht wert; und wer Sohn oder Tochter mehr liebt als mich, der ist meiner nicht wert" (Mt 10:37). Anders ausgedrückt, **neben der uneingeschränkten Liebe zu Gott forderte Jesus von seinen Nachfolgern, daß sie ihn mehr liebten als irgendeinen anderen Menschen und sich ihm in uneingeschränkter Hingabe zuwandten**.

Das sollte uns nicht wundern. D. J. Bosch hob hervor: „Jüngerschaft ist geprägt durch die Beziehung zu Christus selbst ..."[3] Von Anfang an, als Jesus die ersten potentiellen Jünger mit den Worten „Folge mir nach" zu sich rief, forderte er sie nicht dazu auf, sich lediglich auf eine bestimmte Weltanschauung oder ein Projekt einzulassen. Vielmehr sollten sie sich ihm als Person anvertrauen. Wir tun gut daran, das nicht zu vergessen. Jesus berief die Jünger nicht nur zu einem Programm, sondern zu einer lebensverändernden Beziehung.[4]

Jesus prägte seinen Jüngern auch nicht nur das bekannte höchste Gebot ein, sondern forderte sie auf: „Ein neues Gebot gebe ich euch, daß ihr euch untereinander liebt, wie ich euch geliebt habe, damit auch ihr einander lieb habt" (Joh 13:34, siehe 15:12). Ohne Zweifel war der Gedanke, daß sie die Menschen lieben sollten, den elf Galiläern nicht neu. Zum einen wurde diese ethische Verpflichtung bereits in der *Thora* vorgeschrieben (siehe Lev 19:18,33, Deut 10:19), andererseits hatte Jesus dieses Thema wiederholt in seinen Lehren angesprochen, nicht zuletzt in dem eindrücklichen Beispiel des barmherzigen Samariters (Lk 10:25-37).

Neu war für die Jünger jedoch das Gebot, daß sie einander mit der Qualität an Liebe lieben sollten, die Jesus ihnen entgegengebracht hatte. Wie die Liebe des Vaters zum Vorbild für die Liebe des Sohnes zu den Jüngern geworden war (Joh 15:9), forderte der Sohn nun seine Jünger auf, seine Liebe zu ihnen als Vorbild für ihre Liebe zueinander zu nehmen (Joh 13:34). Dieser Gedankengang regt zu der Formulierung eines Grundprinzips der Heranbildung von Leitern an: Aus biblischer Sicht **soll jeder Mentor in der Beziehung zu den ihm Anvertrauten die Art Liebe widerspiegeln, die Gott gegenüber seinem Sohn zeigte und die der Sohn seinerseits in der Schulung der Zwölf beispielhaft vorlebte; diese Art der Liebe soll auch die Beziehung der Lernenden untereinander bestimmen**.

Natürlich stellt sich die Frage, was die besonderen Merkmale dieser Liebe sind. Der griechische Ausdruck, der im Neuen Testament verwandt wird, um ein starkes liebevolles Interesse am Wohlergehen des anderen auszudrücken, ist das Wort *agape*. Nach W. Günther und H.-G. Link findet man das Wort *agape* nur an einer Stelle außerhalb der Bibel.[5] Die einzigartige Qualität der Liebe, die mit dem Wort *agape* ausgedrückt wird, kann als das hervorstechende Merkmal aller echten Nachfolger Jesu Christi betrachtet werden (siehe Joh 13:35).

Der Apostel Paulus betonte, daß *agape* das Zentrum des christlichen Lebensstils sei (siehe Kol 3:14, Eph 5:2, 1 Kor 16:14). In 1 Korinther 13:4-7 definierte er das Wesen wahrer Liebe so ausführlich, wie wir es in keinem anderen Abschnitt der Bibel finden:

> Die Liebe ist langmütig und freundlich, die Liebe eifert nicht, die Liebe treibt nicht Mutwillen, sie bläht sich nicht auf, sie verhält sich

> nicht ungehörig, sie sucht nicht das Ihre, sie läßt sich nicht erbittern, sie rechnet das Böse nicht zu, sie freut sich nicht über die Ungerechtigkeit, sie freut sich aber an der Wahrheit; sie erträgt alles, sie glaubt alles, sie hofft alles, sie duldet alles.

Jesus Christus personifizierte jedes dieser Merkmale in umfassender Weise. Deshalb scheint es angemessen und hilfreich, der Arbeitsdefinition von T. Campolo zuzustimmen: „Liebe ist die Entscheidung, für den anderen Menschen das zu tun, was Jesus für diesen Menschen tun würde, wenn er an unserer Stelle wäre.“[6]

Sowohl Gottes Liebe als auch die Liebe Jesu Christi zu den Menschen wurde für Paulus besonders darin sichtbar, daß Gott seinen Sohn sandte (siehe Gal 4:4) und daß der Sohn am Kreuz starb (siehe Röm 5:8). Wenn diese göttliche Liebe offenbar wird, eine Liebe, die Opfer bringt und die der Mensch in keiner Weise verdient hat, sollte daraus als natürliche Reaktion eine Haltung der Liebe gegen Gott und gegen den Mitmenschen folgen. *Agape* kann der Mensch jedoch nicht selbst hervorbringen, sie ist **keine menschliche Errungenschaft, sondern ein göttliches Geschenk**, „denn die Liebe Gottes ist ausgegossen in unsre Herzen durch den heiligen Geist, der uns gegeben ist“ (Röm 5:5). Durch die Mittlerrolle des Heiligen Geistes sind wir dazu in die Lage versetzt, von Gottes übernatürlichen Reichtümern zu nehmen und an seiner göttlichen Liebe teilzuhaben. In Galater 5:22, wo die einzelnen Komponenten der Frucht des Geistes aufgezählt werden, wird die Liebe als erstes genannt.

Die *agape*, die von der Dreieinigkeit ausgeht, hat die Eigenschaft, einen richtungweisenden Einfluß auszuüben, den der Apostel Paulus folgendermaßen in Worte faßte: „Die Liebe Christi drängt uns ...“ (2 Kor 5:14). Andere Übersetzungen des Verbs *synecho* geben uns ein besseres

Verständnis dieses Begriffs. Er bringt zum Ausdruck, daß die Liebe Christi gefangennimmt, beherrscht, zwingt und vorwärts drängt. Anders ausgedrückt, **die Liebe Christi hat sowohl eine motivierende als auch eine regulierende Funktion;** sie wirkt dahingehend, daß wir innerhalb des Rahmens der Pläne Gottes bleiben.

Im Lauf der Missionsgeschichte sind immer wieder Menschen dem Ruf Gottes gefolgt. Sie sind bis an die Enden der Erde gegangen und haben sich selbst im Dienst hingegeben, weil die Liebe Christi sie beherrschte. W. G. Blaikie schloß seine Biographie über David Livingstone, den berühmten Missionar und Forscher, mit den Worten: „... es war die Liebe Christi, die ihn zwang, für Afrika zu leben und zu sterben“.[7] Auch Hudson Taylor unterstrich dies: „Eine einzige Sache, und nur diese eine, wird die Menschen durch alles hindurchtragen und ihnen immer wieder Erfolg schenken: die LIEBE CHRISTI, fesselnd und tragend, ist die einzige Kraft, die genügt.“[8]

Wenn wir Paulus' Begriff der „Liebe Christi“ weiter untersuchen, kommen wir zu der wichtigen Erkenntnis, daß damit sowohl Christus als Subjekt dieser Liebe als auch als das Objekt derselben bezeichnet werden kann.[9] Anders gesagt, der Ausdruck verbindet den Aspekt der Liebe Christi zu uns (siehe Röm 8:35) mit dem Aspekt unserer Liebe zu Christus (siehe 1 Kor 16:22).

Dieser Zusammenfluß der Liebe, die wir empfangen, und der Liebe, die wir erwidern (siehe 1 Joh 4:19), sollte die **einzig wahre Motivation** für sämtliche missionarische Aktivitäten sein, einschließlich der Heranbildung von Leitern. Die Dankbarkeit für die göttliche Liebe, die der Missionar persönlich erfahren hat, verbunden mit der göttlichen *agape*, die durch den Heiligen Geist in sein Herz gegeben ist, sollte ihn dazu drängen, sich Gott in der Bereitschaft hinzugeben, in Selbstverleugnung den Menschen zu dienen. Weder das Bewußtsein der Bedürftigkeit und Verlorenheit der Menschen noch die Herausforderung, dem

Missionsbefehl Gehorsam zu leisten, stellen die entscheidende Motivation für die Mission dar. Vielmehr besteht die Motivation in einer glühenden Liebe, der dankbaren Antwort auf die unvergleichliche *agape*. Diese *agape* zeigte sich zuerst darin, daß Gott seinen Sohn sandte und dieser sein Leben am Kreuz als Heiland für die Menschen hingab. Es ist nötig, sich immer wieder daran zu erinnern, daß unser Mitwirken an der Erfüllung der weltweiten Pläne Gottes immer ein Erzeugnis unserer Liebe für Christus ist, niemals jedoch ein Ersatz für diese. Jesus muß zunächst das Ziel unserer Liebe werden, bevor er das Ziel unserer Hingabe wird.

Liebende Hingabe an Jesus Christus bewirkt zudem eine **Motivation, die zu Opfern bereit ist**. Charles T. Studd, der Gründer der „Heart of Africa Mission", wurde für seinen Leitspruch bekannt: „Wenn Jesus Christus Gott ist und für mich starb, kann mir kein Opfer zu groß sein, um es ihm darzubringen." [10] James Chalmers, Pioniermissionar im Südpazifik, erklärte, er sehne sich von ganzem Herzen danach, „den Heiden zu geben und gegeben zu werden".[11] Der Biograph Toyohiko Kagawas berichtete von diesem herausragenden japanischen Christen und Sozialreformer: „Kagawa wurde durch zweierlei dazu bewegt, sein Leben den Menschen im Slum zu widmen: durch die Liebe Christi und durch die Leidenschaft, ein Freund der Armen zu sein und in der Lebensweise Jesu eine Lösung des Armutsproblems zu finden." [12]

Schließlich bewirkt die Liebe zu Christus auch eine **leidenschaftliche Motivation**. Graf Zinzendorf, die führende Gestalt in der Herrnhuter Erweckung 1727, bekräftigte: „Ich habe eine einzige Leidenschaft – und das ist Er, Er allein." [13] Von James Gilmour, einem Pioniermissionar in der Mongolei, heißt es: „Seine Seele brannte in Liebe zu seinem Heiland und zu den Heiden, die verloren gingen".[14] J. Hudson Taylor gab seinem Herzen Ausdruck: „Hätte ich tausend Leben, so hätte China Anspruch auf jedes einzelne.

Nein, nicht China, sondern Christus! Können wir zu viel für Ihn tun? Können wir für einen solchen Heiland genug tun?“ [15]

Wie sieht die Grundlage und die richtige Motivation für die Aufgabe der Unterweisung und Schulung im Zusammenhang der Mission aus? Auf der Suche nach einer Antwort tun wir gut daran, uns die folgende Ermahnung zu Herzen zu nehmen: „Wenn es stimmt, daß das Entscheidende für unsere Aufgabe als Leiter die Beschaffenheit unseres eigenen Geistes ist, dann muß die Ausrichtung unserer *eigenen* Motivation absolute Priorität haben.“ [16] Bevor wir uns daran geben, andere für die weltweiten Pläne Gottes und deren Förderung zu inspirieren und auszurüsten, müssen wir zunächst sicherstellen, daß wir selbst die richtige Motivation als Grundlage in unserem Leben haben. Wir müssen uns in aller Aufrichtigkeit die Frage stellen, die der Meister dreimal Simon Petrus vorlegte (siehe Joh 21:15-17) und die sich auch heute jeder angehende Leiter beantworten muß: „Liebst zu mich?“ Nur glühende Liebe zu der Person Christi, verbunden mit selbstverleugnender Liebe zu den Menschen in unserer Umgebung, qualifizieren uns, die Aufgabe der geistlichen Leiterschaft so auszuführen, daß es Gott gefällt und Christus geehrt wird. „Christliche Leiterschaft ist eine Leiterschaft der Liebe“, formulierte W. L. Duewel. Er fügte hinzu: „Als christlicher Leiter leiten wir im Namen Christi, für Christus, im Geist Christi und zur Ehre Christi. Das ist nur möglich, wenn wir mit der Liebe Christi leiten.“ [17]

4.2 Jesus Christus als der Meister

Eine nähere Untersuchung zeigt, daß das Wort „Meister“, das so häufig im Zusammenhang mit der Person Jesu Christi verwandt wird, eine Übersetzung fünf verschiedener Begriffe sein kann, die im ursprünglichen griechischen Text der Evangelien zu finden sind.

Der erste dieser Begriffe ist „*rabbi*“ (z. B. Joh 3:2, Mk 11:22, Joh 9:2)[18], wörtlich „mein Großer“. Daß Jesus mit so großer Selbstverständlichkeit mit diesem Ehrentitel für Gesetzeslehrer angeredet wurde, verdeutlicht, wie ausgezeichnet er in das kulturelle Umfeld hineinpaßte, und zwar dadurch, daß er die vertraute Rolle des religiösen Lehrers übernahm. Es war üblich, daß ein Rabbi sowohl in der Öffentlichkeit lehrte als auch eine ausgewählte Gruppe von Nachfolgern in den Dingen Gottes unterwies.

Häufiger noch kommt jedoch der Vokativ „*didaskale*“ vor (z. B. Mt 8:19, Lk 18:18, Mk 4:38). *Didaskalos*, was „Lehrer“ bedeutet, ist einfach das griechische Äquivalent für das hebräische *rabbi* (siehe Joh 1:38). Offensichtlich wollte Matthäus betonen, daß die Beziehung zwischen Jesus und seinen Jüngern anders geartet war als die Beziehung zwischen den zeitgenössischen jüdischen Rabbis und ihren Schülern. Matthäus verwandte mehrfach den Begriff *didaskalos*, jedoch nur zweimal den Begriff *rabbi* – und zwar als Anrede, die Judas im Zusammenhang mit dem Verrat Jesu benutzte, und zu einem Zeitpunkt, als er sich innerlich bereits von dem Meister entfernt hatte (26:25,49).

Außerdem benutzt nur Matthäus „*kathegetes*“ (23:10), ein Wort, dessen ursprüngliche Bedeutung „Leiter“ und „Führer“[19] weiteres Licht auf das Wort „Meister“ wirft. Es findet sich nur in manchen Übersetzungen, z. B. in der alten Lutherübersetzung und der Elberfelder Übersetzung.

Die indirekte Anspielung auf die Leiterschaftsposition Jesu kommt noch deutlicher in dem vierten Begriff zum Ausdruck, der nur von Lukas verwandt wurde. Als Hellenist verwarf er das hebräische Wort *rabbi* und ersetzte es durch „*epistates*“ (5:5, 8:24,45, 9:33,49, 17:13). In die ursprüngliche Bedeutung von „Oberhaupt“, „Aufseher“[20] gibt W. Barcley weiteren Einblick: „Mit diesem Wort wird im Griechischen ein Schulleiter bezeichnet, insbesondere ein Mann, der für die *ephebi* Verantwortung trug, die Kadetten, die für ein Jahr ihren Landesdienst für ihr Volk ableisteten.“[21]

Doch der bevorzugte Begriff der Evangelisten, mit dem sie einer besonderen Achtung Ausdruck gaben, war das Wort „*kyrios*" (z. B. Lk 5:12, Joh 6:68, Mt 8:25). Jesus wurde bereits auf der Erde ehrerbietig so angeredet (siehe Mk 7:28, Joh 11:34, Mt 14:28,30), doch vor allem wurde dieser Begriff zum vorherrschenden Ehrentitel für den auferstandenen Christus (siehe Lk 24:34, Joh 20:25, 21:7,15-17). H. Bietenhard beschreibt, daß dieses Wort im klassischen Griechisch die Bedeutung von „Herr, Herrscher, einer, der herrscht ..." hat [22]; im Zusammenhang der Evangelien wird damit „auch die Anerkennung ausgedrückt, daß Jesus ein Leiter ist, und ebenso die Bereitschaft, ihm zu gehorchen ..." [23]

Wenn man die Paralleltexte Markus 4:38 / Lukas 8:24 / Matthäus 8:25 vergleicht [24], fällt auf, daß jeder der Synoptiker durch seine jeweilige Terminologie (*didaskalos/epistates/kyrios*) versuchte, seine besondere Sicht der vielschichtigen Rolle des Meisters wiederzugeben. Allgemein kann man sagen, daß Jesus Christus für die Evangelisten weitaus mehr war als nur ein *rabbi* unter vielen. Auch Jesus selbst hob diese Wahrheit hervor: „Ihr nennt mich Meister und Herr und sagt es mit Recht, denn ich bin's auch" (Joh 13:13). Bereits zur Zeit seines öffentlichen Wirkens auf der Erde gab es einzelne Menschen, die die Würde und Autorität Jesu anerkannten und das mit dem Titel „Herr" zum Ausdruck brachten. Doch nach dem offenkundigen Triumph Jesu über den Tod waren seine ergebenen Nachfolger noch viel mehr davon überzeugt, daß er der erhöhte *kyrios* war, der das Recht besaß, zu regieren und zu führen, dem Ehre gebührte und dem man folgen sollte.

Ein flüchtiger Blick in die Schriften von Paulus reicht aus, um zu erkennen, daß „Herr" auch der bevorzugte Titel des Apostels für Jesus Christus war. Schon bei seiner ersten Begegnung mit dem Auferstandenen traf der feurige und radikale Pharisäer auf eine so starke göttliche Autorität, daß er nicht anders konnte, als zu fragen: „Herr, wer bist du?"

(Apg 9:5, siehe 22:8, 26:15). Derselbe Herr verordnete ihn später zu seinem Diener und Zeugen (Apg 26:16) und berief ihn dazu, ein Apostel zu sein (Röm 1:1). Außerdem übertrug er Paulus den besonderen Auftrag, das Evangelium unter den Heiden zu verkündigen (Gal 2:7, siehe Apg 22:21).

Zahlreiche Aussagen in Paulus' Briefen ergeben zusammengenommen ein abgerundetes Bild von der Herrschaft Jesu Christi. Zum Beispiel wurden alle Dinge durch ihn und für ihn geschaffen (Kol 1:16), sein Name ist höher als alle anderen Namen (Phil 2:9). Er ist der Herr jedes einzelnen Gläubigen (siehe Röm 5:1), Haupt der Kirche (siehe Eph 4:15,16) und König (siehe Kol 1:13). Er ist Herr über Lebende und Tote (siehe Röm 14:9) und wird alle Menschen richten (siehe 2 Thes 1:9,10). Jesus Christus als Herr verleiht Frieden (siehe 2 Thes 3:16), ist barmherzig (siehe 2 Tim 1:16), gibt Gaben zum Dienst (siehe Eph 4:11,12) und verleiht denen, die ihm dienen, Vollmacht (siehe 2 Kor 10:8). Als der Herr hat Jesus Christus auch ein Recht auf unseren Körper (siehe Phil 1:20), unsere Aktivitäten (siehe 2 Tim 2:3,4) und unsere Familienbeziehungen (siehe Eph 5:21-25).

Aus unserer Wortstudie können wir demnach ableiten, daß die Nachfolge Jesu Christi für die ersten Apostel einschloß, daß **dieser sowohl ihr Lehrer, Leitbild, Aufseher, Leiter als auch ihr Herr war**. Deshalb gebührte ihm absoluter Gehorsam, und sie waren ihm vorbehaltlos Rechenschaft schuldig.

Als Gott mit dem Volk Israel einen Bund schloß, gab er ihnen „die zehn Gebote" (Deut 4:13) – nicht „zehn Empfehlungen". Damit legte Gott fest, daß er sich von den Menschen als Antwort auf seine Weisung **Gehorsam** wünschte. Entsprechend ging der Herr Jesus bei der Leitung der Jünger vor, er gab ihnen Gebote (z. B. Mt 8:18, Joh 15:14, Apg 1:4). Folgende Erkenntnis sollte uns zu denken geben: Im Blick auf Entscheidungsfindung läßt sich in den Evangelien nirgendwo erkennen, daß Jesus die Zwölf je um Vorschläge bat, daß er sich je von ihrem Rat abhängig machte, daß er jemals Gruppen- oder Mehrheitsbeschlüssen folgte. Jesus verhielt sich anders. Wenn er als der Leiter durch die Weisung des Heiligen Geistes Gottes Willen erkannt hatte, ließ er die ihm anvertrauten Nachfolger wissen, daß ihre Aufgabe im Gehorsam bestand. Jesus selbst folgte in seinem Leben dem festen Entschluß, den Willen seines Vaters zu tun (siehe Joh 6:38, 15:10). Gleichzeitig wurde er von dem tiefen Wunsch bewegt, eine mächtige Bewegung in Gang zu setzen, die sich unter der Leitung und Bevollmächtigung des Heiligen Geistes ausbreiten sollte. Es blieb keinerlei Raum für rein menschliches Ermessen und menschliche Initiative.

Die Grundlage, von der aus Jesus Autorität über die von ihm auserwählten Männer ausübte, war seine Liebe zu ihnen. Einerseits wurden die Jünger durch die Liebe Jesu zu ihnen zum Gehorsam gegen ihn motiviert, andererseits war ihr Gehorsam ein Beweis dafür, daß sie ihn liebten. Das brachte Jesus deutlich zum Ausdruck (Joh 14:15,21,23, siehe auch Lk 6:46). Die tiefe Freundschaft, die zwischen Jesus und seinen Jüngern in der Atmosphäre gegenseitiger Liebe wuchs, entband die Zwölf nicht, den Erwartungen ihres Meisters zu entsprechen und von ihrer Seite aus vollkommenen Gehorsam zu leisten. Um sich für die Aufgabe der Leiterschaft zu qualifizieren, mußten sie zunächst lernen, sich leiten zu lassen. Sie mußten erkennen, daß **niemand auf Dauer ein guter Leiter sein kann, wenn er nicht zunächst ein guter Nachfolger ist**. Geistliche Leiter können sich nicht außerhalb des Rahmens willigen Gehorsams entwickeln. Auf diesem Hintergrund verwundert es nicht, daß Gott Josua mitteilte, daß der entscheidende Faktor für eine erfolgreiche Ausübung seiner Leitungsaufgabe sein Gehorsam sein würde (Jos 1:7).

Diese grundlegende und entscheidende Bedeutung des Gehorsams wurde direkt in die Version des Missionsbefehls aufgenommen, die wir bei Matthäus finden. Im Blick auf die Menschen, die sie zu Jüngern machen würden, verpflichtete Jesus die Elf dazu: „lehret sie halten alles, was ich euch befohlen habe“ (Mt 28:20).

Im Lauf der Jahrhunderte hat die Erfüllung des Missionsbefehls jedoch leider häufig darunter gelitten, daß zwei wichtige Dinge unterlassen wurden. Zum einen wurden viele Menschen nicht zu Jüngern gemacht (sondern einfach nur zu Bekehrten), und zweitens achtete man nicht darauf, Gehorsam zu lehren (sondern einfach nur Wissen). Offensichtlich ist es leichter, Menschen dahingehend zu beeinflussen, daß sie richtig denken, statt sie dahin zu bringen, daß sie auch richtig handeln. Doch Jesus hatte seine Freunde aus Galiläa damit beauftragt, ihr Leben für die Ausbreitung einer göttlichen Bewegung einzusetzen, und diese Bewegung sollte sich innerhalb der Grenzen eines praktischen Gehorsams gegenüber den maßgebenden Lehren von Jesus reproduzieren und multiplizieren.[25]

Ein weiteres unverzichtbares Element bei der Zurüstung von geistlichen Leitern ist der Aspekt der **Verantwortlichkeit**. Jesus wies deutlich darauf hin, daß jeder zur Rechenschaft gezogen werden wird für die Art, wie er sein Leben geführt und das eingesetzt hat, was ihm von Gott anvertraut wurde (siehe Mt 12:36, 25:19, Lk 19:15). Auch Paulus spricht deutlich davon (Röm 14:10-12). Angesichts der Erklärung Christi: „Denn wem viel gegeben ist, bei dem wird man viel suchen; und wem viel anvertraut ist, von dem wird man um so mehr fordern“ (Lk 12:48), ist diese Tatsache für Leiter von noch viel größerer Tragweite.

Als Gottes Haushalter (siehe Tit 1:7) sollten Leiter nicht nur in „vertikaler“ Richtung Rechenschaft ablegen, sondern auch „horizontal“ bereit sein, Rechenschaft zu geben. Der Meister wies nur indirekt auf das Erfordernis hin, uns gegenseitig zur Rechenschaft zu ziehen (siehe Mt 5:23,24, 7:3-5, 18:15-17). Paulus jedoch beschrieb diese Notwendigkeit wiederum sehr viel ausführlicher.[26] Wahre Verantwortlichkeit ist nur möglich, wenn man bereit ist, den hohen Preis der Demut und Offenheit zu zahlen und sich verletzlich zu machen. Zur gleichen Zeit jedoch bringt Verantwortlichkeit hohen Gewinn, denn dadurch wird ein **geschützter Raum** zur Entstehung von Gemeinschaft, Vertrauen, Annahme und Ermutigung geschaffen. Ebenso bietet Verantwortlichkeit **Schutz** davor, daß sich Charakterfehler, ungesunde Beziehungen und falsche Prioritäten entwickeln und gottlose Aktivitäten verfolgt werden. Die Motivation sollte in dem aufrichtigen Wunsch bestehen, ein Mittel zu haben, durch das ein geistliches Vorwärtskommen erleichtert und gefördert wird. Niemals jedoch sollte ein Verlangen nach Dominanz und Kontrolle der Beweggrund sein.

In der Bibel werden diese beiden Erfordernisse – der Gehorsam und die Verantwortlichkeit – im Konzept der **treuen Haushalterschaft** miteinander verbunden. Paulus schrieb in 1 Korinther 4:1,2: „Dafür halte uns jedermann: für Diener Christi und Haushalter über Gottes Geheimnisse. Nun fordert man nicht mehr von den Haushaltern, als daß sie für treu befunden werden." Das entscheidende Kriterium zur Beurteilung einer geistlichen Leitung ist nicht in erster Linie die Frage des sichtbaren Erfolgs, sondern der Treue. Das kann auch aus den Worten des Herrn Jesus in Matthäus 25:21,23 und Lukas 19:17 abgeleitet werden. Die Knechte in diesen Gleichnissen werden dafür gelobt, daß sie treu waren[27], der Aspekt des Erfolgs hingegen wird nicht einmal erwähnt.

Jesus wollte seinen Jüngern anschaulich die Notwendigkeit vor Augen führen, daß sie mit ihrem Meister im Gehorsam verbunden sein und die Bereitschaft haben sollten, ihm Rechenschaft abzulegen. Dazu benutzte Jesus einen eindrucksvollen Vergleich: er forderte sie auf, **sein leichtes Joch** auf sich zu nehmen und zu tragen (Mt 11:29,30).[28] Jesus griff auf seine berufliche Erfahrung als ehemaliger Zimmermann zurück. Er wußte, daß das Tragen eines Jochs erleichtert werden konnte, wenn das hölzerne Joch nicht zu schwer, richtig geformt und rund geschliffen war. Jesus wollte hiermit ein wesentliches geistliches Prinzip deutlich machen. Durch das Gebot an die Zwölf, sein Joch auf sich zu nehmen, wies er sie letztlich an, sich seinem Willen, seiner Herrschaft und seiner Formung zu Jüngern zu unterwerfen. M. Maher erklärte: „Das Joch Jesu auf sich zu nehmen oder sein Jünger zu sein, bedeutet, sich ihm, seiner Person, hinzugeben, sich seinem Dienst zu widmen, die Brüder zu lieben und sich für sie aufzuopfern und den Wunsch zu haben, den Meister nachzuahmen ...“[29]

Wie ein Joch zwei Zugtieren auf den Nacken gelegt wird, so sollten die Jünger uneingeschränkt unter die Autorität und Leitung Jesu kommen. Das war Jesu Wunsch. Durch das verbindliche Zusammensein mit Jesus würde sich ihr zukünftiges Dasein nicht als mühevoll erweisen. Wie zwei Tiere, die durch ein Joch zusammengespannt sind und Seite an Seite ziehen, so wollte Jesus – und später der Heilige Geist – den Platz neben jedem einzelnen Jünger einnehmen. Die Gemeinschaft Jesu würde die Jünger stärken, ausrüsten und ihnen seine Liebe zeigen. Auf diesem Weg würde Jesus die Last des Lebens und Dienstes der Jünger mittragen. In ein Joch mit dem Meister gespannt zu sein, wäre so verstanden nicht allein ein Vorrecht, sondern sogar eine absolute Notwendigkeit. Schließlich können wir ohne den Herrn Jesus nichts tun, wie es in Johannes 15:5 heißt.

Was die Praxis der Heranbildung von Leitern in unserer Zeit anbetrifft, ergibt sich daraus unweigerlich eine Folgerung: Der Wert und die Wirksamkeit einer solchen Zurüstung ist davon abhängig, in welchem Ausmaß wir bereit sind, uns Jesus als dem Meister und vor allem Christus als dem Herrn unterzuordnen. Noch einmal ein Zitat von Barclay: „Wenn ich Jesus Herr nenne, dann sollte ich damit der Haltung Ausdruck geben, daß er der uneingeschränkte und unbestreitbare Besitzer und Eigentümer meines Lebens und der Meister ist, dessen Knecht und Sklave ich mein Leben lang sein muß.“[30]

In der Vergangenheit haben immer wieder gottesfürchtige Männer und Frauen ihre Lebensführung und ihren Dienst für Gott auf das Fundament einer **vollkommenen Unterordnung und einer uneingeschränkten Hingabe** gestellt, **die dem Herrn Jesus rechtmäßig zusteht**. Eine solche Haltung hat weitreichende Auswirkungen. J. Hudson Taylor flehte: „Oh, laßt uns Ihm vollkommen vertrauen; wenn wir es nie getan haben, dann laßt es uns jetzt tun; wenn wir es schon öfter getan haben, dann laßt es uns erneut tun und Jesus als unseren Meister und Herrn annehmen, ohne jede Vorbehalte uns Ihm weihen und Ihm uns selbst, unseren Besitz, unsere Familie und unser *alles* geben. Er ist unendlich würdig ..."[31] Henry Martyn, der dem Ruf Gottes als Pioniermissionar nach Indien folgte, bekannte: „... der Herr Jesus, der Herr ist über alle Ereignisse, ist mein Freund, mein Meister, mein Gott, mein alles."[32] John Williams, der bahnbrechende Missionsarbeit in der Südsee leistete, schrieb an seinen Vater: „... mein Wunsch ist es, in der Arbeit meines Herrn und Heilands zu leben und zu sterben. Lieber Vater, mein höchstes Ziel ist es, in meiner Arbeit treu zu sein, mich den Menschen gegenüber als treu zu erweisen und Christus treu zu sein ..."[33] John G. Paton, der auf den Neuen Hebriden mächtig von Gott gebraucht wurde, gab seiner Haltung kurz und knapp folgendermaßen Ausdruck: „Gott gab mir Sein Bestes, Seinen Sohn; und ich gebe Ihm mein Bestes zurück, alles, was ich bin und habe."[34]

Jesus wünschte sich vollkommen hingegebene Nachfolger, halbherzige Enthusiasten versuchte er zu entmutigen (siehe Joh 6:60,66). Die Erfahrung hat gezeigt, daß bei der Förderung geistlicher Leiter häufig deren Hingabe – und nicht in erster Linie ihre Begabung – ausschlaggebend ist. Die Hingabe bestimmt die Qualität der Arbeit eines Leiters. B. Grahams Erklärung: „Errettung bekommt man umsonst, doch ein Jünger zu werden, kostet alles"[35], trifft nach wie vor uneingeschränkt zu. Bei der Berufung und Heranbildung zukünftiger Leiter für das Werk Gottes ist es daher wichtig, daß wir nicht von den radikalen Forderungen zurückweichen, die von der Person und der Botschaft des Meisters ausgehen. **Er, der sich um unsertwillen nicht geschont hat, bekommt nur dann die ihm zustehende Ehre, wenn auch wir ihm unser Bestes geben**.

4.3 Jesus Christus als das Vorbild

Ein besonderes Merkmal der paulinischen Schriften besteht darin, daß sich Paulus häufig als Vorbild hinstellt und dazu auffordert, seinem Vorbild zu folgen:

> Darum ermahne ich euch: folgt meinem Beispiel! (1 Kor 4:16).
>
> Werdet doch wie ich ... liebe Brüder, ich bitte euch (Gal 4:12).
>
> Folgt mir, liebe Brüder, und seht auf die, die so leben, wie ihr uns zum Vorbild habt (Phil 3:17).
>
> Was ihr gelernt und empfangen und gehört und gesehen habt an mir, das tut ... (Phil 4:9).
>
> Und ihr seid unserm Beispiel gefolgt ... (1 Thes 1:6).
>
> Denn ihr wißt, wie ihr uns nachfolgen sollt ... (2 Thes 3:7).
>
> Nicht, daß wir dazu nicht das Recht hätten, sondern wir wollten uns selbst euch zum Vorbild geben, damit ihr uns nachfolgt (2 Thes 3:9).
>
> Halte dich an das Vorbild der heilsamen Worte, die du von mir gehört hast ... (2 Tim 1:13).

Wodurch wurde dieser hohe Anspruch gerechtfertigt? Die Antwort wird uns in 1 Korinther 11:1 gegeben. Dort faßt der Apostel seine Strategie bei der Formung zu Jüngern mit der klaren Richtlinie zusammen: „Folgt meinem Beispiel, wie ich dem Beispiel Christi!"

Jesus hatte seinen Jüngern deutlich gemacht, daß in ihm Gott auf dieser Erde sichtbar wurde (Joh 14:9, siehe 1:14,18) und daß sie seinem Vorbild folgen sollten (siehe Joh 13:15). In Übereinstimmung mit diesen Worten sprach Paulus von Jesus Christus als dem „Ebenbild Gottes" (2 Kor 4:4) und forderte dazu auf, ihn nachzuahmen (siehe z. B. Röm 15:7, Eph 5:2,25, Phil 2:5, Kol 3:13).[36] Aus verschiedenen Bemerkungen in den Briefen können wir ableiten, daß Paulus im Blick auf seine Schützlinge Timotheus (siehe 1 Kor 4:17) und Titus (siehe 2 Kor 12:18) von demselben Wunsch bewegt wurde. Sie sollten seinem Beispiel folgen. Das gleiche galt für die Christen in Korinth (siehe 2 Kor 3:2,3) und in Thessalonich (1 Thes 1:6). Dadurch, daß diese Gläubigen wiederum zum Vorbild für andere wurden (1 Thes 1:7, siehe 1 Tim 4:12, Tit 2:7), erfüllte sich das Verlangen des Herrn Jesus, daß sich seine Bewegung auf der Grundlage der Reproduktion und Multiplikation mächtig ausbreitete.

L. Eims äußerte zutreffend: „Paulus wußte, daß er die Methoden Jesu Christi nicht verbessern konnte. Er wußte, was Jesus getan hatte, und er folgte dieser Vorgabe so getreu, wie er konnte."[37] Solange der Meister mit den Zwölfen zusammen war, **stellte er sich ihnen in allem als Beispiel vor Augen, sowohl was die Erkenntnis als auch was die Fähigkeiten und den Charakter anbetraf. Damit leistete er unverzichtbare Vorarbeit für das zukünftige glaubhafte Zeugnis der Zwölf für ihn**. Sie beobachteten sein Modell und sahen in ihm die Werte, Grundsätze und Strategien verkörpert, denen sie folgen sollten. In seiner Lebensführung und in der Art seines Wirkens erkannten sie die Art und Weise, in der sie beten, predigen, lehren, Wunder wirken, Menschen gewinnen und andere zu Jüngern machen sollten. In Jesus erkannten sie, welche Haltung sie gegenüber Menschen einnehmen sollten, die Gott ihnen über den Weg schicken würde. In allen drei Bereichen verfolgte der Herr Jesus ein übergreifendes Ziel, und zwar nichts Geringeres als daß sein Bild in den Zwölfen sichtbar werden sollte.

Von der Gemeinschaft mit dem Meister ging ein umfassender, formender Einfluß aus, der darauf zielte, daß sich seine Nachfolger zu glaubwürdigen Vertretern der Kultur des Reiches Gottes entwickelten. Sowohl durch seine Lehre als auch durch „auf Nachahmung zielendes Vorleben“[38] bemühte sich Jesus, das Denken und Verhalten der Jünger umzuformen. In ihnen sollte mehr und mehr sichtbar werden, wie er selbst dachte, fühlte und handelte. Jesus war sich bewußt, daß **der Einfluß geistlicher Leiterschaft weniger davon herrührt, was man sagt und tut, als davon, wie man ist**. Durch die Methode des verbindlichen Zusammenseins schuf Jesus deshalb eine Atmosphäre, in der seine Persönlichkeit auf seine Nachfolger „abfärben“ konnte.

Aus dem weiten Spektrum der Charaktereigenschaften, die Jesus Christus in umfassender Weise vorlebte – unter anderem Liebe, Glaube, Demut, Sanftmut, Gehorsam, Erbarmen, Geduld, Treue, Vergebung und Eifer –, gibt es zwei Merkmale, die im Blick auf die Praxis der Heranbildung von Leitern von besonderer Bedeutung sind. Diese wollen wir einzeln betrachten. Erstens geht es darum, **nach klaren Prioritäten zu leben**.

„Alles, was Jesus in seiner kurzen, intensiven, zielgerichteten, dreijährigen Wirkungszeit unternahm, tat er offensichtlich ganz bewußt; er wollte sich einen Brückenkopf sichern; dieser würde langfristig dazu dienen, der Strategie, mit der er die ganze Welt erreichen wollte, zum Erfolg zu verhelfen.“ Mit dieser Beurteilung lieferte L. Ford[39] eine gute Beschreibung der Entschlossenheit, von der das Wirken Jesu Christi auf der Erde gekennzeichnet war.

Das wichtigste Anliegen Jesu war seine Beziehung zu seinem himmlischen Vater (siehe Lk 2:49, Joh 8:29).

Gleichbedeutend damit räumte er den Anliegen des Reiches Gottes den ersten Platz ein (siehe Mt 6:33,10). Robert Moffat, dessen treue und ausgedehnte Missionsarbeit in Südafrika von Gott reich gesegnet wurde, folgte dem Beispiel des Herrn Jesus. Er erklärte, daß er nur solche Dinge als lohnend betrachtete, die im Zusammenhang mit der Herrlichkeit und Ausbreitung des Reiches Gottes standen.[40] Im Streben Jesu nach den Dingen des Reiches Gottes nahmen zudem die Beziehungen zu Menschen, insbesondere zu seinen zwölf Freunden, einen äußerst wichtigen Platz ein (siehe Mt 19:13-15, Joh 4:4-26, Mk 9:30,31, Lk 22:15).

Besonders bemerkenswert ist in diesem Zusammenhang sein **strategischer Einsatz der Zeit**. Die Evangelien schildern uns den Meister als äußerst aktiv, aber dennoch nie in Hektik. Er war häufigen Drucksituationen ausgesetzt, verlor jedoch nie die Gelassenheit. Auch handelte er nie voreilig oder zu spät. Er unterwarf sich nie der Tyrannei des Dringlichen oder verschwendete Zeit. Es gelang ihm, sich nicht von Aktivitäten untergeordneter Bedeutung ablenken zu lassen (siehe Lk 12:13,14, Mk 1:36-38). Arbeit und Ruhe standen bei ihm in einem ausgewogenen Verhältnis (siehe Mk 6:31). Er ging in Weisheit mit unerwarteten Störungen um (siehe Mk 5:21-43, Mt 14:13-25) und achtete auch darauf, daß er Zeiten der Zurückgezogenheit hatte (siehe Lk 5:16, 22:39, Mk 1:35, Lk 6:12).

Zutreffend formulierte B. Hull: „Ein Christ entwächst nie der Notwendigkeit der Grundlagen.“[41] Ohne Zweifel gehört es zu den grundlegenden Notwendigkeiten des christlichen Lebens, daß dieses Leben von klaren Prioritäten bestimmt ist, und das um so mehr, wenn die Verantwortung einer Leitungsaufgabe hinzukommt. Die vollkommene Ruhe, mit der Jesus seinem anstrengenden Dienst unter den Menschen nachging, ist eine ständige Herausforderung für alle Leiter. Diese Herausforderung erscheint um so größer, wenn wir erkennen, daß Jesus zugleich niemals die vorrangigen Anliegen des Reiches Gottes vernachlässigte (siehe Joh 9:4). Diesen an Bedeutung alles überragenden Faktor hob Moffat hervor, als er die bemerkenswerte Ermahnung aussprach: „Wir haben die ganze Ewigkeit lang Zeit, um uns über unsere Siege zu freuen, jedoch nur ein kurzes Leben, um sie zu erringen.“[42]

Das andere Merkmal, das eine ausführliche Behandlung erfordert, ist **die Haltung des Dienens**. Jesus sprach dieses Thema mit größtem Nachdruck an und sagte seinen zwölf Freunden in Markus 10:42-45:

> Ihr wißt, die als Herrscher gelten, halten ihre Völker nieder, und ihre Mächtigen tun ihnen Gewalt an. Aber so ist es unter euch nicht; sondern wer groß sein will unter euch, der soll euer Diener sein; und wer unter euch der Erste sein will, der soll aller Knecht sein. Denn auch der Menschensohn ist nicht gekommen, daß er sich dienen lasse, sondern daß er diene und sein Leben gebe als Lösegeld für viele.

Zunächst warnt der Meister seine Schüler davor, sich nach dem Vorbild der Welt zu richten. Diese Gefahr besteht auch heute noch. E. J. Elliston gab den Rat: „Die Werte und Prinzipien eines christlichen Leiters müssen einer soliden biblischen Grundlage entspringen, und nicht nur einfach einer soziologischen, wissenschaftlichen Grundlage. Der Anfangspunkt sollte in einer Offenbarung liegen und nicht im Management oder in einer weltlichen Führungstheorie.“[43] Als nächstes führt Jesus aus, wie sein Plan für dienende Leiterschaft aussieht. Was sind die Merkmale dieser „vollkommen neuen Art von Leiterschaft“, wie J. R. W. Stott es nannte?[44]

Jesus verwies auf die bekannte Rolle des Knechtes oder des Sklaven und verdeutlichte dadurch bestimmte Verhaltensmerkmale, die er in seinen Nachfolgern sehen wollte und die ihre zukünftige Rolle als Leiter prägen sollten. Von einem Knecht oder Sklaven wurde erwartet, daß er aufmerksam, hingegeben, demütig, gehorsam, treu und selbstlos war. Nur so konnte er seine Aufgaben angemessen erfüllen. Entsprechend wollte Jesus, daß die von ihm ausgewählten Männer ihre Leitungsverantwortung nicht auf autoritäre Weise wahrnahmen und über Menschen herrschten, sondern in Demut **den Menschen dienten**.

Das Fundament, von dem aus weltliche Leiterschaft einerseits und geistliche Leiterschaft andererseits ausgeübt wird, ist im Grundsatz verschieden. Um noch einmal Stott zu zitieren: „Die Autorität, in der ein christlicher Leiter seine Leiterschaft ausübt, ist nicht Macht, sondern Liebe, nicht Druck, sondern Vorbild, nicht Zwang, sondern wohlüberlegte Überzeugung. Leiter haben Macht, doch diese Macht ist nur dann ungefährlich, wenn sie in der Hand von Menschen liegt, die in Demut den anderen dienen.“ [45]

In Vers 45 des zitierten Abschnitts aus Markus Kapitel 10 erhebt Jesus die Forderung nach einer dienenden Leiterschaft. Diese Forderung gründete er letztlich auf die Tatsache, daß sein eigenes Leben, das er als Vorbild hinstellte, von diesem Dienen bestimmt war.[46] Daraus ergibt sich die Folgerung, daß jeder, der als Christ eine Leitungsaufgabe wahrnimmt, automatisch dazu verpflichtet ist, diese Aufgabe in einer christusähnlichen Weise durchzuführen. **Wahre geistliche Leiterschaft erfordert, daß der Leiter gegenüber den Menschen, die seiner Fürsorge unterstehen, die Merkmale Christi widerspiegelt**. Es sei kurz erwähnt, daß das biblische Modell des Dienens **mehrere automatische Schutzmechanismen gegen Charakterschwächen** aufweist, die von entscheidender Bedeutung sind: Demut besiegt Stolz, Gehorsam beugt Unabhängigkeit vor, Treue verhindert Unverantwortlichkeit, Selbstlosigkeit versperrt egoistischem Streben den Weg.

Das Dienen stellte eine entscheidende Komponente in der Auffassung Jesu von Leiterschaft dar. Dabei ging es nicht in erster Linie darum, daß ein Leiter vor allem niedrige Arbeiten ausführen sollte, vielmehr sollte er in seinem

Herzen eine dienende Haltung haben, und zwar erstens gegenüber Jesus als seinem Meister und zweitens gegenüber denen, die ihm anvertraut waren.

Wahres Dienen ist jedoch nur dann möglich, wenn Gott selbst dazu befähigt. Die fortwährende Gemeinschaft mit Jesus Christus, die er im Missionsbefehl versprochen hat (Mt 28:20), das Kommen des Heiligen Geistes zu Pfingsten und die damit verbundene machtvolle Gegenwart Gottes machen die Ausübung von geistlicher Leiterschaft zu einem unvergleichlichen Erlebnis: durch die Liebe von Jesus Christus entsteht der Wunsch zu dienen; seine Weisheit läßt das Dienen als den einzig sinnvollen Weg erscheinen; sein Vorbild zeigt, daß es praktikabel ist; seine Verbindung mit uns ermöglicht es; seine Herrschaft macht es zu einem Vorrecht.

In der Bibel wird, wer in Leitungsaufgaben steht, vorwiegend als „Knecht Gottes" bezeichnet, ein Tatbestand, der sehr vielsagend ist. Abraham wurde Gottes Knecht genannt (Gen 26:24), ebenso Mose (Ex 14:31), Josua (Jos 24:29), David (2 Sam 7:5), Hiskia (2 Chr 32:16), Jesaja (Jes 20:3), Jesus Christus (Mt 12:18), Paulus (Tit 1:1) und Jakobus (Jak 1:1). Seitdem die Forderung ausgesprochen wurde: „Ihr sollt heilig sein, denn ich bin heilig" (Lev 19:2), steht jeder geistliche Leiter vor der Herausforderung, seine Aufgabe nicht nach menschlicher Weise, sondern nach Gottes Art auszuführen. Der Status eines Knechtes Gottes dient als Mittel, dieses Ziel zu erreichen.

Durch das Kommen Jesu Christi wurde das Wesen der geistlichen Leiterschaft weiter verdeutlicht. **Wer seiner Sache als Leiter dient, von dem wird erwartet, daß er diese Aufgabe als glaubwürdiger Zeuge ausführt**. Durch seine Worte und Taten soll er auf das Genaueste das Vorbild widerspiegeln, das er im beispielhaften Leben von Jesus beobachtet hat. Sowohl bei Johannes als auch bei Simon Petrus wird deutlich, daß ihnen die Verantwortung bewußt war, das Modell Christi zu reproduzieren. „Wer sagt, daß er in ihm bleibt, der soll auch leben, wie er gelebt hat", erklärte Johannes (1 Joh 2:6). Und Petrus schrieb an die Empfänger seines ersten Briefes: „... da auch Christus gelitten hat für euch und euch ein Vorbild hinterlassen, daß ihr sollt nachfolgen seinen Fußtapfen“ (2:21).

Es kann kein Zweifel darüber bestehen, daß **die ersten Jünger die Forderung ihres Herrn ernst nahmen, seinem Vorbild nachzueifern**. Bei Simon Petrus zum Beispiel sehen wir, wie er im Blick auf die Frage der Prioritäten von ganzem Herzen dem Beispiel Jesu folgte (siehe z. B. Mt 5:48 und 1 Petr 1:15,16, Joh 9:4 und 2 Petr 3:12). Ebenso folgte er Jesu Grundsätzen (siehe z. B. Mt 5:16 und 1 Petr 2:12, Mt 5:11, Lk 6:27 und 1 Petr 3:9) sowie der Art seines Wirkens (siehe z. B. Lk 19:47 und Apg 5:42, Mk 2:11 und Apg 9:34, Mk 5:40-42 und Apg 9:40,41). Simon war es auch, der die anderen Ältesten dazu ermahnte, sich den Leitungsstil Jesu der dienenden Leiterschaft als Vorbild zu nehmen:

> Weidet die Herde Gottes, die euch anbefohlen ist; achtet auf sie, nicht gezwungen, sondern freiwillig, wie es Gott gefällt; nicht um schändlichen Gewinns willen, sondern von Herzensgrund; nicht als Herren über die Gemeinde, sondern als Vorbilder der Herde. (1 Petr 5:2,3)

Paulus erkärte, daß Jesus Christus ihm erschienen sei, um ihn „zum Diener und zum Zeugen“ zu erwählen (Apg 26:16). Das zeigt uns, daß auch er sich der **doppelten Verpflichtung** bewußt war, in seinem Wirken für Gott beide Elemente miteinander zu verbinden, sowohl das Dienen in Demut als auch das treue Zeugnis. Der Schnittpunkt dieser zweifachen Ausrichtung konnte niemand anders sein als der Herr Jesus Christus. Kein anderes Modell war zur Nachahmung geeignet, und kein anderes Modell war es wert, daß man ihm nacheiferte.

R. H. Glover erklärte: „Der Kirche wurde nicht die Aufgabe übertragen, die ganze Welt zu gewinnen, sondern der ganzen Welt ein Zeugnis zu sein; ihr wurde nicht die Verantwortung gegeben, alle Menschen zu Christus zu bringen, sondern Christus zu allen Menschen zu bringen."[47] Wer in der Mission tätig ist, und ganz besonders wer eine leitende Position in der Mission innehat, sollte bei der Erfüllung seiner Aufgabe eines nie vergessen: Das stärkste Zeugnis, das wir der Welt bieten können, besteht darin, daß wir ein christusähnliches Beispiel setzen.

Gott hat in seiner Weisheit beschlossen, das überragende Beispiel Jesu Christi der Welt als Modell vor Augen zu führen. Dieses Beispiel besitzt **eine einzigartige Anziehungskraft** (siehe Mt 4:18-22, Joh 12:32), und **ihm wohnt ein beispielloser Anreiz zur Nachahmung inne** (siehe Mt 14:25,28,29, Lk 11:1,2). Je mehr unsere Lebensweise – durch die Befähigung des Heiligen Geistes – dem alternativen Beispiel unseres Meisters ähnelt, desto wirksamere Zeugen werden wir für ihn sein und desto mehr werden wir andere dazu motivieren, ihm nachzufolgen. L. O. Richards und C. Hoeldtke wiesen darauf hin: „Ein überzeugendes Modell wird allein dadurch geschaffen, daß sich im Charakter, den Werten, Haltungen, dem Verhalten und der Hingabe der Leiter eine Christusähnlichkeit widerspiegelt."[48]

In unserem Leben muß sich zunächst zeigen, daß wir anders sind, das heißt Christus ähnlich; erst dann können wir wahre Änderung bewirken. Das hilft uns zu verstehen, warum geistliche Leiter der Vergangenheit von der Leidenschaft ergriffen waren, immer mehr dem Bild Christi gleichgestaltet zu werden (siehe Röm 8:29). 1857 äußerte David Livingstone in einem Vortrag in Schottland, sein vorrangiges Ziel sei es, wie Jesus zu sein und seinem Vorbild so weit wie möglich zu folgen.[49] James Gilmour formulierte seine Gedanken dreißig Jahre später in der Mongolei fast mit denselben Worten: „Der vorherrschende Gedanke, der mich zur Zeit beschäftigt und das Hauptziel meines Lebens ist, wie Christus zu sein."[50]

James Stewart hatte in der zweiten Hälfte des letzten

Jahrhunderts einen sehr fruchtbaren Dienst als Missionar in Süd- und Zentralafrika. Ein Zeitgenosse ehrte diesen bemerkenswerten Gottesmann mit den Worten, er ist [wäre] „die erste wahre Manifestation Christi, die ich [er] je gesehen habe ...“ [51] Wenn das Leben eines Leiters derart eingeschätzt wird, und zwar zu Recht, so drückt sich darin zweierlei aus: Zum einen die Wirksamkeit seines Zeugnisses, zum anderen die Herrlichkeit des Meisters, dem er dient.

4.4 Jesus Christus als der Mentor

Ein Mentor im biblischen Sinne ist jemand, der eine enge Beziehung zu einem Schützling aufbaut und auf der Grundlage von Gemeinschaft, Vorbild, Rat, Ermutigung, Korrektur, praktischer Hilfe und Gebet seinen Schüler dahin bringt, ein tieferes Verständnis der göttlichen Wahrheit zu erlangen, ein Leben in größerer Heiligkeit zu führen und Gott wirksamer zu dienen.

Wenn ein Leiter in der Rolle eines Mentors tätig ist, bedeutet es meistens, daß er einem anderen Menschen Möglichkeiten eröffnet. Wenn ein Mentor einem Schützling helfen will, seine Persönlichkeit voll zu entfalten und seine Begabungen zu entwickeln, versucht er es dadurch, daß er seinen Schüler in allen Lebensbereichen beeinflußt. Das kann er dadurch erreichen, daß er sein Leben mit ihm teilt. M. G. King erklärte es folgendermaßen: „Gerade diese Beeinflussung des ganzen Menschen kann kein Kursus, kein Seminar, kein Buch je leisten. Leben ist dazu nötig, Erfahrung, Kontakt mit einem Menschen, ein Vorbild und dann natürlich das Nacheifern. Kurz gesagt, ein Mentor wird benötigt.“ [52]

Die bisherige Darstellung hat gezeigt, daß der Herr Jesus Christus auf einzigartige Weise die Aufgabe eines Wegbereiters für seine zwölf Schützlinge erfüllte. In W. Benniss' Beschreibung über Leiterschaft kommt die dienende Haltung von Jesus einzigartig zum Ausdruck; Leiterschaft ist „nicht in erster Linie eine Machtausübung, sondern vielmehr eine Bevollmächtigung der anderen.“ [53] An diesem Punkt unserer Untersuchung erscheint es sinnvoll, im Rückblick die wichtigsten Prinzipien eines Mentors so darzustellen, wie sie der Meister selbst darstellte. Zum größten Teil haben wir diese Prinzipien in den vorausgehenden Abschnitten bereits ausführlich behandelt und von den Evangelien her belegt. Deshalb werden wir nur einige näher betrachten. Die folgenden Richtlinien sollen Licht auf die Vorarbeit, die Methode und das Ergebnis der Mentoraufgabe des Herrn Jesus werfen.

In seiner Funktion als Mentor der Zwölf legte Jesus Christus folgende Grundsteine als **Fundament**:

> Sein vollkommener Gehorsam gegen Gott,
> seine Salbung,
> seine tiefe Liebe zu seinen Nachfolgern,
> seine Fürbitte für sie,
> sein Vertrauen auf Gottes Wirken in ihnen,
> seine transparente Gemeinschaft,
> sein vorrangiges Interesse an ihrer
> Charakterformung.

Der Apostel Paulus folgte der Vorgabe Jesu und wirkte ebenfalls in zwei Richtungen; zum einen verkündigte er den Menschen das Evangelium, zum anderen bildete er einzelne zu Leitern heran. Letzteres tat cr auf derselben Grundlage wie sein Herr, was sich zum Beispiel aus den Anweisungen an seinen geschätzten Jünger Timotheus ableiten läßt.[54]

Besonders hervorzuheben ist das große Interesse an Charakterformung; es findet sich sowohl bei Jesus Christus als auch bei Paulus. Diese Betonung wird noch deutlicher, wenn wir folgendes bedenken: Mehr als alles andere ist es der Charakter eines Leiters, der als Spiegel dient; es ist entscheidend, ob Christus in seinem Leben zu sehen ist oder nicht. Die Auswirkungen seines Handelns hängen entscheidend von seiner Christusähnlichkeit ab. Übrigens, je fester das charakterliche Fundament ist, desto mehr kann sich der Dienst des betreffenden Menschen ausweiten. Charakterliche Schwächen hingegen gefährden sämtliche Bemühungen oder machen diese sogar zunichte. Auf Wong Ming-Dao, den berühmten chinesischen Christen, der auch als der „Mann aus Eisen" bekannt ist, trifft das harte Urteil nicht zu: „Ein Mensch mit einem befleckten Charakter ist nicht würdig, für Gott zu wirken."[55]

Wenn wir die **Methode** betrachten, die Jesus als Mentor anwandte, finden wir unter anderem die folgenden wichtigen Aspekte:

> Seine Methode war beziehungsorientiert,
> seine Methode war ungezwungen,
> seine Methode war mündlich,
> seine Methode war mobil,
> er lebte vor,
> er lehrte,
> er ermöglichte praktische Anwendung,
> er ermutigte,
> er korrigierte,
> er betonte die Unverzichtbarkeit der göttlichen Bevollmächtigung.

„Wahres geistliches Wachstum findet vor allem im Beziehungsumfeld statt."[56] Von diesem Punkt ging der Meister aus und entwarf ein Schulungsprogramm, das nicht institutionalisiert war und auf der mündlichen Ebene stattfand. Er machte die Gesamtheit des alltäglichen Lebens zu einer einzigen großen Schule für die Zwölf, und die Fäden seiner Unterweisung webte er auf ganz natürliche Weise in das Muster der alltäglichen Ereignisse hinein. Durch Lehre, Dialog, Frage und Antwort, durch Diskurse, Gleichnisse und Sprichwörter vermittelte Jesus seinen Jüngern wesentliche Grundsätze, an die sie sich erinnern würden und die ihr zukünftiges Mitwirken an der Ausbreitung des Reiches Gottes leiten sollte.

Ein aufmerksamer Beobachter muß zugeben, daß die Methode Jesu zur Heranbildung von Leitern sehr lebensnah, konkret und dynamisch war, und daß er bewußt alles vermied, was dazu hätte führen können, diese Schulung zu formalisieren, zu strukturieren oder zu institutionalisieren – eine Tendenz, der man in der heutigen Zeit leider allzu häufig folgt, besonders in der westlichen Welt. Überraschenderweise sah Jesus nicht einmal die Notwendigkeit, ein Handbuch oder etwas Ähnliches für seine Jünger zu entwerfen. Statt dessen beschränkte er sich darauf, mündlich Samenkörner der Wahrheit einzupflanzen. Die Anfertigung eines schriftlichen Berichts über sein Leben, seine Worte, Taten und seinen Auftrag überließ er den vier Evangelisten. **Jesus achtete darauf, daß das Entstehen und Wachstum der tatkräftigen Arbeitstruppe für die weltweite Ernte, die er berufen hatte, nicht durch eine starre Schulungsmethode für Leiter erstickt würde oder dieser sogar entgegenwirkte**. Jesus kam nicht, um eine gut strukturierte Organisation zu gründen, sondern um eine Bewegung ins Leben zu rufen, die nicht in erster Linie durch menschliches Bemühen, sondern durch das Wirken des Heiligen Geistes belebt und vorwärtsgetrieben werden sollte.

Eine der Hauptabsichten des Meisters bei der Zurüstung seiner Freunde bestand darin, daß sie sich in der Zukunft an das erinnern und das hervorbringen sollten, was sie durch ihre Verbundenheit mit ihm gelernt hatten. C. C. Manz und H. P. Sims Jr. wiesen darauf hin: „Wenn man in bestimmten Situationen ein Verhalten effektiv reproduzieren will, ist ein geistiges Modell nötig, das die Einzelheiten des gewünschten Verhaltens enthält und auf diese Weise das Handeln leiten kann.“ [57] Der Herr Jesus zielte darauf ab, ein derartiges geistiges Modell zu liefern, durch das seinen Jüngern in verschiedenen Situationen ermöglicht werden sollte, sich nach seinem Vorbild auszurichten. Er schuf dieses Modell, indem er immer wieder auf sein beispielhaftes Leben, seine Lehre und dessen Anwendung hinwies.

Wir haben inzwischen an vielen Stellen gesehen, welch zentrale Bedeutung das beispielhafte Vorleben von Jesus Christus besaß. Die Jünger konnten das Gelernte anwenden, und dadurch hatten sie und der Herr immer wieder die Möglichkeit, ihren Fortschritt, Glauben, Mut und ihr Wissen einzuschätzen und ihre Hingabe, ihren Gehorsam, ihre Demut und Treue zu prüfen. Was das Lehren von Jesus anbetrifft, so gibt es ein Element, das besondere Erwähnung verdient. Es war in gleicher Weise einfach und stark, und Jesus setzte es bei der Zurüstung der Jünger meisterhaft und an strategisch wichtigen Stellen ein – nämlich die Gleichnisse.[58]

Durch seine ständige Gemeinschaft mit ihnen hatte Jesus viele Gelegenheiten, seinen Schülern Beispiele vor Augen zu malen. Sie bekamen praktisch immer wieder eine Fallstudie nach der anderen geliefert. Zusätzlich lenkte Jesus ihre Aufmerksamkeit gelegentlich auf andere sichtbare Demonstrationen bestimmter Wahrheiten, die sie lernen sollten (siehe z. B. Mk 12:41-44, Mt 26:6-13, 8:5-13). Abgesehen von diesen sichtbaren Beispielen **verwandte Jesus konstruierte Fallstudien, um bestimmte wichtige Regeln und situationsbedingte Verhaltensmuster einzuprägen** (siehe z. B. Mt 7:24-27, 25:14-30, Lk 10:30-37, 11:5-13, 12:16-21).

Warum griff Jesus bei seiner Aufgabe als Mentor der Zwölf so auffällig häufig auf den Gebrauch von Gleichnissen zurück (Mk 4:33,34)? Damals waren komplizierte visuelle Hilfsmittel, wie sie heute vieler Orten zur Verfügung stehen, unbekannt. Durch die Gleichnisse bewirkte Jesus bei seinen Zuhörern eine innere Veranschaulichung. Wenn sie seinen mit Worten skizzierten Bildern lauschten, war dies etwa so, als würde vor ihrem inneren Auge ein Film ablaufen. Gleichzeitig wurden sie in einen Lernprozeß hineingenommen, bei dem Jesus ihnen Raum ließ, selbst die Wahrheit zu entdecken. Er wußte, daß Erkenntnisse, die man auf diesem Weg gewinnt, deutlicher werden und besser im Gedächtnis bleiben. Die eindrucksvolle und einprägsame Form seiner Erzählungen diente außerdem dazu, daß das Wesentliche seiner Unterweisung erhalten blieb. Durch die verschiedenen lebensnahen Situationen, die er den Jüngern vor Augen malte, gab der Meister ihnen die Möglichkeit, sozusagen einen Probelauf in ihrer Vorstellung zu machen. Damit ersparte er ihnen den zeitaufwendigen Weg, dieselbe Lektion durch eigene Erfahrung und Fehler zu lernen.

So können wir also auf der einen Seite sehen, daß Jesus ein außerordentlich guter Pädagoge war und die Erkenntnis verwirklichte: „Wer das Ohr in ein Auge verwandeln kann, ist der beste Lehrer.“ [59] Andererseits zeigt das Vorbild Jesu Christi, was jeder, dessen Aufgabe in der Zurüstung von Leitern besteht, lernen sollte. Sein Beispiel zeigt **den hohen Wert konstruierter Fallstudien als Mittel, um sowohl kognitives als auch verhaltensmäßiges Lernen beizubringen, zu fördern, zu festigen, zu beschleunigen und zu erhalten**. Wer erleben möchte, daß seine Aufgabe als Mentor gute Ergebnisse erzielt, kann es sich nicht leisten, diese beiden wichtigen Lektionen außer acht zu lassen.

J. Stalker sagte einmal: „Für die Zwölf bestand der wertvollste Aspekt ihrer Verbindung mit Christus einfach in dem Vorrecht, mit Ihm zu sein – Tag für Tag jenes wunderbare Leben zu sehen und täglich still, fast unbemerkt, von Seinem Charakter geprägt werden zu können.“ [60] Jesus hatte seine Schulung der Zwölf auf einem verbindlichen Zusammensein aufgebaut und sich daraus folgend in allen Bereichen ihres Lebens als Mentor investiert. Nach der Verleihung des Heiligen Geistes zeigten sich bei den Jüngern die erstaunlichen **Ergebnisse** dieser Zurüstungsmethode. Wir können zum Beispiel feststellen:

Sie waren Männer des Gehorsams
und der Demut,
sie waren Männer des Glaubens
und des Gebets,

sie waren Männer mit klaren Werten
und Prioritäten,
sie vermittelten, was sie selbst gelernt hatten,
sie begannen,
andere Menschen zu Jüngern zu machen,
sie wirkten als Leiter,
sie führten die Sache ihres Meisters fort
und dehnten sie aus.

Es soll auch an dieser Stelle genügen, nur einige der aufgelisteten Aspekte kurz zu kommentieren.

Als Jesus nach seiner Auferstehung mit den Elf zusammen war, erklärte er einmal mit nur zwei Worten, welche Absichten er im Hinblick auf seine Jünger besaß: „meine Zeugen" (Apg 1:8). Diese beiden Worte zeigten sowohl das Ziel als auch das Endergebnis, das Jesus bei seiner Mentoraufgabe verfolgt hatte: Sie sollten durch ihre Persönlichkeit, ihre Worte und Taten ein glaubwürdiges Zeugnis für ihn ablegen, und ihr christusähnliches Zeugnis sollte sich durch das Leben anderer multiplizieren.

Paulus lenkte die Aufmerksamkeit seines Schützlings Timotheus auf die Notwendigkeit, ein Zeugnis für den Herrn Jesus abzulegen (siehe 2 Tim 1:8), und er forderte ihn dazu auf, sein Zeugnis zu reproduzieren und zu multiplizieren. Das formuliert er in der kurzen Mahnung: „Und was du von mir gehört hast vor vielen Zeugen, das befiehl treuen Menschen an, die tüchtig sind, auch andere zu lehren" (2 Tim 2:2). Im Kern dieser meisterhaften Strategie stand das Element des Lehrens. Diese Strategie sollte dazu dienen, ein verläßliches Zeugnis und echte geistliche Reife über mehrere Generationen hinweg zu sichern.

In dieser Hinsicht wiederholt der Apostel die Anordnung, die im Missionsbefehl enthalten ist (siehe Mt 28:20), daß nämlich der Inhalt des Zeugnisses, das wir übermitteln, nichts anderes sein darf als die Worte, die Jesus uns geboten hat. In vollkommener Übereinstimmung mit der rabbinischen Schulung, die Paulus besaß, sah er sich verpflichtet, das weiterzugeben, was er empfangen hatte (siehe 1 Kor 11:23), und entsprechend forderte er Timotheus dazu auf, sich treu an die Lehre Christi zu halten (siehe 1 Tim 6:3). Die Christen in Korinth lobte er dafür, daß sie sich an die Anweisungen hielten, die er ihnen gegeben hatte (1 Kor 11:2).

Wenn man die beiden folgenden Aussagen bedenkt – die Größe eines Leiters kann an den Leistungen seiner Nachfolger abgelesen werden; und Erfolg ohne Nachfolger ist kein wahrer Erfolg –, so war Jesus Christus ohne Zweifel der großartigste Leiter, den es je in der Menschheitsgeschichte gegeben hat. **Die einzigartige, geniale Art seines Vorgehens in der Rolle als Mentor bestand darin, daß er durch die Zurüstung guter Nachfolger herausragende Leiter heranbildete**. Nachdem diese durch den Heiligen Geist entzündet, erleuchtet und mit göttlicher Kraft ausgerüstet worden waren, vollbrachten sie außergewöhliche Leistungen für ihren Herrn.

Bereits im Alten Testament wird das grundlegende menschliche Bedürfnis angesprochen, **wie Schafe von einem Hirten geleitet** zu werden (siehe Num 27:16,17, Sach 10:2). P. Keller bemerkte: „Es ist nicht einfach nur eine Laune Gottes, uns Schafe zu nennen. Unser Verhalten und unsere Lebensgewohnheiten ähneln denen der Schafe so sehr, daß es schon beschämend ist.“[61] Wenn wir an Eigenschaften wie Abhängigkeit von Leitung denken, an Furchtsamkeit, Herdentrieb, ja sogar an eine gewisse Neigung zur Sturheit, dann erscheint jene Bemerkung durchaus zutreffend.

Johannes berichtet im zehnten Kapitel seines Evangeliums davon, daß Jesus sich selbst als den „guten Hirten“ bezeichnete (V. 11) und auf mehrere aufschlußreiche Parallelen zwischen einem guten Hirten und einem guten geistlichen Leiter hinwies.[62] Wie der Hirte seine Herde kennt (siehe V. 3,27), so kennt der Leiter seine Nachfolger, zum

Beispiel ihren kulturellen und sozialen Hintergrund, ihre Familiensituation, ihre Hoffnungen, Stärken und Schwächen. Die israelischen Hirten gingen üblicherweise vor ihrer Herde her (V. 4), in gleicher Weise führt ein guter Mentor seine Schüler, indem er ihnen Weisung gibt und als Vorbild vorangeht.[63] Ein guter Hirte sorgt zudem für seine Herde (siehe V. 11-13); ein guter geistlicher Leiter liebt die ihm Anvertrauten, ermutigt sie und richtet sie auf.

Wie ein verantwortungsbewußter Hirte sicherstellt, daß seine Herde Nahrung bekommt (siehe V. 3,9), so ernährt auch der pflichtbewußte Leiter die ihm anvertrauten Menschen, indem er ihnen Aufmerksamkeit schenkt, im persönlichen Kontakt mit ihnen steht, ihnen Unterweisung, praktische Hilfe und Gebetsunterstützung bietet. Der hingebungsvolle Hirte sieht es als Teil seiner Aufgabe an, seine Herde zu beschützen (siehe V. 11,12,28); der hingegebene Leiter schützt seine Nachfolger vor Fehlern, Verletzungen und den verschiedensten Angriffen. Und als letzter Punkt: Der gute Hirte gibt sein Leben für die Schafe (siehe V. 11,15); auf entsprechende Weise teilt der gute Leiter sein Leben mit seinen Brüdern und Schwestern und ist bereit, Zeit, Privatleben, Kraft und persönliche Mittel für sie zu opfern.

Neben der Bezeichnung „guter Hirte“ wird der Herr Jesus auch „großer Hirte“ genannt (Hebr 13:20) und ebenso „Erzhirte“ (1 Petr 5:4). Das öffnet uns den Blick für eine entscheidende Erkenntnis, die Chua Wee Hian folgendermaßen ausdrückte: „Christus beruft heute die Leiter dazu, als seine Unter-Hirten zu dienen.“[64] Solche Hirten werden nie an oberster Stelle stehen, werden nie über die Position eines Dieners und Haushalters hinauswachsen. **Nur dort, wo Jesus als Meister anerkannt wird, kann wahre geistliche Leiterschaft ausgeübt werden**. Er ist es, der die höchste Autorität darstellt und letztlich die Verantwortung trägt, und er fordert von seinen Unterhirten absoluten Gehorsam und Rechenschaft.

Es liegt auf der Hand, welche Bedeutung das speziell

für die Zurüstung von Leitern hat: ein Mentor im biblischen Sinn kann immer nur ein Untermentor sein. Auf der Grundlage der ständigen Gemeinschaft mit uns (siehe Mt 28:20), vermittelt durch den Heiligen Geist (siehe Joh 16:13-15), ist Jesus Christus der wahre und entscheidende Faktor bei jeder geistlichen Aufgabe als Mentor. Wir können nicht bewirken, daß die uns anvertrauten Menschen wachsen, doch wir können Bedingungen schaffen, die dem Wachstum, das Gott selbst bewirkt, dienlich sind (siehe 1 Kor 3:7). Auch können wir in unseren Schützlingen keine Veränderung bewirken, doch wir können sie dahin beeinflussen, daß sie von Jesus Christus verändert werden. Wir müssen verstehen, daß Jesus Christus nicht nur in der Vergangenheit als Mentor tätig war, sondern dies auch in der Gegenwart ist. **Das Vorbild Jesu als Mentor ist nicht nur ein festgelegter Plan vergangener Zeiten, sondern auch heute noch durch den Heiligen Geist als formende Kraft wirksam**. Die Verheißung des Meisters: „Folgt mir nach; ich will euch zu Menschenfischern machen" (siehe Mt 4:19), hat in unserer Zeit weder an Gültigkeit noch an Kraft verloren.

Paulus zeichnet in seinen Briefen sehr detailliert nach, in welcher Weise Jesus Christus gegenwärtig im Leben seiner Nachfolger wirksam ist. Nach den Worten des Apostels lebt er in ihnen (siehe Gal 2:20), ja, er ist sogar ihr Leben (Kol 3:4); er ermutigt (siehe 2 Thes 2:16,17), schützt (2 Thes 3:3), stärkt (Phil 4:13), verleiht Erkenntnis (siehe 2 Tim 2:7), fördert die Liebe (siehe 1 Thes 3:12), bewirkt, daß die Christen tadellos und heilig sind (siehe 1 Thes 3:13), verleiht ihnen Vollmacht (siehe 2 Kor 10:8) und Kraft (siehe 2 Kor 12:9).

„Wir müssen die Prinzipien, die Jesus Christus lehrte und lebte, neu erlernen und Ihn zu unserem Leiterschafts-Mentor machen", so folgerte M. Rush.[65] Wir verstehen nun besser, daß **der Herr Jesus Christus, unser Vorbild in der Zurüstung, wünscht, daß sich unser Interesse an ihm nicht nur auf seine Rolle als historischer Vorläufer rich-**

tet; vielmehr beansprucht er unser uneingeschränktes Vertrauen als der, der uns auch heute befähigt.

Wenn wir uns in dieser Weise hingeben, können auch wir Mentoren sein, die ihren Schülern den Weg bahnen, so daß sie selbst eines Tages leiten werden. Um noch einmal Manz und Sims zu zitieren: „Wenn man andere mit dem Ziel leitet, daß sie eines Tages selbst leiten werden, so hat man damit den Schlüssel in der Hand, um die geistige und geistliche Kraft, die Schöpfungskraft, die Hingabe und vor allem das ungeheure, einzigartige Potential jedes einzelnen Menschen anzuzapfen."[66] Damit noch nicht genug, wir können die uns anvertrauten Menschen darauf vorbereiten, selbst wiederum andere Menschen dahin zu führen, daß auch sie ihr Potential in Gott einsetzen. Ein Mitarbeiter sagte einmal über Donald Fraser, einen Missionar in Nyasaland: „Es gibt niemand auf der ganzen Welt, der so gut wie Mister Fraser das Beste aus jedem Menschen herausholen kann und jeden dahin bringt, sein Bestes zu geben. Jeder, der mit ihm zusammenarbeitet, tut es von ganzem Herzen."[67] Wäre es nicht wunderbar, wenn die unserer Anleitung unterstehenden Personen ähnliche Worte der Wertschätzung über uns sagen könnten?

4.5 Jesus Christus als die Methode

Das alles überragende Ziel bei der geistlichen Mentoraufgabe besteht darin, Leiter heranzubilden, die nach dem Modell Christi geformt sind. Es wäre jedoch ein folgenschwerer Fehler, wenn man denken würde, daß man bei diesem Streben die Wahl zwischen zwei Wegen hätte oder sogar Abkürzungen gehen könnte, um das gewünschte Ziel zu erreichen. „Der Morgen dämmert nicht zweimal, um den Menschen zu wecken."[68] Dieses afrikanische Sprichwort drückt anschaulich aus, daß es bestimmte Prozesse und Ereignisse gibt, die nur einmal stattfinden. In seiner unausforschlichen Weisheit beschloß Gott, das umfassende Vorbild von Jesus als Mentor ein für allemal zur einzig möglichen Vorgehensweise zu setzen, der jede neue Generation zu folgen hat.

Fraglos ist Demut erforderlich, um sich bereitwillig in die Vorgabe Jesu einzufügen. Die Neigung des Menschen zu Stolz und Unabhängigkeit verleitet ihn leicht dazu, sich auf menschliche Klugheit und Erfindungen zu verlassen, anstatt sich strikt an den vorgegebenen Kurs zu halten, der bereits in der Bibel dargelegt ist.[69] Der Umstand, daß das Beispiel Jesu kein breites Spektrum des möglichen Vorgehens bietet, sondern nur einen einzigen Weg, läßt die Herausforderung noch größer erscheinen. Zudem hat Jesus uns nicht eine abstrakte Formel geliefert, sondern eine konkrete Methode. R. E. Coleman drückt es kurz und knapp sogar wie folgt aus: „Er selbst ist Seine Methode."[70] Deshalb **müssen wir uns** bei unserem Bemühen, christliche Leiter hervorzubringen, **vor allem darauf konzentrieren, daß der Einfluß der Person Jesu Christi durch das Wirken des Heiligen Geistes uneingeschränkt ermöglicht wird**. Das Vermitteln theoretischer Konzepte steht erst an zweiter Stelle.

Der Evangelist Johannes berichtet von einem kurzen Gespräch, das während des letzten Abendmahls zwischen Thomas und seinem Meister stattfand. Als der besorgte Jünger fragte: „Herr, wir wissen nicht, wo du hingehst; wie können wir den Weg wissen?", erhielt er zur Antwort: „Ich bin der Weg ..." (Joh 14:5,6). Diese gewichtige Aussage wird normalerweise im evangelistischen Zusammenhang gedeutet; sie dient zur Untermalung der Wahrheit, daß **Jesus der Weg zu Gott und zur Errettung ist**. Doch diese Worte bedeuten auch, daß **Jesus der Weg Gottes zum Dienst ist**. Jesus hat nicht nur einen Weg geschaffen, auf dem wir mit Gott versöhnt werden können. Er zeigte auch den Weg, auf dem der Mensch Gott am besten dienen kann, nicht zuletzt im Bereich der Schulung von Leitern. Jeder Mentor, der sich wünscht, daß seine Bemühungen Frucht bringen, kann sich kein besseres Ziel setzen als den Grundsatz von Johannes, nämlich zu leben, wie Jesus Christus lebte (siehe 1 Joh 2:6).

Betrachten wir zum Beispiel die außerordentlich positive Haltung von Jesus als Mentor. Nirgendwo in den Evangelien haben wir einen Hinweis dafür, daß Jesus die Zwölf zu dieser Frage unterrichtet hätte. Er sagte ihnen nicht, daß sie bei der Zurüstung anderer Christen von einer positiven Haltung ausgehen sollten. Statt dessen veranschaulichte er diese wichtige Voraussetzung einfach deutlich durch die Art, wie er selbst mit ihnen, seinen Anbefohlenen, umging.

Wenn er in Menschen ein Potential schlummern sah, so sprach er es aus (siehe Joh 1:42). Darin zeigt sich, daß er ein wichtiges Mentorprinzip anwandte, das Johann Wolfgang von Goethe mit den folgenden Worten ausdrückte: „... behandle einen Menschen so, als wäre er schon, was er sein könnte; dann wird er zu dem, was er sein sollte."[71] Jesus ermutigte die Jünger (siehe Mt 16:17-19, Apg 1:8), stärkte dadurch ihr Selbstvertrauen und vermittelte ihnen ein positives Bild von sich selbst. Er korrigierte sie, wenn er dazu die Notwendigkeit sah (Mt 18:21,22, Mk 16:14), und stand trotz wiederholten Versagens treu auf ihrer Seite (siehe Mk 8:14-21, 9:17-19). Immer wieder ging er sehr behutsam mit ihnen um (Joh 16:12, siehe Mt 12:20), und in allem zeigte sich sein vollkommenes Vertrauen darauf, daß Gott sie formen würde (siehe Lk 22:32, Joh 14:12).

In der vorher zitierten Antwort an Thomas fuhr Jesus fort: „Ich bin der Weg, die Wahrheit ..." (Joh 14:6). Er sagte nicht nur die Wahrheit (Joh 8:45), lehrte nicht nur „den Weg Gottes in Wahrheit" (Mt 22:16) und bezeugte die Wahrheit (siehe Joh 18:37), sondern er war die Wahrheit. Jesus Christus verkörperte die absolute Wahrheit, die rettet, Erkenntnis, Erfüllung und Frieden schenkt, die leitet, korrigiert, befreit und heiligt, die nicht nur mit dem Verstand wahrgenommen werden muß, sondern auch mit dem Herzen (siehe Joh 12:40). **Dadurch, daß Jesus Christus die**

Wahrheit sowohl verkündigte als auch verkörperte, konnte er seine Jünger davon überzeugen, daß die Wahrheit sowohl ein Konzept ist, dem man mit dem Verstand zustimmen muß, als auch eine Erfahrung, die zu einer tiefen Begegnung führt. Niemand war einem stärkeren Einfluß der Wahrheit ausgesetzt als die Jünger. Sie waren Zeugen der Wahrheit, die gelehrt wurde, und gleichzeitig erlebten sie, wie sich die Wahrheit durch das Beispiel des Meisters in einer Vielfalt von Situationen des normalen Lebens zeigte.

Paulus betonte, daß die Wahrheit ihren Ursprung bei Gott hat (siehe Röm 1:25, 15:8), und den Korinthern schrieb er die wichtige Erkenntnis: „Denn wir vermögen nichts wider die Wahrheit, sondern nur etwas für die Wahrheit" (2 Kor 13:8). Die Wahrheit läßt sich weder ändern noch abschaffen. Von Christen wird nicht erwartet, daß sie für die Wahrheit kämpfen, sondern daß sie diese bezeugen, damit die der Wahrheit innewohnende Kraft wirksam werden kann. Für Christus Zeugnis abzulegen bedeutet, auf ihn hinzuweisen als den, der das Zentrum und die Sichtbarwerdung der göttlichen Wahrheit ist. Und „der Geist der Wahrheit" (Joh 15:26), der mitwirkt bei dem Prozeß des Bezeugens (siehe Joh 15:26,27), macht die Wahrheit bekannt und verherrlicht dadurch Jesus Christus (Joh 16:13,14).

Außerdem stellte Paulus dar, daß die Wahrheit anerkannt werden (siehe 2 Tim 2:25,26), geglaubt (siehe 2 Thes 2:12,13) und daß ihr Gehorsam geleistet werden muß (siehe Gal 5:7). Er ließ die Christen in Ephesus wissen, daß die Wahrheit in Liebe ausgesprochen werden muß (siehe 4:15) und erinnerte sie an „die Wahrheit, die in Jesus ist" (4:21). Der Apostel machte Jesus Christus zum Zentrum seiner Botschaft; er predigte ihn (1 Kor 1:23, 2 Kor 1:19), lehrte über ihn (Apg 28:31), stellte ihn dar als die Weisheit der Gläubigen, ihre Gerechtigkeit, Heiligkeit und Erlösung (1 Kor 1:30).

Wer heute die Aufgabe hat, christliche Leiter zuzurüsten, sollte von derselben Konzentration auf die Person Jesu

Christi bestimmt sein. **Jesus Christus muß als das einzige Modell dargestellt werden, als die zentrale Botschaft und die optimale Methode, die uns bei unserer Mentoraufgabe leiten soll; das soll in dem Bewußtsein geschehen, daß durch die Vermittlung des Heiligen Geistes und durch unser Mitwirken, das in aller Demut geschehen soll, der Herr Jesus selbst als Mentor wirksam werden wird**.

Das dritte Element der Antwort, die Jesus Thomas in Johannes 14:6 gab, bestand darin, daß er sich selbst als „das Leben" bezeichnete. In mehreren Abschnitten im vierten Evangelium wird Jesus die Quelle des ewigen Lebens genannt (siehe 5:40, 6:35,48, 20:31). Doch Johannes stellte auch dar, wie menschliches Leben hier auf der Erde im besten Fall aussehen kann. „In ihm war das Leben, und das Leben war das Licht der Menschen", kommentierte der Evangelist (1:4). Jesus selbst kündigte an, daß seine Nachfolger „das Licht des Lebens" besitzen würden (8:12), und unterstrich, daß er gekommen sei, „damit sie Leben haben und es in Überfluß haben" (10:10). Solange er hier auf der Erde war, zeigte Jesus durch sein Leben, was es bedeutet, Gott zu gefallen, ihm zu dienen und ihn zu verherrlichen; er zeigte auch, wie wir unser von Gott gegebenes Potential voll entwickeln und zugleich ein Leben der tiefsten Erfüllung führen können.

„Bei der Leitung Jesu handelte es sich nicht um einen bestimmten Stil, den er übernommen hatte, sondern um eine Realität, die in seinem Leben zum Ausdruck kam", schrieb L. Ford.[72] Diese Beobachtung stimmt mit Paulus' Äußerung in Kolosser 2:17 überein, daß „in Christus jedoch die Wirklichkeit erschienen ist". Der Herr Jesus führte die Aufgabe als Mentor nicht als ein abstraktes Gedankensystem ein, sondern als die Wirklichkeit einer bestimmten Lebensweise. **Ihm ging es nicht nur um die Schulung der Leiter, sondern um die Formung ihres Charakters**. Er verband die Erleuchtung des Verstandes mit einer innigen Gemeinschaft mit ihnen. Dadurch **begegneten** seine Freunde **intensiv und lange einer doppelten Wirklichkeit**, was zu einer tiefgreifenden und anhaltenden Veränderung ihres Lebens führte. Wenn wir die Aufgabe haben, Leiter zu schulen, müssen wir uns ehrlich die Frage stellen, ob durch unsere Schulungsmethode gewährt ist, daß unsere Schüler diese doppelte Wirkung der Begegnung erleben können, die eine so gewaltige Veränderung schafft.

Um der Welt seinen Sohn als den Weg, die Wahrheit und das Leben zu offenbaren, wandte Gott die einzigartige Strategie der Inkarnation an. „Und das Wort ward Fleisch und wohnte unter uns …", lesen wir in Johannes 1:14. Durch die Inkarnation trat Gott in einer bisher unbekannten Weise in die Geschichte ein und machte es möglich, daß er wie nie zuvor gehört, gesehen, erkannt und erfahren werden konnte. In Jesus Christus als dem *Immanuel* manifestierte Gott seine Gemeinschaft mit den Menschen auf eine bisher nie dagewesene Weise; er lehrte und segnete die Menschen, besiegte Satan und triumphierte über ihn.

Im Blick auf das Kommen Jesu Christi im Fleisch erklärte der Apostel Paulus:

> Er, der in göttlicher Gestalt war, hielt es nicht für einen Raub, Gott gleich zu sein, sondern entäußerte sich selbst und nahm Knechtsgestalt an, ward den Menschen gleich und der Erscheinung nach als Mensch erkannt. Er erniedrigte sich selbst und ward gehorsam bis zum Tode, ja zum Tode am Kreuz. (Phil 2:6-8)

Jesus, „der Menschensohn" (Mk 10:45), identifizierte sich vollkommen mit den Menschen, denen er dienen sollte, doch verlor dabei nicht seine Identität. Er lernte, arbeitete, war hungrig, durstig und müde, wurde versucht, erlebte Einsamkeit und Traurigkeit, wurde verachtet, kritisiert und abgelehnt.

Es ist jedoch wichtig zu verstehen, daß Jesus sich nicht nur allgemein mit den verschiedenen Aspekten des Menschseins identifizierte, sondern auch mit seinem jüdischen kulturellen Umfeld im besonderen. C. H. Kraft hob hervor: „Gott wurde in Jesus so sehr Teil eines bestimmten menschlichen Umfelds, daß viele nicht einmal merkten, daß er einen anderen Ursprung hatte.“[73] „In der Inkarnation – Gottes Weg der Kommunikation – findet sich das Modell für Mission über kulturelle Grenzen hinweg“, erklärt A. H. M. Zahniser.[74] Das öffnet uns die Augen für die Tatsache, daß **uns in der Inkarnation Christi ein Maßstab gegeben ist, an dem wir die Wirksamkeit aller kulturübergreifenden Missionsarbeit messen müssen**.

Auf dem Weg der Inkarnation setzte Christus den Ausgangspunkt für die weltweiten Pläne Gottes, und es war seine Absicht, daß diese Pläne in derselben Weise fortgeführt würden. Das läßt sich daraus ersehen, daß er mehrfach bekräftigte, er habe seine Jünger in die Welt gesandt, wie Gott ihn selbst gesandt habe (Joh 17:18, 20,21). Im Hinblick auf heutige Bemühungen zur Erfüllung des Auftrags Christi sollten wir uns die herausfordernden Worte Krafts vor Augen führen: „Weil sich Jesus mit uns identifizierte und weil sein Leben für uns schriftlich festgehalten wurde, sind wir in der Lage, uns unsererseits mit ihm zu identifizieren und sowohl seinem Leben als auch seiner Art in der Übermittlung der Botschaft Gottes nachzueifern.“[75] Die Gegenwart Jesu in seinen Nachfolgern (siehe Joh 17:23), zunächst in den Elfen und später in der frühen Kirche, befähigte diese dazu, seinen Auftrag durch die Inkarnation Christi in ihnen und ihr christusähnliches Zeugnis fortzusetzen. Diese Gegenwart Jesu in seinen Nachfolgern ist heute nicht weniger wirksam als damals.

Ein Aspekt darf in diesem Zusammenhang nicht übersehen werden. Dieses durch die Inkarnation ermöglichte Zeugnis von Jesus als der Weg, die Wahrheit und das Leben konnte nur in seiner Autorität angegangen und aufrechterhalten werden. „Autorität ist das Recht, über Gegenstände, Menschen oder Ereignisse Macht auszuüben.“[76] Wenn man diese Definition G. S. Shogrens auf das Wirken Jesu anwendet, kommt man zu der Feststellung, daß Jesus außergewöhnliche Autorität ausübte: über die Natur (z. B. Mk 4:39), Menschen (z. B. Mt 4:18-22) und religiöse Traditionen (siehe Mk 2:28), über Krankheit (z. B. Mt 12:15) und Tod (z. B. Lk 7:14,15), über Satan (z. B. Mt 4:10,11) und Dämonen (z. B. Mt 8:16). Er zeigte Autorität in seinen Lehren (Mt 7:29), in der Vergebung von Sünden (Mk 2:10) und in der Ankündigung von Gericht (siehe Mt 11:20-24).

Diese Autorität stand Jesus zur Verfügung, weil sein himmlischer Vater sie ihm auf der Grundlage ihrer innigen Beziehung übertragen hatte (siehe Joh 17:2, 5:19-22,27). Der Meister wiederum delegierte geistliche Autorität an seine Nachfolger (Mt 10:1, Lk 10:19, siehe Mk 3:15, Mt 18:18, Joh 20:23). Und auch heute stellt der Herr Jesus, dem alle Macht im Himmel und auf Erden gegeben ist (Mt 28:18, siehe Kol 2:10), seine Autorität all denen zur Verfügung, die zum Glauben an ihn kommen (siehe Mk 16:17,18).

Wer die Rolle eines Mentors übernimmt, sollte sich bewußt sein, wie J. R. Clinton es formulierte, „daß bei der Ausübung von Leiterschaft geistliche Autorität die wichtigste Form der Autorität darstellt.“[77] **Wir sind nicht aufgrund von Fachkenntnis oder akademischen Leistungen, Alter oder gesellschaftlichem Rang dazu qualifiziert, in göttlicher Autorität zu handeln, sondern diese Autorität ist eine Frucht unserer Beziehung zu Gott**. Die Autorität Jesu gründete sich weder auf seine Position noch auf seine Funktion, sondern auf seine Beziehung zu Gott und die Salbung des Geistes.

Zudem ist die Verleihung geistlicher Autorität von bestimmten Bedingungen abhängig. Ob Gott uns seine Autorität anvertrauen kann, hängt von verschiedenen Faktoren ab, wie zum Beispiel Glauben, einem Gebetsleben, Demut und Integrität. Doch **ein besonderer Schlüsselfaktor ist**

ungeteilte Unterordnung unter Gott (siehe Jak 4:7). K. Phillips formulierte ein wesentliches Prinzip: „Die Autorität, die ein Mensch ausübt, hängt von der Autorität ab, der er sich unterwirft.“ [78]

Der Hauptmann, dessen Knecht Jesus heilte, verstand diese Wahrheit offensichtlich sehr gut (siehe Lk 7:7,8). Als Offizier des römischen Heeres wußte er, daß hinter seiner Autorität die Macht des Römischen Reiches stand. Wenn wir uns der Ausführung des Missionsbefehls widmen, können wir als Christi Zeugen ebenso sicher sein, daß seine göttliche Autorität hinter uns steht. Es ist jedoch sehr wichtig, daß wir unter diesem Schild bleiben. Unser Schutz in dieser Hinsicht besteht in unserer Bereitschaft, Gott gegenüber Rechenschaft abzulegen, und auch gegenüber den Leitern, die er über und neben uns gestellt hat. **Mangelnde Verantwortlichkeit öffnet die Tür für unrechtmäßigen Gebrauch geistlicher Autorität**. N. T. Anderson warnte zutreffend: „Niemand kann die eigene unangefochtene Autorität überleben.“ [79]

Als Jesus hier auf der Erde lebte, war er eine Inkarnation der liebevollen Fürsorge des himmlischen Vaters für die Menschheit. Er war es als:

der Weg für die Menschen,
die Gottes Pläne nicht kennen,
die Wahrheit für die Menschen, die im Irrtum leben,
das Leben für die Menschen,
denen es an wahrer Erfüllung fehlt,
das Licht für die Menschen, die im Dunkeln sind,
der Lehrer für die Menschen,
denen es an Unterweisung fehlt,
der Heilende für die Kranken,
der Hirte für die Menschen, die Führung benötigen.

Entsprechend soll jeder geistliche Leiter heute durch sein Zeugnis der Inkarnation Christi Christus als Gottes Antwort auf die Nöte der Menschen widerspiegeln. Durch ein solches Handeln wird er sich auch in unserer Zeit als Mitglied der Bewegung des Weges erweisen (siehe Apg 9:2, 24:14). Zu dieser Bewegung haben seit Pfingsten alle gehört, die beschlossen haben, Jesus als den Weg anzunehmen, durch den sie gerettet werden und durch den sie zu Gottes Ehre leben können. Solange die Bewegung allein auf den Herrn Jesus Christus als die Quelle und den gültigen Maßstab ausgerichtet ist, wird sie als Salz der Erde und als Licht der Welt dienen.

4.6 Jesus Christus als der Maßstab

Wenn man in den Briefen von Paulus liest, wird einem sehr schnell deutlich, daß er völlig von der Person Jesu Christi gefangen genommen war. Man spürt seine glühende Liebe zum Herrn (siehe 1 Kor 16:22), sein Verlangen, daß Christus verherrlicht wird (siehe Phil 1:20), seine Sehnsucht, Christus noch inniger zu kennen (siehe Phil 3:7-10), und seinen Eifer, ihn zu verkündigen (siehe Röm 15:20). Der Apostel selbst wollte in allen Dingen Christus als seinem Vorbild folgen (siehe 1 Kor 11:1); seinen Lesern stellte er die Notwendigkeit vor Augen, in allen Dingen zu Christus hinzuwachsen (siehe Eph 4:15), „in sein Bild verklärt" zu werden (2 Kor 3:18), immer vollkommener zu werden in den Wegen des Herrn (siehe Kol 1:28) und „zum vollendeten Mann, zum vollen Maß der Fülle Christi" zu werden (Eph 4:13).

In der Missionsgeschichte gibt es zahlreiche Beispiele von herausragenden christlichen Leitern, die eine ähnliche Sicht besaßen. Ihr Hauptziel war es, in ihrem eigenen Leben so nah wie möglich an den Maßstab heranzugelangen, den der Meister in seiner Lebensweise und seinem Wirken setzte. Sein Leben lang betete David Livingstone darum, Jesus Christus ähnlich zu werden.[80] Robert Laws, der als

Pioniermissionar in Nyasaland wirkte, bekannte: „Ich bin weit davon entfernt, so zu sein, wie ein Christ sein sollte; doch durch die Gnade Gottes wünsche ich mir, immer mehr so zu werden, wie Christus selbst war und ist.“[81] J. Hudson Taylor schrieb: „Gelobter Jesus! Wie unwürdig bin *ich* Deiner. Mache *mich* Dir ähnlicher.“[82] Und Harold Schofield, der mit der China-Inland-Mission in Shan-si diente, bat Gott: „Befähige du mich dazu, daß mein Ziel nichts Geringeres ist, als in dieser Welt so zu leben, wie CHRISTUS lebte.“[83]

„Unsere oberste Priorität ist nicht das, was wir für Jesus tun, sondern so zu sein wie Er“, so drückt es W. L. Duewel aus.[84] Mit dieser Richtlinie für Leiter warnt er uns vor der Gefahr, in unserem Tun für Christus so geschäftig zu sein, daß wir nicht mehr darauf achten, ihm ähnlicher zu werden. **Der Einfluß, den geistliche Leiter auf ihre Nachfolger ausüben, hängt von dem Maß ab, in dem ihre Haltung und ihr Handeln die Haltung Christi widerspiegelt**. Jeder Leiter, der weiß, daß er immer ein Vorbild ist, sei es zum Guten oder zum Schlechten, sollte sich Davids Bitte zu eigen machen: „Laß an mir nicht zuschanden werden, die deiner harren, Herr, Herr Zebaoth! Laß an mir nicht schamrot werden, die dich suchen, Gott Israels!“ (Ps 69:7). Das Leben und Handeln eines Leiters sollte von Christus geprägt sein; seine Worte und Taten sollten das Bild des Herrn widerspiegeln.

Jesu Vorbild der Inkarnation setzte den endgültigen Maßstab für die Lebensweise und Schulungsmethode eines jeden Mentors. J. Haggai schrieb sehr treffend: „Das beste Beispiel für Leiterschaft ist Jesus“ und „das höchste Kriterium ist christusähnliche Leiterschaft.“[85] Das bedeutet natürlich nicht, daß damit die persönliche Identität des Leiters ausgelöscht wird. Simon Petrus zum Beispiel hat bestimmt anders geleitet als Barnabas oder Paulus. Es bedeutet jedoch, **daß die zugrunde liegenden Prinzipien und allgemeinen Merkmale der Aktivitäten jedes christlichen Leiters den gemein-**

samen Nenner der Christusähnlichkeit haben müssen. Anders ausgedrückt, die christusähnlichen Züge bedecken die von Gott gegebene Persönlichkeit wie eine Politur.

Wenn wir über die Frage der Christusähnlichkeit nachdenken, berühren wir damit letztlich das umfassendere Thema der Heiligkeit. A.W. Tozer erklärte: „Gott ist heilig, und Er hat Heiligkeit zur moralischen Bedingung für das Heil Seines Universums gemacht."[86] Seitdem Gott den Menschen nach seinem Bild schuf (siehe Gen 1:26), war es sein Plan, daß die Menschen in Übereinstimmung mit seinem Wesen lebten. Deshalb war es auch die wichtigste Forderung der *Thora*, heilig zu sein, weil Gott heilig ist (siehe Lev 11:45). Durch die Inkarnation Christi gab Gott dieser Forderung einen sichtbaren Inhalt und half uns dadurch, Heiligkeit ganz praktisch definieren zu können: **Heiligkeit bedeutet, das zu sein und zu tun, was Jesus vorlebte**.

Es ist in der Tat bemerkenswert, daß die Evangelien kein einziges Mal davon berichten, daß der Meister über Heiligkeit gesprochen hat; er lehrte nicht Heiligkeit, sondern lebte sie. Die Lebensweise Jesu war gekennzeichnet von der völligen Trennung von Sünde und einer uneingeschränkten Hingabe an Gott, und damit zeigte Jesus, wie Heiligkeit praktisch aussieht und welche Schönheit ihr innewohnt (siehe 1 Chr 16:29). Als Folge dessen, was Jesus durch seinen Sühnetod und die Auferstehung vollbracht hat, kann die Gottähnlichkeit, die durch Adams Sündenfall verloren ging, in Christus wiedergewonnen werden. Die Heiligkeit wird denen, die Christus vertrauen und ihm folgen, zugesprochen (siehe Hebr 10:10) und verliehen (siehe 1 Petr 1:2).

Die Bibel beleuchtet, daß unserer Heiligkeit größere Aufmerksamkeit zukommen sollte als unserem Glück. Die Verbindung der beiden kann mit der Beziehung zwischen Licht und Hitze verglichen werden[87], das heißt wenn wir entschlossen sind, in Gedanken, Worten und Taten ein heiliges Leben zu führen, werden wir als Folge davon auch ein glückliches Leben haben. Hilfreich ist auch die Erkenntnis, daß Heiligkeit nicht mit sündloser Vollkommenheit gleichzusetzen ist, denn diese kann nur der Trinität zugeschrieben werden. A. Murray verdeutlichte: „Heiligkeit oder Vollkommenheit im Blick auf den Gläubigen bedeutet nicht, daß wir *nicht mehr sündigen können*, sondern daß wir *fähig sind, nicht mehr zu sündigen.*“[88] Auch eine Beschreibung Samuel L. Brengles hilft weiter. Er deutet Heiligkeit als „christliche Vollkommenheit – eine derart gestaltete Vollkommenheit und ein Herzensgehorsam, wie sie ein armseliges gefallenes Geschöpf durch die Hilfe der Kraft des Allmächtigen und der grenzenlosen Gnade darbieten kann.“[89]

Als der Meister einen Taubstummen in der Dekapolis heilte, sagten die Menschen, die das miterlebt hatten, voller Anerkennung: „Er hat alles wohl gemacht“ (Mk 7:37). Dieses Urteil offenbart, daß **bei Jesus die Heiligkeit des Charakters mit herausragenden Leistungen gekoppelt war**. Auch im Bereich seiner Mentortätigkeit kann man diesen Punkt nachverfolgen. In der Verbundenheit von Jesus mit den Zwölfen können wir eine vollkommene Ausgewogenheit feststellen zwischen

Verfügbarkeit und Rückzug,
Gebet und praktischer Zurüstung,
Dienen und Herrschen,
Sanftheit und Festigkeit,
Bestätigung und Ermahnung,
Lehren durch Darstellung,
von Grundsätzen und Schulung
durch Anwendung,
Aufmerksamkeit gegenüber der ganzen
Gruppe der Zwölf
sowie gegenüber jedem einzelnen,
Zurüstung ihrer Persönlichkeit
und ihren Fähigkeiten.

Entsprechend sollte auch das Handeln geistlicher Leiter von hervorragender Qualität gekennzeichnet sein. Gottes Werk erfordert und verdient Leiter, die außergewöhnliche moralische Qualitäten besitzen und tüchtig sind in ihren Aufgaben. Ihr Charakter sollte auch bei näherem Hinsehen untadelig sein, und ihre Arbeit sollte den alles überragenden Gott ehren, als dessen Vertreter sie handeln. T.W. Engstroms Erkenntnis ist in der Tat zutreffend: „Nach hervorragender Qualität in unserer Arbeit zu streben, ganz gleich um was es sich dabei handelt, ist nicht nur unsere Pflicht als Christen, sondern auch eine wesentliche Form des christlichen Zeugnisses.“ [90] Wahre Qualität muß für christliche Leiter in ihrer Beziehung zu Christus beginnen, doch von da aus muß sie sich auf alle Bereiche ihres Lebens ausbreiten. **Gute Leiter streben nicht nur danach, selbst hervorragende Leistung zu bringen, sondern eine Umgebung zu schaffen, in der auch ihre Nachfolger immer besser werden können**.

Warum hat Gott im Hinblick auf den Charakter und das Handeln eines Leiters die Christusähnlichkeit als die höchste und einzig erlaubte Norm für geistliche Leiterschaft verfügt? **Christusähnlichkeit zeigt die Fülle eines Gott geweihten Lebens**. Es ist die Verwirklichung des Plans, den Gott für den Menschen hat, der ursprünglich nach dem Bild Gottes geschaffen wurde. Es ist die Erfüllung dessen, wofür Christus lebte und starb, die Krönung des Werkes, das der Heilige Geist im Gläubigen vollbringt. **Ein christusähnliches Leben zu führen ist der optimale Weg, um andere zu segnen**. Der Herr wünscht, daß seine Nachfolger ihren Mitmenschen zum Segen werden. Das geschieht, indem sie opferbereit ihr eigenes Leben einsetzen, um den Nöten und Problemen, die sie von allen Seiten umgeben, abzuhelfen (siehe Mt 25:34-36,41-43). **Christusähnlichkeit führt zu einem wirksamen Zeugnis**. Unsere Welt heute erkennt Christus durch das Zeugnis der Christen. Abgeschnitten von der sündhaften Vergangenheit, neugeformt durch den Heiligen Geist, der in ihnen wohnt, stellen wahre Jünger ein glaubhaftes und alternatives Zeugnis dar. In ihrem Leben ist die Frucht des Geistes, das heißt Liebe, Freude und Friede (siehe Gal 5:22,23), sichtbar, und sie strahlen eine übernatürliche Anziehungskraft aus, die andere Menschen herausfordert und ihnen hilft, ebenfalls ein heiliges Leben zu führen.

Außerdem **dient Christusähnlichkeit dazu, die weltweite Bewegung Jesu Christi auszubreiten**. „Die Qualität und Reife der Leiterschaft bestimmt über den Erfolg oder Mißerfolg einer Unternehmung", erklärte C. S. Deir.[91] Diese Beschreibung trifft auf das Vorgehen Jesu zu, denn er sparte keine Mühe, die Zwölf so zuzurüsten, daß sie seinem eigenen Maßstab entsprachen (siehe Lk 6:40). Es war ein zentrales Anliegen Jesu, seine Nachfolger zu getreuen Nachbildungen seiner selbst zu formen. Erst dann konnten sie den Prozeß in Gang setzen, selbst neue Zeugen hervorzubringen, die ihrerseits zur Vervielfältigung beitragen würden.

Christusähnlichkeit bewirkt, daß die Persönlichkeit des Zeugen einen großen Einfluß auf andere Menschen ausübt. Über John Hyde, einen herausragenden Indienmissionar, sagte ein anderer Missionar: „Er war einer der heiligsten Menschen, die ich je kennengelernt habe, und von seinem Leben ging ein großer Einfluß aus."[92] Umgekehrt erklärte der schottische Minister R. M. M'Cheyne einmal: „Was mein Volk am meisten braucht, ist meine persönliche Heiligkeit."[93] Von einem heiligen Leben geht eine große Kraft aus, es gibt Leitung, Weisung und Inspiration, zugleich jedoch stellt ein solches Leben auch eine Herausforderung dar und bewirkt Überführung. Es dient auch als eine der stärksten Waffen gegen die Mächte des Bösen. **Ein christusähnliches Leben führt zu der tiefsten Erfüllung, die ein Mensch erfahren kann, und dient zur größten Verherrlichung Gottes**.

Der Meister enthüllte den Zwölfen, worin das Geheimnis besteht, fortwährend ein christusähnliches Leben führen zu können:

> Bleibt in mir und ich in euch. Wie die Rebe keine Frucht bringen kann aus sich selbst, wenn sie nicht am Weinstock bleibt, so auch ihr nicht, wenn ihr nicht in mir bleibt. Ich bin der Weinstock, ihr seid die Reben. Wer in mir bleibt und ich in ihm, der bringt viel Frucht; denn ohne mich könnt ihr nichts tun. (Joh 15:4,5)

Wenn man ein heiliges, christusähnliches Leben führen will, ist es von zentraler Bedeutung, in Jesus zu bleiben. Das Wesen einer heiligen Lebensführung besteht nicht darin, sich strikt an eine bestimmte Liste von Regeln zu halten, sondern es besteht in einem engen verbindlichen Zusammensein. Es besteht in dem lebendigen Einssein des Gläubigen mit Christus, in einem gegenseitigen Bleiben, das durch den in uns wohnenden Heiligen Geist ermöglicht wird. Mit anderen Worten, es geht um eine Beziehung. Je inniger wir mit Christus verbunden sind, desto mehr werden wir in sein Bild verwandelt. **Wenn wir in Christus bleiben, so ändert sich unser Streben nach Christusähnlichkeit; an die Stelle von eigenem Bemühen tritt das Empfangen**. Wer eng und ständig mit Jesus verbunden ist, dem Vorbild und der Quelle eines heiligen Lebens, in dessen Leben wird Heiligkeit als Frucht aufgehen.

Paulus hob in seinen Briefen immer wieder besonders den Gedanken hervor, in Christus zu sein. Er stellte heraus, daß in Christus Errettung ist (2 Tim 2:10), Hoffnung (1 Thes 1:3), Freiheit (Gal 2:4), Einheit (siehe Gal 3:28), Stärke (siehe Eph 6:10), Gnade (1 Kor 1:4) und Freude (Phil 1:26) – ja, alles Gute (Phlm 6). In Christus sind die Gläubigen geheiligt (siehe 1 Kor 1:2) und an himmlische Orte versetzt (Eph 2:6), sie können fest stehen (siehe 2 Kor 1:21) und allezeit Sieg haben (siehe 2 Kor 2:14). In Christus sind seine Nachfolger befähigt, ein frommes Leben zu führen (siehe 2 Tim 3:12), ja, Christus selbst ist ihr Leben (Kol 3:4). Paulus gab ein erstaunliches Zeugnis darüber, wie er persönlich diesen Austausch des Lebens erfahren hat. Diese Erklärung stellte den Höhepunkt seiner Lehre dar, in Christus zu sein: „Ich lebe, doch nun nicht ich, sondern Christus lebt in mir. Denn was ich jetzt lebe im Fleisch, das lebe ich im Glauben an den Sohn Gottes, der mich geliebt hat und sich selbst für mich dahingegeben" (Gal 2:20).

So reich das Leben des Gläubigen in Christus auch ist (siehe Eph 1:3,14,18), es muß im Glauben angenommen werden. Die Philipper forderte der Apostel auf: „Nur, was wir schon erreicht haben, darin laßt uns auch leben" (3:16). Damit weist er auf die Notwendigkeit hin, daß wir Stück für Stück das anwenden müssen, was Gott uns in Christus zur Verfügung gestellt hat. Wir müssen die Umformung in das Bild Jesu Christi vorwärtstreiben; dieser fortwährende Prozeß ist das, was wir als Heiligung bezeichnen. Für die Heiligung ist ein lebenslanges Zusammenwirken zwischen der Trinität (siehe 1 Thes 5:23, 1 Kor 1:30, 1 Petr 1:2) und dem einzelnen Christen nötig (siehe Kol 3:5-17).[94] Wir müssen verstehen, daß die Heiligung hier auf der Erde zwar immer unvollkommen bleiben wird, doch daß wir trotzdem danach trachten müssen, in Jesus zu bleiben (siehe 1 Joh 2:28), und zwar in dem Wissen, daß die endgültige Erfüllung erst bei der Wiederkunft Christi geschehen wird (siehe 1 Joh 3:2).

Alles das ist für die Ausübung geistlicher Leiterschaft, einschließlich der Aufgabe als Mentor, von entscheidender Bedeutung, denn **kein Leiter kann große Taten für Christus vollbringen, wenn er nicht sein Handeln an Christus ausrichtet**. Was immer ein Leiter um Jesu willen unternehmen will, die Versorgungslinie muß in der innigen Verbindung mit Jesus bestehen. Um den ganzen Reichtum Christi zu erfahren und von ihm zu nehmen, muß der Leiter erstens in Christus sein und zweitens in ihm beiben. Jesu Nachfolger heute können nicht in derselben Weise mit Jesus sein wie die Zwölf damals, aber durch den Heiligen Geist sind sie dazu befähigt, in ihm zu leben. **Letzten Endes**

kann das Wesen christlicher und geistlicher Leiterschaft nur von innen heraus erfaßt werden, das heißt wir benötigen eine Offenbarung Gottes über die wahre Bedeutung der Zusicherung, die Jesus seinen elf Freunden gab: „An jenem Tage werdet ihr erkennen, daß ich in meinem Vater bin und ihr in mir und ich in euch" (Joh 14:20).

Bevor Mose den Auftrag bekam, das Heiligtum zu errichten, zeigte Gott ihm auf dem Berg Sinai das himmlische Bild dieses Heiligtums (Ex 25:9,40, Hebr 8:5). Ebenso **hat Gott uns im Beispiel seines Sohnes das einzig brauchbare Bild für geistliche Leiterschaft gezeigt**. Wir täten gut daran, den Grundsatz zu beherzigen, den M'Cheyne 1840 einem Freund gegenüber äußerte: „Gott segnet nicht in erster Linie starke Begabungen, sondern er segnet eine starke Ähnlichkeit zu Jesus."[95] Immer wieder haben Menschen festgestellt, daß das christliche Zeugnis dann Kraft hat, wenn der Botschafter Christus gleicht. Ein Beobachter bemerkte einmal im Blick auf den berühmten indischen Christen Sádhu Sundar Singh: „Heute habe ich gesehen, was aus einem Menschen werden kann, wenn er wirklich in Christus lebt. Denn der Sadhu ist Christus wirklich sehr ähnlich ..."[96] Über den Chinamissionar David Hill sagte einmal jemand folgendes: „Jesus Christus muß wie David Hill gewesen sein."[97]

Wahre Kompetenz für die Aufgabe der geistlichen Leiterschaft kann allein in Jesus Christus erlangt werden (siehe Joh 15:5, Phil 4:13). Besitzen wir den geistlichen Ehrgeiz, in ihm das Bestmögliche zu werden? In der Verbindung mit ihm stehen uns die Mittel zur Verfügung, die ein siegreiches Leben als die Zeugen Christi ermöglichen. Wenn wir an unsere eigenen Schwächen und unser Versagen denken, wollen wir uns vor Augen halten, daß Gottes Gnade auch für uns genügt, die Gnade, die Paulus von einem entschiedenen Gegner zu einem brennenden Befürworter der Sache des Meisters machte. **Effektive geistliche Leiterschaft entspringt nicht der Unabhängigkeit,**

sondern der bewußten Abhängigkeit von Jesus Christus, oder – um Murrays Worte zu gebrauchen: „Christus muß uns jeden Moment alles sein.“[98]

Im folgenden Kapitel soll besondere Aufmerksamkeit darauf gerichtet werden, welche Implikationen die Vorgehensweise Jesu als Mentor – die sich auf das verbindliche Zusammensein gründete – für die Zurüstung von Leitern über kulturelle Grenzen hinweg hat. Die getreue Anwendung der Prinzipien, wie sie sich im Leben des Herrn Jesus darstellen, führt dazu, daß seine Zeugen tatsächlich in Kraft auftreten und Veränderung bewirken, eine Veränderung, die unsere Welt so dringend benötigt. Um die Richtigkeit dieser Sicht zu bestätigen, soll auf Erkenntnisse aus der Missionsgeschichte zurückgegriffen werden.

5 Jesu Christi Methode der Gemeinschaft als ideale Strategie für den Zeugendienst

Missiologie, das Studium der Mission, beschäftigt sich mit Fragen, die die weltweite Ausbreitung des Reiches Gottes betreffen, die Verbreitung des christlichen Zeugnisses auf der ganzen Welt. Einige dieser Fragen behandeln vor allem theologische Inhalte, bei anderen geht es mehr um die Praxis der Mission. Im vorausgegangenen Kapitel haben wir das Modell Jesu der Zurüstung von Leitern untersucht und vor allem auf der theologischen Ebene reflektiert, welche Bedeutung das für die Mission hat. Dieses Kapitel nun wird sich im wesentlichen mit den Auswirkungen im Bereich der Praxis der Missionsarbeit befassen, besonders im Blick auf die Fragen kulturübergreifender Arbeit.

Gehorsame Erfüllung des Missionsbefehls führt Christen automatisch zu Begegnungen mit anderen Kulturen. S.G. Lingenfelter und M.K. Mayers definieren **Kultur** als „die Summe der besonderen Kennzeichen, die sich in der Lebensweise eines Volkes finden".[1] Diese besteht aus der Gesamtheit der Vorstellungen, Glaubensinhalte, Werte, Bräuche und Verhaltensmuster, die bestimmten Einzelpersonen gemeinsam ist. Anders ausgedrückt, Kultur besteht aus der spezifischen Art, in der eine bestimmte Gruppe von Menschen denkt, glaubt, fühlt, sich mitteilt und handelt.

Der Missionar, der sich auf dem Missionsfeld der Zurüstung von Leitern widmet, befindet sich in einer sehr komplexen Situation. Er selbst ist von seinem eigenen kulturellen Hintergrund geprägt, und nun versucht er, Mitglieder einer andersgearteten Kultur, in der er Gast ist, so zu verändern, daß ihr Leben die „Kultur des Reiches Gottes" widerspiegelt. Wenn der Missionar als Mentor tätig ist – nach dem Vorbild Jesu Christi –, sollte er im Verlauf dieser Aufgabe ständig über sein eigenes Zeugnis sowie die Kultur des

Gastlandes reflektieren und beides im Licht der absoluten Norm beurteilen, die wir in der Bibel finden.

Wie wir gesehen haben, kann man aus dem Jüngerschaftsmodell Jesu des verbindlichen Zusammenseins eine Fülle von Einsichten ableiten. In den vorausgegangenen Kapiteln haben wir bereits eine Anzahl allgemeiner Richtlinien aufgezeigt. In den folgenden Abschnitten soll unsere Aufmerksamkeit nun auf sechs konkrete Prinzipien gerichtet werden, die **auf alle Kulturen anwendbar** sind, weil ihre universelle Gültigkeit alle spezifischen kulturellen Eigenarten übertrifft. Diese sechs Dimensionen müssen bei dem Bemühen um Zurüstung von Leitern über kulturelle Grenzen hinweg als unverzichtbare Elemente angesehen werden. Bei dem ersten Prinzip geht es um den grundlegenden Aspekt der Beziehung.

5.1 Die Dimension der Verbundenheit

Die eigene Beziehung zu Gott ist für das Leben jedes geistlichen Leiters, der den Wunsch hat, andere Menschen zu prägen, von entscheidender Bedeutung. Wir lesen, daß Abraham ein Freund Gottes genannt wurde (Jak 2:23), Hiob lebte in enger Freundschaft mit Gott (Hiob 29:4), und „Henoch wandelte mit Gott ...“ (Gen 5:24). Die Bibel läßt keinen Zweifel daran, daß Gott die innige Verbundenheit seiner Knechte mit ihm als absolut wesentliches Element betrachtet. Immer wieder sehen wir, wie Gott seinen auserwählten Leitern besondere Gelegenheiten gibt, in Zeiten der Abgeschiedenheit die Beziehung zu ihm zu vertiefen, zum Beispiel Josef im Gefängnis, Mose in Midian, Johannes der Täufer in der Wüste und Paulus in Arabien.

Durch das Werk Jesu auf Golgatha und das Kommen des Heiligen Geistes zu Pfingsten sind wir mehr denn je dazu befähigt, in enger Verbindung und Gemeinschaft mit Gott zu leben. In dieser Beziehung gründet sich nicht nur unsere Identität, unser Glaube, unser Selbstwertgefühl und unsere Sicherheit, auch der Erfolg unseres Wirkens hat dort seinen Ursprung. Es ist von größter Bedeutung, uns immer wieder die Grundwahrheit vor Augen zu halten, auf die Mose hinwies: Es hat keinen Sinn, irgend etwas in Angriff zu nehmen, wenn Gottes Gemeinschaft uns nicht gesichert ist (siehe Ex 33:15).

Es gibt noch einen weiteren Grund, warum Leiter ihre Hauptaufmerksamkeit darauf richten müssen, ihre Beziehung zu Gott zu pflegen und zu vertiefen. **Nur wenn sie eine gute Beziehung zu Gott haben, können sie gute Beziehungen zu Menschen haben**. Dieser Umstand ist für Mentoren von äußerster Wichtigkeit. J.S. Ellis erklärte: „Werte, Haltungen und Verhaltensnormen werden mehr durch Beziehungen vermittelt als durch Grundsätze."[2] Wenn die Zurüstung von Leitern Frucht bringen soll, ist eine Beziehungsgrundlage nötig.

Der Mensch, um dessen Zurüstung sich ein Mentor bemüht, ist kein Projekt, sondern eine Person. Es geht dabei um mehr als um eine Lehrer-Schüler-Beziehung, es geht um eine Freundschaft. Jesus war sich bewußt, daß die beste Umgebung zum Lernen durch Beziehungen geschaffen wird, deshalb bemühte er sich sehr, eine tiefe Freundschaft zu den Zwölfen aufzubauen, wie wir bereits gesehen haben. Entsprechend **können unsere Bemühungen als Mentor nur dann erfolgreich sein, wenn wir uns Zeit nehmen, Beziehungen aufzubauen, die in die Tiefe gehen; das gilt besonders in der Umgebung einer fremden Kultur**. Wenn wir uns Zeit nehmen, Gemeinschaft mit Menschen zu pflegen und sie wirklich kennenlernen, wird sich unsere Beziehung zu ihnen unweigerlich vertiefen, und wir können sie um so stärker prägen. **Je enger der Kontakt, desto stärker der Einfluß**. Bevor wir Aufmerksamkeit beanspruchen können, müssen wir zunächst Glaubwürdigkeit erwerben. Großes Wissen, ausgeprägte Begabung und ausgefeilte Strategien werden wenig bewirken, wenn wir nicht zuvor das Vertrauen der Menschen gewonnen haben.

Menschen, die Gottes Ruf folgen und auf dem Erntefeld in der Mission arbeiten, werden wahrscheinlich schon bald große Unterschiede zwischen der Kultur im Gastland und ihrer eigenen Kultur feststellen. Unterschiedlichkeiten in Bereichen wie Sprache, Nahrung, Kleidung und Brauchtum springen schnell ins Auge. Doch neben diesen eher offensichtlichen Bereichen gibt es grundlegende Elemente, die jeder Weltanschauung zu eigen sind. Diese müssen wahrgenommen werden, was viel Feingespür erfordert. Westliche Missionare, die in Ländern der Zwei-Drittel-Welt arbeiten, können eine Reihe von Unterschieden feststellen, die sehr aufschlußreich sind und die unterschiedliche Prägung der eigenen Kultur beziehungsweise der fremden Kultur erkennen lassen: zum Beispiel Orientierung an Zeit gegenüber Orientierung an Ereignissen, Konzentration auf das Ergebnis gegenüber Konzentration auf den Prozeß, Wertschätzung des Status gegenüber Wertschätzung der Leistung, Denken in Einzelbereichen gegenüber ganzheitlichem Denken, individualistische Mentalität gegenüber Gruppenmentalität.

Im Blick auf unser Thema jedoch, die Dimension der Verbundenheit, gibt es noch einen weiteren Unterschied, den wir ausführlicher behandeln müssen: **die Orientierung an Aufgaben gegenüber der Orientierung an Beziehungen**. Ohne Zweifel ist das ein Punkt, der für westliche Missionare eine besondere Herausforderung darstellt. Normalerweise richtet sich ihr Streben auf erfolgreiches Wirken. Ihre Erfüllung hängt größtenteils davon ab, ob sie ihr Ziel erreichen oder nicht, ob sie die Aufgaben, die vor ihnen liegen, gut und schnell erledigen oder nicht. Die Menschen des Gastlandes hingegen sind von ihrer Kultur dahingehend geprägt, großen Wert auf Beziehungen zu legen. Wenn der Missionar diese ausgeprägte Ausrichtung der fremden Kultur nicht erkennt, steht er nicht nur in Gefahr, von den Menschen enttäuscht zu werden, sondern sie darüber hinaus zu kritisieren. In Lukas 10:38-42 haben wir übrigens ein anschauliches

Beispiel für dieses Problem. Als Jesus bei Martha zu Besuch ist, gerät diese in die eben beschriebene Falle, denn sie hat vor allem ihre Aufgaben im Auge. Die aktive Martha hatte „viel Sorge und Mühe“ (V. 41), die besinnliche Maria hingegen spürte, daß „nur eins nottut“ (V. 42). Sie hatte Gemeinschaft mit dem Meister und lernte von ihm.

Selbst wenn ein Missionar von Herzen seinem Dienst hingegeben ist, kann es geschehen, daß er Ablehnung von den einheimischen Menschen erfährt, weil sie spüren, daß sich sein Interesse hauptsächlich auf seine Projekte richtet und nicht auf sie als Menschen. Jede Missionsarbeit in einer fremden Kultur, einschließlich der Zurüstung von Leitern, sollte immer vor allem auf die Menschen ausgerichtet sein und nicht in erster Linie auf den Dienst. Was den Einheimischen dient, sollte uns wichtiger sein als das, was zur Erfüllung unserer Vision und unserer Pläne dient oder unserem Budget nutzt. Aus der Sicht der Einheimischen sind menschliche Begegnungen wichtiger als das Einhalten von Terminen.

Jesus möchte, daß wir in erster Linie den Menschen hingegeben sind und nicht vorrangig einem Programm. Wenn diese Wahrheit in der Umgebung einer fremden Kultur mißachtet wird, kann in den Einheimischen das Gefühl entstehen, sie als Personen wären nur von zweitrangiger Bedeutung und der Missionar würde sie um ihrer Arbeit, nicht jedoch um ihrer selbst willen schätzen. In der Verbundenheit des Meisters mit den Zwölfen sehen wir, daß bei ihm Arbeit und Beziehung untrennbar miteinander verbunden waren. Man kann sogar sagen, daß Jesus den Schwerpunkt auf Beziehungen legte. L. Fords Einschätzung ist zutreffend: „Wenn er einen Fischer oder Zöllner ‚sah‘, dann sah er sie nicht als Mittel zur Erfüllung seiner Ziele. Vielmehr *waren* sie selbst sein Ziel.“[3] W. MacDonald ging sogar so weit, im Blick auf den Herrn von einem „Leitungsstil der persönlichen Beziehungen“ zu sprechen.[4]

Weise Leiter achten darauf, daß sie bei der Verfolgung

ihrer Ziele und Aufgaben diejenigen nicht vernachlässigen, denen ihre Bemühungen zugute kommen sollen. Während sie sich auf die Erfüllung ihrer Aufgaben konzentrieren, übersehen sie nicht die berechtigten Bedürfnisse der Menschen. Sie achten darauf, daß sie nicht erfolgreich Programme durchführen, dabei jedoch die Menschen verlieren, denen sie eigentlich dienen wollten. Zurüstung von Menschen aus nicht-westlichen Ländern muß in jedem Fall eine solide Beziehungsbasis als Grundlage haben. **Je mehr man sich bei seinem Vorgehen auf die Beziehungen konzentriert, desto wahrscheinlicher ist es, daß die Arbeit reiche Frucht bringt**.

Eines der größten Hindernisse auf dem Weg zu einer engen Verbundenheit über kulturelle Grenzen hinweg ist eine Haltung der Überheblichkeit. Ohne Zweifel haben die missionarischen Unternehmungen der Vergangenheit wertvolle Leistungen hervorgebracht, zum Beispiel im Bereich der Verkündigung des Evangeliums, der Bibelübersetzung, der Verteilung von christlicher Literatur, im Schulwesen, in der Berufsausbildung, in der medizinischen Versorgung und bei Sozialreformen. Bedauerlicherweise stimmt es jedoch auch, daß viele Missionare, besonders in der Kolonialzeit, in einer herablassenden Haltung gewirkt haben. Überlegenheit kann in verschiedener Weise ihren Ausdruck finden, zum Beispiel in **kultureller Arroganz**. T. W. Dye beschrieb, daß besonders Missionare dafür anfällig sind:

> „‚Ethnozentriertheit' – die Vorstellung, daß die Bräuche, Gedanken und Werte der eigenen Kultur richtig, normal oder besser sind – ist ein ständiges Problem für jeden, der in einer fremden Kultur lebt und arbeitet. Besonders Missionare haben damit zu kämpfen, weil die Gedanken der universalen Wahrheit Gottes zunächst in den Begriffen der eigenen besonderen kulturellen Prägung erlernt werden."[5]

Im Blick auf dieses Problem ist es hilfreich, sich vor Augen zu führen, daß innerhalb des breiten Spektrums der Kulturen, die Gott geschaffen hat, zwar jede anders ist, aber keine besser als die andere. Eine qualifizierte Ausbildung, größeres Wissen, mehr Technologie und Finanzen, die dem Missionar zur Verfügung stehen, begründen weder eine Überlegenheit seiner Kultur, noch verleihen sie ihm automatisch das Recht zu leiten.

„Fehler" aufzudecken, Überzeugungen zu schmähen, Bräuche lächerlich zu machen oder andere Formen, durch die die Kultur des fremden Landes degradiert wird – das alles hat eine nachteilige Wirkung auf jegliches Bemühen, eine enge Verbundenheit mit Einheimischen aufzubauen. Diese haben nicht selten die Gabe, untrügerisch den Charakter und die Motivation des Missionars einzuschätzen. J. Hudson Taylors Nachfolger Dixon E. Hoste betete für seinen neuen Mitarbeiter, David H. Adeney, der sich ihm in China angeschlossen hatte. Er bat Gott, ihn von „nationalem Stolz zu befreien, den man genauso bemerkt, als wenn jemand Knoblauch gegessen hat".[6] Es ist tatsächlich möglich, daß ein Missionar in ein anderes Land geht, sich innerlich jedoch nie wirklich zu dem fremden Volk aufmacht.

Ein weiterer verhängnisvoller Ausdruck von Überlegenheit ist, was P. Wakatam **„das Direktor-Syndrom"** nannte. Er erklärte es folgendermaßen: „Es scheint, als würden viele Missionare meinen, ihr Dienst habe nur dann eine Bedeutung, wenn sie Direktor von irgend etwas sind."[7] Unsicherheit in der Leitung mag der Grund dafür sein, daß Leiter ihren Mitarbeitern nicht vertrauen, daß sie dazu neigen, in Fragen von Richtlinien, der Vorgehensweise und der Finanzen zu sehr zu dominieren und über Menschen zu herrschen. Eine solche Haltung kann dazu führen, daß man an der eigenen Position festhält und nur widerwillig den Einheimischen Verantwortung überträgt. Missionare, die einen Hang zum Herrschen haben, sind heute in keinem Land der Zwei-

Drittel-Welt mehr willkommen. Wakatama betonte hinsichtlich der Situation in Afrika:

> „Wir brauchen nur solche Missionare, die qualifiziert und bereit sind, Afrikaner für Leitungsaufgaben zuzurüsten. Es ist kein Platz mehr für Missionare, die als Direktoren allein arbeiten wollen und nicht nach einem Timotheus Ausschau halten, der an ihrer Seite lernen und eines Tages die Arbeit übernehmen kann. Doch Missionare, die zu letzterem bereit sind, werden immer Arbeit in Afrika finden; es gibt dort Millionen von Menschen wie Timotheus, die nur darauf warten, zugerüstet zu werden, um selbst wiederum andere schulen zu können." [8]

Falsche Abhängigkeit ist ein drittes Hindernis für enge Verbundenheit über kulturelle Grenzen hinweg. Zwar erscheint es ganz normal, daß Menschen, die durch die Bemühungen eines bestimmten Missionars Christen werden und von ihm Unterweisung und auch praktische Hilfe erhalten, zunächst in einer starken Abhängigkeit von ihm stehen. Eine solche Bevormundung jedoch sollte im besten Fall eine vorübergehende Phase sein. Die Boten des Evangeliums stehen in der Gefahr, einheimische Christen in der Abhängigkeit von sich selbst festzuhalten, statt sie in die Abhängigkeit von Gott zu führen. Außerdem können Missionare einheimische Christen durch ihr Beispiel dahingehend fehlleiten, daß diese ihr Vertrauen auf äußere Dinge setzen, auf Geld, Gebäude, Regelungen, Programme oder Mitarbeiter, statt auf Gottes Gemeinschaft und sein Wort. Beide Arten der Abhängigkeit sind ein Trugschluß, und die Missionare erweisen damit den Einheimischen keinen Dienst, vielmehr ersticken sie jegliches Wachstum in Richtung geistlicher Selbständigkeit.

Das Gegenmittel für Überlegenheit in jeder Form ist

eine christusähnliche Haltung des Dienens. Wir sollten uns an dieser Stelle daran erinnern, wie nachdrücklich der Herr Jesus das Dienen als unverzichtbare Voraussetzung für die Haltung eines geistlichen Leiters hervorgehoben hat (siehe Mk 10:42-45). Menschen aus dem Westen haben es vielleicht besonders schwer, sich diese biblische Sicht zu eigen zu machen. In ihrer Kultur gilt ein Mensch normalerweise dann als Leiter, wenn er Ansehen hat, an der Spitze steht, etwas zu sagen hat, anderen Befehle erteilt. Ein wahrer geistlicher Leiter unterscheidet sich sehr von dieser Sicht. Er ist nichts anderes als ein Unter-Leiter, der Christus folgt, und er übt seine Autorität nicht durch Befehle aus, sondern durch ein christusähnliches Vorbild.

Wenn sich ein **dienender Leiter** auf dem Missionsfeld im Ausland befindet, **nimmt er eine Haltung der Lernbereitschaft ein**. Dort, wo er kulturelle Unterschiede feststellt, reagiert er mit Achtung, er ist demütig im Geist und willig zu lernen. Bruce Olson ist in dieser Hinsicht ein herausragendes Beispiel. Er hat Stück für Stück Eingang in die fremde Welt des Stammes der Motilone in Kolumbien gefunden. Es ist faszinierend zu lesen[9], wie er eine Beziehung zu dem Indianer Cobaydra aufbaut, ihm hilft, einen Damm zu bauen, mit ihm fischt und auf die Jagd geht, erste Sprachfetzen von ihm lernt, zunächst sein Freund wird, dann sein Blutsbruder und schließlich von ihm als Leiter anerkannt wird.

Zudem **liebt ein dienender Leiter die Einheimischen**. Wissen, Erfahrung, sprachliches Können, geistliche Gaben und Opfer sind durchaus wertvoll, aber wenn die *agape*-Liebe fehlt, ist Missionsarbeit immer stark behindert. Das Leben und die Worte des Missionars sollten keinen Zweifel daran lassen, daß er selbstlos das Beste für die Einheimischen will. Die Liebe wird ihm die Augen öffnen, so daß er in dem Gastvolk Wesenszüge entdecken kann, die es ihm lieb macht. Die Liebe wird die Bereitschaft wecken, Selbstverleugnung zu praktizieren und sich mit dem Lebensstil, den Interessen und Nöten der Einheimischen zu identifizieren. William Carey, der berühmte Pioniermissionar in Indien, bekannte, daß sein Herz mit dem Land seiner Berufung verschmolzen sei.[10] E. Stanley Jones bezeugte: „Ich bin im Westen geboren und liebe den Westen, aber Indien ist meine Heimat geworden; das indische Volk ist mein Volk; seine Probleme sind meine Probleme; seine Zukunft ist meine Zukunft ..."[11] Das Geheimnis von Donald Frasers Erfolg unter den Afrikanern war, daß „die Menschen wußten, daß er sich selbst ihnen hingegeben hatte; sein Herz gehörte ihnen".[12]

J. Hudson Taylor erklärte: „Für mich sind Auslandsmissionare wie ein Gerüst um ein Gebäude. Je eher es nicht mehr gebraucht wird, desto besser – oder noch besser, je eher es an einen anderen Platz versetzt werden kann, um demselben Zweck zu dienen, desto besser."[13] **Ein dienender Leiter sieht seine Aufgabe als zeitlich begrenzt**. Das können wir besonders im Leben des Apostels Paulus beobachten, der sich nirgendwo auf Dauer ansiedelte, nie zuließ, daß er durch eine permanente Arbeit und durch Verantwortung vor Ort gebunden wurde. Vielmehr behielt er seinen apostolischen Reisedienst bei; die Aufgaben vor Ort betrachtete er immer nur als vorübergehend.

Die Frage, ob wir Menschen aus einer fremden Kultur mit Annahme begegnen, ist abhängig von unserer Herzenshaltung. Sowohl der Hauptmann, dessen Diener Jesus heilte, als auch Kornelius – beides Römer – wurden von ihren jüdischen Mitmenschen geachtet und fanden herzliche Aufnahme, weil sie das Herz der Juden gewonnen hatten (siehe Lk 7:3-5, Apg 10:22,31). Ein Mann aus dem Stamm der Dani auf Irian Jaya sagte zu John Dekker:

> „Du hast schnell unsere Sprache gelernt. Du ißt unsere Kartoffeln. Du schläfst in unseren Hütten. Du bist jetzt einer von uns hier. Du nennst dich Ndeka, aber das hat für uns keine Bedeu-

tung, deshalb wollen wir dir einen Namen geben, den wir verstehen. Wir wollen dich nach dem Toli-Fluß nennen. Du sollst *Tolibaga* heißen!"[14]

Ich selbst habe ähnliche Erfahrungen unter den Basotho im Süden Afrikas gemacht. Ungeachtet meiner mangelhaften Sprachkenntnis ihrer Sesotho-Sprache wurde ich in ihrer Mitte als „einer von ihnen" willkommen geheißen, in eine der Familien als „Schwiegersohn" adoptiert und mit dem Eingeborenennamen „Pulamaliboho" geehrt („einer, der die Flußfurten öffnet", d.h. ein Pfadfinder, Pionier).

Mehr als alles andere müssen die Menschen, die wir erreichen und auf die wir einen Einfluß ausüben wollen, merken, daß wir sie schätzen, ihnen viel zutrauen und ihnen von ganzem Herzen dienen wollen. Sie müssen erleben, daß wir uns neben sie stellen, daß wir bereit sind, unter der Führung des Heiligen Geistes Hand in Hand mit ihnen zu arbeiten, so daß sie die Fülle, die Gott für sie bereit hält, erlangen können. Wie Paulus müssen wir eine brüderliche Haltung haben[15], das heißt **wir müssen unseren Platz als Brüder in Christus und als dienende Freunde einnehmen**. Ein wunderbares Beispiel für eine derartig liebevolle Verbundenheit und brüderliche Partnerschaft findet sich in der Beziehung zwischen ROBERT LAWS und WILLIAM KOYI.

Robert Laws wurde 1851 in Aberdeen geboren. Nach Beendigung seines Medizinstudiums schloß er sich als Missionsarzt einer Expedition nach Zentralafrika an, die von der Free Church of Scotland organisiert worden war. Der junge Arzt erreichte 1875 den Nyasasee, half dabei, eine Station in Cape Maclear aufzubauen, arbeitete eine Zeitlang in Blantyre und ging 1881 nach Bandawé, der neu errichteten Missionsstation der Livingstonia Mission.

Robert Laws war sehr zielstrebig, ein Mann der Vision, des Glaubens und Gebets. Mit der Zeit wuchs in ihm ein großes Vertrauen hinsichtlich des Potentials der afrikanischen Christen. Er betrachtete ausländische Missionare nur als „Vögel, die hindurchfliegen; ihr Ziel ist es, einheimische Mitarbeiter zu schulen und eine einheimische Kirche aufzubauen." [16] Er war überzeugt: „Falls Afrika für Christus gewonnen werden kann – allerdings ist das keine Frage –, dann wird es durch die Afrikaner selbst geschehen." [17]

Laws Wunsch war es, die kriegerischen Ngoni mit dem Evangelium zu erreichen. Die Ngoni entstammten einem Volk von Kriegern, die zu Anfang des Jahrhunderts aus dem Zululand geflohen waren und sich im Hochland westlich des Sees angesiedelt hatten. Die entscheidende Rolle zur Erfüllung von Laws Wünschen sollte William Koyi spielen. Er wurde 1846 geboren und gehörte zu den Gaika, einer Untergruppe der Xhosa, einem Stamm aus dem Süden Afrikas. William wurde im Alter von 23 Jahren Christ. In dem Wunsch, eine bessere Ausbildung zu erhalten, marschierte er 240 Kilometer zu Fuß bis nach Lovedale. Dort begegnete er einige Jahre später James Stewart, der afrikanische Helfer für die Arbeit im Nyasaland suchte. William stellte sich zur Verfügung und sagte demütig: „Ich habe nur ein halbes Talent, aber ich bin bereit zu gehen und als Holzhacker und Wasserschöpfer zu arbeiten." [18] Koyi traf 1876 in Cape Maclear ein.

Je mehr Robert Laws William kennenlernte, desto deutlicher wurde ihm, daß dieser besser als jeder andere dazu geeignet war, als Pionier unter den Ngoni zu arbeiten. Er eignete sich nicht nur deshalb für diese Aufgabe, weil er Afrikaner war. In den vorausgegangenen Jahren in Südafrika hatte er die Zulus, ihre Lebensweise und Sprache kennengelernt, verstand deshalb die Bräuche der Ngoni und konnte sich ohne Schwierigkeiten mit ihnen verständigen. Als Übersetzer, als Bote des Evangeliums und Ratgeber war William für Laws von unschätzbarem Wert. Dieser setzte absolutes Vertrauen in Koyi und hatte größte Achtung vor ihm: „Bei den vielen heiklen Verhandlungen ist er meine rechte Hand. Unter großen Mühen leistet er eine echte Pionierarbeit und ist von ganzem Herzen bei der Sache."[19] 1882 siedelte sich William in der Nähe des Dorfes an, in dem der oberste Häuptling wohnte.

Das Zeugnis, das Koyi durch sein Leben und seine Worte gab, erwarb ihm großen Respekt. Die Zuneigung und das Vertrauen der Ngoni zu ihm waren so stark, daß die Gottesdienste, die er hielt, zum Teil von über 1500 Menschen besucht wurden. William, der unter Einsamkeit, Müdigkeit und häufigen Krankheiten litt, wurde von Laws mit Rat und Ermutigung unterstützt. Einmal schrieb er ihm zum Beispiel: „Du tust eine edle Arbeit, Gott segnet diese Arbeit und ehrt Dich als Sein Werkzeug. Vielleicht beneiden Dich sogar die Engel im Himmel um Deine Aufgabe."[20]

Koyis hingebungsvoller Dienst unter den Ngoni brachte mehrere Jünger hervor. Doch erst 1886 beschloß der Ältestenrat der Ngoni, der Missionsarbeit keine Beschränkung mehr aufzuerlegen und die Errichtung von Schulen in ihren Dörfern zu erlauben. Diese phantastische Nachricht erreichte Koyi, „den Pionier des Evangeliums in Ngoniland"[21], jedoch auf dem Sterbebett. Für ihn war es eine Gebetserhörung, und er konnte mit den Worten des alten Simeon sterben: „Nun, Herr, entläßt du deinen Knecht nach deinem Wort in Frieden; denn meine Augen haben dein Heil gesehen" (Lk 2:29,30).

5.2 Die Dimension des beispielhaften Vorlebens

In einem Gespräch mit M. Gandhi hatte E. Stanley Jones einmal die Möglichkeit, diesem zu erzählen, was ihn bewegte. Er sprach von seinem brennenden Wunsch, daß das Christentum in Indien ein einheimisches Gewand bekommen und von allem Ausländischen entkleidet werden sollte. In dieser Weise würde es gewaltigen Einfluß auf den Fortschritt des Landes und auf desses Heil nehmen. Als Jones Gandhi fragte, was dieser ihm raten würde, damit sein

Wunsch in Erfüllung gehen könne, antwortete ihm Gandhi nachdenklich: „Ich würde als erstes vorschlagen, daß ihr christlichen Missionare und überhaupt alle Christen anfangen müßtet, mehr wie Jesus Christus zu leben.“ [22]

Vor dieser ungeheuren Herausforderung steht jeder, der als Missionar in einer fremden Kultur tätig ist, besonders jedoch, wenn er Leitungsaufgaben innehat. W. L. Duewel schrieb: „Nichts ist wichtiger im Leben und Dienst eines Leiters, als daß er in allen Dingen ein beispielhaftes Leben führt. Seine Leiterschaft ist nur so effektiv wie seine Lebensführung.“ [23] Von einem geistlichen Leiter wird nicht nur erwartet, daß er zum Beispiel Vision vermittelt, die Menschen motiviert und mobilisiert, wertvolle Erkenntnisse und Erfahrungen weitergibt, sondern er muß auch ein Vorbild sein. C.S. Deir betonte: „Ein vorbildlicher Leiter weiß, daß die wertvollste Gabe, die er geben kann, das Beispiel eines gottesfürchtigen Lebens ist, dem andere nachfolgen können.“ [24] Es ist hilfreich, uns an dieser Stelle noch einmal an die Aufforderung von Simon Petrus zu erinnern, daß die Aufseher der Herde „als Vorbilder der Herde“ dienen sollen (1 Petr 5:3).

Geistliche Leiter sollten in ihrem Leben das darstellen, was sie im Leben ihrer Nachfolger gern sehen möchten. Die anderen achten nicht nur auf die Worte eines Leiters, sondern beobachten auch sein Leben. Das Zeugnis der Worte wird durch das Zeugnis des Lebens entweder bekräftigt oder entkräftet. Die Berechtigung und Glaubwürdigkeit der Botschaft eines Leiters wird auf dem Hintergrund seines Vorbilds beurteilt. Wie kann es sein, daß das Beispiel eines Leiters ein so mächtiges Werkzeug bei der Formung von Mitarbeitern sein kann? P. J. Decker hat dazu eine hilfreiche Erklärung geliefert:

> „Die soziale Lerntheorie bestätigt ausdrücklich, daß ein Großteil des menschlichen Verhaltens auf dem Weg der Beobachtung von Vorbildern erworben wird. Durch den Prozeß der Beob-

> achtung anderer Menschen entsteht in dem einzelnen eine Vorstellung davon, wie Verhalten aussehen kann und zu welchen Folgen es führt. Diese codierte Information dient als Richtschnur für das eigene Handeln."[25]

Tatbestände und Grundsätze können ohne Schwierigkeiten aus Büchern und Vorträgen gelernt werden, doch Verhaltensmuster erwirbt man am besten durch sichtbare Vorbilder. Diese beeinflussen uns stärker als nur rein abstrakte Konzepte; was wir mit eigenen Augen sehen, prägt uns stärker als das, was wir nur hören. Wahrnehmbare Handlungen dienen als Prüfstein für unsere eigenen Ansichten, Werte und unser Verhalten, sie lassen uns unsere Schwächen und Mängel erkennen, motivieren uns in Richtung Veränderung und regen zum Nacheifern an. Beobachtbare Haltungen haben eine ansteckende Wirkung. Besonders J. Hudson Taylor hat diesen Umstand einmal sehr deutlich demonstriert. Von dem Wunsch bewegt, neu eingetroffene Missionare mit der chinesischen Kultur vertraut zu machen, lud er sie zum Frühstück in Shanghai ein. Einer der anwesenden Missionare berichtete später:

> „Unser Leiter und Direktor zeigte uns durch sein eigenes Beispiel, wie man es macht, und drückte uns, die wir mit ungedämpftem Eifer gerade im Lande eingetroffen waren, damit sofort seine eigene Prägung auf. Deshalb übernahmen auch wir chinesische Kleidung, chinesische Nahrung, die chinesische Lebensweise als unser Lebenselement ... die Erinnerung an sein Beispiel hat die Sache einfach gemacht und brachte das Murren zum Verstummen."[26]

K. Barth hat die Beobachtung gemacht, daß Christ zu werden bedeutet, für unsere Mitmenschen ein Christus zu werden.[27] Das ist sowohl ein großes Vorrecht als auch eine ehrfürchtige Verantwortung, besonders für geistliche Leiter. Wie Gandhis Antwort andeutet, reicht es nicht aus, wenn ein christlicher Leiter sein Leben nach seinen eigenen Vorstellungen führt, vielmehr muß er ein christusähnliches Beispiel geben. **Der Einfluß eines Leiters, nicht zuletzt in der Umgebung einer fremden Kultur, hängt zuallererst davon ab, in welchem Maß die Art und Weise Christi durch seinen Vertreter hindurchscheint**.

In vorausgegangenen Abschnitten haben wir ausführlich die zentrale Rolle beleuchtet, die die Dimension des beispielhaften Vorlebens im verbindlichen Zusammensein von Jesus mit den Zwölfen gespielt hat und der darauf basierenden Vorgehensweise bei der Zurüstung von Leitern. Wir haben wiederholt gesehen, wie der Meister in seiner Verbundenheit mit den Zwölfen durch sein eigenes Beispiel Charakterformung bewirkte. Entscheidend war, daß die Zwölf als Reaktion auf sein Beispiel diesem Vorbild nacheiferten. Das bereitete sie darauf vor, später ihren Meister und seine Sache glaubwürdig vertreten zu können. Durch sein Beispiel säte der Meister jenen Samen in das Leben seiner Jünger, deren Frucht er durch ihr zukünftiges Zeugnis ernten wollte.

Entsprechend müssen christliche Leiter heute danach trachten, durch ein bewußtes vorbildhaftes Leben nach dem Beispiel Christi die Glaubwürdigkeit und Autorität ihres Zeugnisses zu sichern. Leiterschaft nach biblischer Vorstellung soll mehr bewirken als nur ein gewisses Maß an moralischer Prägung. Wenn diese Leiterschaft nach dem Vorbild Jesu ausgeübt wird, entsteht dadurch ein gewaltiges Zeugnis, das andere zu einer heiligen Lebensweise führt und anregt. **Es besteht weder die Notwendigkeit noch die Hoffnung, ein besseres Modell für geistliche Leiterschaft zu entdecken als das Beispiel Jesu Christi**. Vor diesem Hintergrund verstehen wir, warum Paulus davon Abstand nahm, sich mit anderen Gläubigen zu vergleichen (siehe 2 Kor 10:12); Christen sollten ihr Augenmerk vielmehr auf ihren Herrn richten und sich an ihm messen (siehe 1 Kor 11:1).

Leiterschaft nach biblischen Maßstäben ist eine Aufgabe, die mit menschlicher Kraft nicht zu vollbringen ist. Sie kann allein durch die Befähigung Gottes vollbracht werden, die uns durch die Gnade von Jesus Christus zur Verfügung steht, die in allen Dingen genügt und die durch das Wirken des Heiligen Geistes übermittelt wird. Nur wenn sich der Leiter Gott ausliefert, so daß der Heilige Geist Gottes Pläne in und durch ihn vollführen kann, wird ein Leiter dazu qualifiziert, seinem Herrn im Dienst Frucht zu bringen. Wir müssen eingestehen, daß kein Leiter hier auf der Erde ein vollkommen sündloses Leben führen wird. Doch seine Nachfolger sollten erkennen können, daß er im Herzen entschlossen ist, seinem Meister nachzueifern, daß er trotz Anfälligkeit für Versuchungen und gelegentlicher Verfehlungen Fortschritte macht und seine Reife in Christus zunimmt. Die ständige menschliche Neigung zum Versagen mag einen Schatten auf diese Aussage werfen, und es mögen Zweifel aufkommen, ob es wirklich möglich ist, ein beispielhaftes Zeugnis für Christus zu leben, das zugleich glaubwürdig und vollmächtig ist.

Am 3. September 1889 kam in der hinduistischen Familie des Sirdar Sher Singh, der in dem Dorf Rampur in Indien wohnte, ein Sohn auf die Welt. Als der Junge, dem man den Name Sundar gegeben hatte, 14 Jahre alt wurde, hatte er eines frühen Morgens eine Vision von dem Herrn Jesus Christus.[28] Diese Erfahrung wurde zum radikalen Wendepunkt in seinem Leben. Der rastlose heranwachsende Sundar, der immer wieder mit Selbstmordgedanken gespielt hatte, wurde vor dem Abgrund gerettet, und sein Leben wurde mit Frieden und Freude erfüllt.

An seinem 16. Geburtstag wurde er getauft, und kurze Zeit später beschloß er, ein christlicher *sádhu* zu werden (ein Wandermönch). Er zog das traditionelle gelbe Gewand und den Turban an und begann als barfüßiger SÁDHU SUNDAR SINGH für Jesus Christus Zeugnis zu geben, zunächst in Rampur und in den Nachbardörfern. Dann dehnte er seine Wege auf Punjab aus, später wanderte er bis nach Kaschmir, Baluchistan und Afghanistan. 1908 erfüllte er zum ersten Mal den besonderen Auftrag, den er kurze Zeit nach seiner Begegnung mit Christus erhalten hatte – nach Tibet zu gehen und dort Christus zu verkündigen. Diesen Auftrag führte er unter größter Bedrängnis treu aus; entsprechende Reisen unternahm er in das abgelegene Himalajagebiet.

Sundar diente in Nepal und Sikkim, Ceylon, Burma, Malaysia, China und Japan. 1920 reiste er nach Großbritannien, Frankreich, die Vereinigten Staaten und Australien, zwei Jahre später war er erneut in Europa. Von dort kehrte er erschöpft und krank zurück. Von 1923 an lebte er in Sabathu und widmete sich vor allem dem Gebet, der Betrachtung und dem Schreiben geistlicher Literatur. Doch er konnte die geistliche Not in Tibet nicht vergessen. Im April 1929 brach er erneut in das Himalajagebiet auf, doch sollte er von dieser Reise nicht mehr zurückkehren.

Der Wesenszug, der Sádhu Sundar Singhs Persönlichkeit und Wirken mehr als alles andere auszeichnete, war seine Christusähnlichkeit. Er selbst bekannte von sich: „Ich bin nicht wert, den Fußtapfen meines Herrn zu folgen.“ [29] Doch seine Biographin A. Parker beschrieb ihn als „ein lebendes Abbild seines Meisters“.[30] Sie schrieb außerdem: „... viele von uns sind sich einig, daß er durch enge Gemeinschaft mit Jesus und einen vollkommenen Gehorsam unter dessen Willen seinem Herrn so ähnlich geworden ist, daß überall, wo er hinkommt, die Menschen sagen: ‚Wie sehr er doch Christus gleicht!‘“[31] In einer Zeitung in Sydney stand im Zusammenhang mit Sundar Singhs Aufenthalt folgender Kommentar: „Niemand kam der Vorstellung, wie unser Herr gewesen sein muß, so nahe wie er ... allein die Anwesenheit des Sádhu bewirkte eine Atmosphäre, in der die Dinge, die christusähnlich waren, in den Vordergrund traten ..."[32] Es wird auch berichtet, daß einmal ein Diener die Haustür öffnete und glaubte, Jesus stehe vor der Tür. Kinder wünschten, „Jesus solle sie zu Bett bringen".[33]

Wie sein Meister war auch der Sádhu ein Mann der Liebe, des Glaubens, des Gebets, der Demut und des Mutes; er litt Hunger, Hitze, Einsamkeit, Verfolgung und Verhaftung. Er glich Jesus in seinem einfachen Lehrstil und dem Gebrauch bildhafter Beispiele wie das folgende: „In einem See in den Himalajabergen fand ich einen Stein. Er war hohl, und als ich ihn aufbrach, stellte ich fest, daß das Innere vollkommen trocken war. So ist es hier im Westen. Ihr liegt seit Jahrhunderten im Wasser des Christentums, doch es ist nie in euer Herz eingedrungen."[34]

Sundars Zeugnis, das viele Menschen zu Gott führte, war aus zwei Gründen so mächtig: Einmal, weil er eine so große Christusähnlichkeit besaß, zum anderen, weil er „in indischer Weise ein konkretes Beispiel dafür lieferte, was Christus für Indien bedeutete".[35] Parker war davon überzeugt, daß der Sádhu durch seinen besonderen indischen Stil „einen Schlüssel zu den Herzen seiner Landsleute besaß, den ein Ausländer nie wird haben können, ganz gleich, wie groß seine Liebe zu Indien und zum indischen Volk auch sein mag."[36] Zugleich setzte er durch seine von der indischen Tradition geprägte christliche Lebensweise ein Beispiel für seine Mitmenschen, das es ihnen sehr viel leichter machte, selbst den Wegen Christi zu folgen.

Wenn wir die Dimension des beispielhaften Vorlebens ausführlich beleuchten, gerät ein weiterer Aspekt der Mentormethode Jesu ins Blickfeld, die einer näheren Betrachtung bedarf. Bei unserer bisherigen Untersuchung haben wir festgestellt, daß der Meister bei der Schulung der Zwölf sehr viel mehr Wert auf die Charakterformung als auf die Entwicklung von Fertigkeiten legte. Paulus hatte offensichtlich dieselbe Ausrichtung. Die Voraussetzungen für einen geistlichen Leiter zum Beispiel, die in 1 Timotheus 3:2-7 aufgeführt werden, betreffen in erster Linie den Bereich des Charakters, nur ein Aspekt bezieht sich auf eine Gabe (die Fähigkeit, zu lehren, V. 2). Da es die Absicht des Herrn Jesus war, daß seine Jünger nicht nur als Zeugen seiner Taten und Gedanken, sondern besonders auch als Zeugen seines Charakters auftreten sollten, war ihr Heranreifen in diesem Bereich eine unabdingbare Notwendigkeit. Die wichtigste Methode zur Erreichung dieses Ziels war das Vorleben. **Wenn man sich auf ein beispielhaftes Vorleben konzentriert, so verlagert sich der Schwerpunkt des Einflusses eines Leiters von der Vermittlung auf das Sein**. Diese Erkenntnis ist von entscheidender Wichtigkeit.

Der Charakter eines Menschen hat größere Auswirkungen als seine Worte, denn die Art seines Seins prägt die Art, wie er etwas vermittelt. Eine Gott wohlgefällige Persönlichkeit ist eine bessere Qualifikation für den geistlichen Dienst als herausragende Begabung. Samuel L. Brengle unterstrich diese Tatsache auf folgende Weise:

> „Wenn Gott nach einem Menschen sucht, der in Seinem Weinberg arbeiten soll, fragt Er nicht: ‚Hat er große natürliche Fähigkeiten? Hat er eine gute Ausbildung? Kann er gut singen? Ist er wortgewandt beim Beten? Kann er gut reden?'
>
> Er fragt vielmehr: ‚Ist sein Herz ungeteilt bei mir? Ist er heilig? Hat er große Liebe? Ist er bereit, im Glauben und nicht im Schauen zu leben? Liebt er mich so sehr und hat er ein so großes kindliches Vertrauen in meine Liebe zu ihm, daß er mir vertraut, ihn zu gebrauchen, selbst wenn er kein Anzeichen dafür erkennen kann, daß ich ihn *tatsächlich* gebrauche? Wird er verzagt und mutlos, wenn ich ihn korrigiere und zurüsten will, so daß er noch mehr gebraucht werden kann? Oder ruft er wie Hiob: ‚Auch wenn er mich schlägt, will ich ihm ver-

> trauen.'? Forscht er in meinem Wort, und ‚sinnt darüber Tag und Nacht, um zu tun nach allem, was darin geschrieben steht.'? Wartet er vor mir auf meinen Rat und sucht er in allen Dingen, von meinem Geist geleitet zu werden?"[37]

Nicht alle Christen sind gleichermaßen begabt, doch alle können zu einem Gott wohlgefälligen Leben heranreifen. Nicht jeder Leiter ist begabt oder geschult, ein guter Vermittler zu sein, doch von jedem wird erwartet, mit seinem Leben ein christusähnliches Zeugnis zu geben. Es ist der Bote und nicht die Botschaft, die die Menschen am meisten beeindruckt. **Letzten Endes wird die Erfüllung des Missionsbefehls nicht so sehr von ausgefeilten Strategien in der Verkündigung abhängen, sondern von einer christusähnlichen Lebensführung der Boten auf dem Missionsfeld**. Die Erfahrung von James Chalmers auf den Pazifischen Inseln im letzten Jahrhundert bestätigt diese Sicht:

> „Nicht in erster Linie die Predigt, sondern die Lebensführung beeindruckt die Eingeborenen. Wir gewinnen das Herz der Wilden dadurch, daß wir ein frommes Leben führen, danach streben, in den Fußtapfen dessen zu gehen, der kam, um die Liebe des Vaters sichtbar zu machen; nur dadurch können wir die einzelnen dahin führen, daß sie zu einem neuen Menschen in Christus werden."[38]

Für Menschen aus dem Westen ist es besonders schwierig, dem Charakter dieselbe vorrangige Bedeutung zu geben, wie es Jesus in seinem Vorgehen als Mentor tat. Denn in ihrer Kultur hat das Tun eine größere Bedeutung als das Sein. Dadurch besteht die Gefahr, daß sich der **Irrtum des Managements** in die Heranbildung christlicher Leiter einschleicht[39], das heißt, unter der Überschrift „geistliche Leiterschaftsschulung“ beschäftigt man sich vorwiegend mit thematischen Fragen – wie zum Beispiel Prioritäten setzen, der effektive Gebrauch der Zeit, Vorgänge der Entscheidungsfindung, umsichtige Planung, Prinzipien des Delegierens. Alles das sind reine Managementfragen.[40] Ein solches Vorgehen lenkt vom Eigentlichen ab und ist in mehrerer Hinsicht irreführend.

Erstens blendet es die vorrangige Bedeutung des Charakters aus, die Christus durch sein Vorbild hervorgehoben hat. Zweitens besteht die Gefahr, weniger Aufmerksamkeit auf die geistliche Verfassung des Menschen zu legen und vor allem die äußere Struktur und Organisation zu beachten, innerhalb derer er sich bewegt. Es ist ein risikoreiches Unternehmen, Menschen in eine Position zu setzen, die sie von ihrer Reife her nicht ausfüllen können, und ihnen größere Verantwortung und Vollmacht zu übertragen, als sie handhaben können. Im Unterschied zu einem Manager hängt der Einfluß eines geistlichen Leiters nicht in erster Linie von seiner Position ab, sondern von seiner Persönlichkeit. Drittens, es kann die falsche Vorstellung entstehen, daß mangelnde Charakterstärke durch breiteres Wissen und größere Fachkenntnis ausgeglichen werden könnte. In Wirklichkeit jedoch **neigen Menschen eher dazu, ihr Vertrauen auf den Charakter als auf die Fachkompetenz ihres Leiters zu setzen**. Viertens darf man nicht übersehen, daß der oben genannte Irrtum schnell dazu führt, daß es an echtem Interesse am Wohlergehen der Menschen fehlt, die einem Leiter anvertraut sind. Doch gerade das ist von großer Bedeutung, und auch diesen Punkt hat der Herr Jesus durch sein eigenes Beispiel hervorgehoben.

Ohne Frage wird unser Leiterschaftskonzept unsere Leitungspraxis bestimmen. In der Weise, wie wir leiten, wird zutage treten, ob es uns mehr um die Erfüllung von Aufgaben und um Effektivität geht, oder ob wir unser Augenmerk mehr auf Menschen und Charakterformung legen. Um vor falschen Wegen geschützt zu sein, müssen wir uns mehr und mehr das ausgewogene Modell unseres Meisters aneignen. Dieser kümmerte sich einerseits von ganzem Herzen wie ein Hirte um die ihm anvertrauten Menschen, zur gleichen Zeit war sein Dienst jedoch von höchster Qualität gekennzeichnet.

Integrität ist der Hauptbestandteil eines vorbildlichen christlichen Lebens. R. J. Clinton beurteilte es so: „Integrität ist der Kern des Charakters.“ [41] C. R. Padilla unterstrich: „Integrität ist in der Mission nicht der Beliebigkeit anheimgestellt, sondern hat etwas mit Treue gegenüber Jesus Christus zu tun, dem Herrn des ganzen Lebens.“ [42] Christus selbst führte ein Leben der Integrität (Mt 22:16, siehe auch Joh 8:46, 14:30). Und jeder, der in Anspruch nimmt, sein Zeuge und Vertreter zu sein, muß gleicherweise nach Integrität streben.

In der Bibel finden wir viele Anweisungen zu diesem Thema. Sie lehrt uns die Grundsätze der Integrität (siehe z.B. Ps 25:21, 41:12, Pred 10:9, 11:3, Röm 2:17-23), berichtet von Menschen, denen es an Integrität fehlte (z.B. Jos 7:20,21, 2 Kön 5:20-27, 2 Sam 20:8-10), zeigt auf, wie Menschen in diesem Bereich geprüft wurden (z.B. Gen 39:6-10, Hiob 2:3-6, Dan 1:8-16) und lobt einzelne für ihre Integrität (z.B. 1 Sam 12:2-5, Jer 35:6-19, Hes 14:14). In diesem Zusammenhang wird besonders David als Beispiel hervorgehoben (z.B. 1 Kön 9:4, Ps 78:72), und in Psalm 101 gibt uns der „Mann nach dem Herzen Gottes“ (siehe Apg 13:22) Einblick, wie er ständig danach strebte, ein Leben der Integrität zu führen:

> Ich handle umsichtig und redlich, daß du mögest zu mir kommen; ich wandle mit redlichem Herzen in meinem Hause. Ich nehme mir keine böse Sache vor; ich hasse den Überteter und lasse ihn nicht bei mir bleiben.
>
> Ein falsches Herz muß von mir weichen. Den Bösen kann ich nicht leiden.

> Wer seinen Nächsten heimlich verleumdet, den bring ich zum Schweigen. Ich mag den nicht, der stolze Gebärde und hoffärtige Art hat.
>
> Meine Augen sehen nach den Treuen im Lande, daß sie bei mir wohnen; ich habe gerne fromme Diener.
>
> Falsche Leute dürfen in meinem Hause nicht bleiben, die Lügner gedeihen nicht bei mir.
>
> Jeden Morgen bring ich zum Schweigen alle Gottlosen im Lande, daß ich alle Übeltäter ausrotte aus der Stadt des Herrn. (Ps 101:2-8)

Integrität könnte man vielleicht als das Einssein von innerem und äußerem Leben beschreiben, Übereinstimmung zwischen der inneren Haltung und der äußeren Handlung. Integrität besteht vor allem aus Reinheit, Aufrichtigkeit und Beständigkeit. Menschen mit Integrität werden Heuchelei meiden, Voreingenommenheit und heimliche Pläne, listiges Vorgehen und zweifelhafte Machenschaften im finanziellen Bereich. Sie halten ihr Wort und erfüllen ihre Pflichten, sie rechtfertigen weder ihr eigenes Versagen und ihre Schuld noch nutzen sie die Fehler anderer aus. **Wahre Integrität umfaßt alle Bereiche des Lebens, sie leuchtet durch alle Haltungen, Worte und Taten zu allen Zeiten und an allen Orten hindurch**. Die eigentliche Prüfung der Integrität ist die Frage, was wir sind und tun, wenn uns niemand sieht.

Wenn wir fragen, welche Art von Charakter nötig ist, um Menschen für Gott zu gewinnen, ist das Merkmal der Integrität sicherlich die beste Zusammenfassung. Ein starker Einfluß als Zeuge und Leiter ist im wesentlichen abhängig von Glaubwürdigkeit; Glaubwürdigkeit hingegen wird durch Integrität erreicht. Fehlende Integrität bei einem Christen verhindert diese Wirkung. Es ist wie bei einer Glocke, die einen Riß hat, sie kann nicht richtig klingen.[43] G. Hartis erklärte: „Dienst ist das Kielwasser, das wir hinterlassen, während wir Jesus folgen."[44] Der beste und letztlich einzige Weg, um ein angemessenes, beispielhaftes Zeugnis und Leitungsmodell für die Menschen in unserer Umgebung darzustellen, besteht darin, daß wir es uns zum obersten Ziel machen, dem Vorbild unseres Meisters nachzueifern (siehe Joh 21:19,22).

5.3 Die Dimension der Angleichung an die Umgebung

Wenn die Heranbildung von Leitern in einer fremden Kultur von Erfolg gekrönt sein soll, muß man nicht nur die Frage der Verbundenheit und des beispielhaften Vorlebens in Betracht ziehen, sondern auch die Dimension der Angleichung an das Umfeld [Kontextualisierung] (englisch: contextualization). Der Begriff „contextualization" wurde 1972 von S. Coe und A. Sapeszian eingeführt[45] und ist seither mit vielen Bedeutungsinhalten gefüllt worden. Es sprengt jedoch den Rahmen der vorliegenden Untersuchung, einem so umfassenden Thema gerecht werden zu können. Trotzdem soll der Versuch unternommen werden, in groben Zügen einige wesentliche Aspekte dieser Frage darzustellen, die für die Mentoraufgabe über kulturelle Grenzen hinweg von besonderer Bedeutung sind.

Nach A.R. Tippett „schließt die Angleichung an die Umgebung nicht nur die kulturellen Formen der Vergangenheit ein, sondern auch die politische und soziologische Situation der Gegenwart sowie Aspekte der Akkulturation; es geht um die Herausforderung, daß diese Gegebenheiten bei der Verkündigung ernst genommen werden."[46] **Angleichung an die Umgebung bedeutet konkreter ausgedrückt, die Botschaft so darzustellen, daß sie für die jeweilige Kultur von Bedeutung ist, einen Sinn ergibt und annehmbar ist, es bedeutet, die Botschaft an die Kultur der Empfänger anzupassen**. Angleichung an die Umgebung im Hinblick auf die Heranbildung von Leitern bedeutet, daß der jeweilige Inhalt so vermittelt wird, daß er in der jeweiligen Kultur umgesetzt werden kann. Er muß den Einheimischen in ihren Begriffen verständlich gemacht werden, muß in einem nationalen Gewand erscheinen.

Da Weltanschauungen und Denkmuster von der jeweiligen Kultur geprägt sind, verstehen und deuten Menschen neu empfangene Informationen innerhalb des Bezugsrahmens, der in ihrer Heimatkultur bereits vorhanden ist. Gott hat eine Fülle von verschiedenen Kulturen geschaffen und im Missionsbefehl erklärt, daß jede einzelne dieser Kulturen Ziel des evangelistischen Zeugnisses sein soll. **Sowohl die unvergleichliche Botschaft der Erlösung als auch die Würde der Menschen**, die erreicht werden sollen, erfordert äußerstes Bemühen bei der Angleichung an die Kultur.

Wenn wir in diesem Bereich versagen, bleibt unsere Darstellung der Botschaft nur an der Oberfläche. Unser Zeugnis ist unverständlich und deshalb nicht überzeugend. Ebensowenig wird weder das Herz der Menschen berührt, noch geschehen größere Veränderungen im Leben der Menschen. Die biblische Wahrheit muß an die Umgebung angeglichen werden, wenn die der Wahrheit innewohnende Kraft das ganze Sein der Hörer grundlegend beeinflussen soll. D.S. Mwakanandi schrieb: „Das oberste Ziel der Angleichung an die Umgebung ist eine umfassende Inkarnation des Christentums in die aktuelle Lebenssituation der Menschen."[47] Angemessene Angleichung an die Umgebung erkundet Möglichkeiten und eröffnet Wege, so daß Jesus Christus Einfluß auf die betreffende Kultur nehmen kann. Bei allen Bemühungen in dieser Richtung **lautet daher die Schlüsselfrage: „Was würde der Herr Jesus tun, wenn er in diesem konkreten kulturellen Umfeld wäre?"**[48]

Ohne Frage gibt es bei den Erwägungen über die Angleichung an die Umgebung auch Gefahrenzonen. Eine gefährliche Tendenz besteht darin, zu meinen, die Angleichung an die Umgebung sei irgendwann abgeschlossen. In

Wirklichkeit jedoch handelt es sich um einen fortlaufenden Prozeß, da Kultur als solche einer beständigen Veränderung unterworfen ist. A.F. Glasser deutete auf ein weiteres Problem hin, als er die Warnung aussprach: „Die Tragik heute besteht darin, daß einige begeisterte Vertreter des Konzepts der Kontextualisierung praktisch den Inhalt dessen vergessen, was sie angleichen wollen, und nur noch auf die Umgebung achten.“ [49] Eine weitere Gefahr liegt darin, der Angleichung an die Umgebung eine zu hohe Bedeutung beizumessen. Zugegebenermaßen ist sie sehr wichtig, doch reicht dieses Bemühen allein noch nicht aus. Damit einer Botschaft wirklich Beachtung geschenkt wird, muß sie nicht nur an die jeweilige Kultur angepaßt werden, sondern es muß auch eine solide Beziehungsbasis bestehen. Andernfalls werden die Zuhörer der Botschaft nicht ihr Herz öffnen. Außerdem kann Versagen in der Angleichung der Botschaft an die Umgebung niemals Gottes reiche Möglichkeiten aufheben, um sich Menschen mitzuteilen. Unabhängig von den Begrenzungen der Menschen kann er souverän wirken und sich über alle Erwartungen hinaus offenbaren – und, wie wir im Falle Sádhu Sundar Singhs gesehen haben, kann Gott dies nicht nur tun, sondern tut es auch.

Um den Prozeß der Angleichung an die Umgebung zu erleichtern und umsichtig dabei vorzugehen, ist es unumgänglich, so viel Informationen wie möglich über die betreffende Kultur zu sammeln. Ebenso ist es unverzichtbar, demütig zu sein, die neue Kultur mit Achtung zu betrachten und von einer lernbereiten Haltung auszugehen. Wir müssen uns dorthin begeben, wo die Menschen sind, ihnen viel und aufmerksam zuhören, eifrig ihre Sprache lernen und ihnen Fragen stellen, die das Gespräch anregen. **Wir müssen Informationskanäle anzapfen, die erfolgversprechend sind**, wie zum Beispiel Traditionen, Bräuche und Zeremonien, Kunst, Musik, Tanz und Theater, Erzählungen, Legenden, Reime und Sprichwörter. Wir sollten ihre Geschichte erkunden, ihre Glaubensvorstellungen untersuchen, ihre politischen und sozialen Gegebenheiten analysieren und herausfinden, was ihnen Freude macht, was sie verabscheuen, was ihnen vertraut ist und wovor sie Angst haben.

Wenn wir die Gegebenheiten in dieser Weise erforschen, tun wir gut daran, uns die Relativität aller Kulturen vor Augen zu halten, einschließlich unserer eigenen. Unsere eigene kulturelle Prägung macht es uns schwer, die fremde Kultur ohne weiteres zu übernehmen. Vor diesem Hintergrund erscheint es um so notwendiger, solide Beziehungen mit Einheimischen aufzubauen, damit diese unseren Einblick in die Dimensionen ihrer Kultur weiter vertiefen können. Ihre „Insider"-Information wird dringend benötigt, um unsere Beobachtungen von außen zu ergänzen und zu korrigieren. Nur auf diese Weise können wir einerseits immer besser verstehen, wie die Einheimischen denken, wahrnehmen, beurteilen und fühlen, und andererseits Fehlannahmen und Fehlvorstellungen auf unserer Seite entdecken. Ein derartiger **Beziehungs-Brückenkopf**, der sich auf gegenseitige Offenheit gründet, kann uns auch davor schützen, die Muster unserer eigenen, ausländischen Kultur den Einheimischen aufzuzwingen und Antworten auf Fragen anzubieten, die für die Einheimischen zunächst einmal gar kein Problem darstellen.

Trotz aller Hingabe und Bemühungen unsererseits wird eine solche Anpassung an die neue Kultur immer nur eine Annäherung bleiben, selbst wenn wir eine bikulturelle Persönlichkeit entwickeln. Deshalb ist die Heranziehung von und die Zusammenarbeit mit willigen und kompetenten Einheimischen immer ein entscheidender Faktor, um die Botschaft, die wir bringen, zu „akklimatisieren". Diese horizontale Verbindung muß jedoch mit einer vertikalen Perspektive verbunden werden, nämlich mit Gebet und der Bitte um Gottes Weisheit und Beistand. Der Missionar ist davon abhängig, daß Gott ihm ein Gespür dafür schenkt, in welcher Weise Gott bereits in der jeweiligen Umgebung gewirkt hat. Gott muß dem Missionar Schlüsselpersonen zeigen, die er bereits vorbereitet hat, um als Brückenbauer über die kulturellen Grenzen hinweg zu dienen. Gott muß dem Missionar helfen, kulturelle Elemente zu entdecken, deren Einsatz eine erfolgreiche Kommunikation erleichtert. **Die Angleichung biblischer Inhalte an die kulturelle Umgebung erfordert mehr als nur intellektuelle Arbeit; das Ziel ist, mit Gottes Hilfe einen Schlüssel herauszuarbeiten, der das Herz der Menschen aufschließt und ihnen hilft, die Wahrheit Gottes anzunehmen**. C.R. Padilla faßte es wie folgt zusammen: „Letzten Endes ist die Anpassung des Evangeliums an die Umgebung nicht das Werk von Menschen, sondern Gottes Werk.“ [50]

Missionare, die den Wunsch haben, über kulturelle Grenzen hinweg Leiter zu schulen, müssen folgendes bedenken: Sie stehen vor der Herausfordung, diesen Dienst in einer Weise auszuführen, der mit der Kultur der Empfänger in Übereinstimmung steht. Wenn sie als wahre Diener arbeiten und ihre Vorgehensweise der neuen Kultur anpassen wollen, werden sie feststellen, daß Strukturen und Schulungsmuster, die bereits in dem betreffenden kulturellen Umfeld vorhanden sind, einen äußerst fruchtbaren Boden zur Heranbildung christlicher Leiter darstellen – vorausgesetzt natürlich, daß sie nicht sündhaft sind. Wenn man diese Angelpunkte der einheimischen Kultur ausnutzt, wird der Übertragungsprozeß zusätzlich verstärkt; das natürliche Interesse der Adressaten wird geweckt, und der Weg wird geebnet, daß die Einheimischen aufrichtig und auf ihre eigene Weise auf das Wirken des Heiligen Geistes in ihrer Mitte antworten können.

Wenn man diese katalytische Funktion angemessen erfüllen will, braucht man die Bereitschaft, die eigenen kulturellen Besonderheiten fallen zu lassen. Als Beispiel eines solchen Katalysators sei Philippus in Apostelgeschichte 8:31-35 genannt. Es droht die Gefahr, die große kulturelle

Vielfalt, die Gott geschaffen hat, durch eine uniforme Schulungsmethode einzuebnen. Diese Gefahr kann nur dadurch abgewehrt werden, daß man **sich bewußt darum müht, sich von westlichen Vorstellungen zu lösen**. Programme zum Beispiel, die für Situationen in Ländern der Zwei- Drittel-Welt entworfen wurden, müssen neu gestaltet werden; dabei muß mehr Wert auf Beziehungen als auf die Erfüllung von Aufgaben gelegt werden; es muß weniger um Managementfragen gehen, und die Ausrichtung darf nicht so akademisch sein wie bei Programmen, die man für westliche Länder entwickelt.

Ein aufmerksamer Leiter, der andere schulen will, wird bei seiner Suche nach kulturellen Schlüsseln insbesondere zwei Quellen benutzen, die ihm wertvolle Einsichten liefern, und zwar erstens **die bestehenden sozialen Strukturen**. Es liegt auf der Hand, daß sich hierbei die Situation in einer Stadt beachtlich von einer ländlichen Situation unterscheidet. Ebenso spielen Untergruppen wie Stämme, Clans, Kasten oder Großfamilien eine entscheidende Rolle. Für einen Mentor ist es von unschätzbarem Wert, wenn er herausfinden kann, wie in der jeweiligen Kultur Leiter ausgewählt werden und welche Funktion sie innehaben:

Was erwartet die Gemeinschaft
von einem Leiter?
Welche Qualitäten werden als wünschenswert
oder unverzichtbar für einen Leiter angesehen?
Gibt es ein besonderes Auswahlverfahren?
Herrscht ein bestimmter Leitungsstil vor?
Wie werden potentielle Leiter zugerüstet?
Wird die Gemeinschaft
von einem einzelnen Leiter oder
einer Gruppe von Leitern geführt?
Werden Entscheidungen von einem einzelnen
Leiter getroffen, oder sind sie von der
Zustimmung einer Gruppe abhängig?

In manchen Teilen Afrikas kann ein Mann zum Beispiel nur dann zum Leiter werden, wenn er eine Familie hat und dieser gut vorsteht. In der Thai-Gesellschaft wird ein Mann nur dann als Leiter anerkannt, wenn er eine gewisse Reife und ein bestimmtes Alter hat. In beiden Fällen würde man nicht viel Erfolg haben, wenn man sich bei der Heranbildung von Leitern vornehmlich auf junge Leute konzentrieren würde. Ein weiterer schwieriger Punkt ist der westliche Individualismus. Für etliche Menschen aus der Zwei-Drittel-Welt könnte er ernsthafte Konflikte auslösen, da viele in ihrer Einstellung von einem gemeinschaftlichen Leben geprägt wurden; sie erwarten, von ihren Oberhäuptern Weisung zu bekommen und sind daran gewöhnt, daß Entscheidungen von der ganzen Gemeinschaft getroffen werden. Zögern wir, die Erklärung eines Dorfhäuptlings, daß alle seine Leute Christen werden wollen, für wahr zu halten?[51] War die Bekehrung ganzer Familien zu Christus nicht in der Zeit der Urkirche ein recht verbreitetes Phänomen (siehe Apg 11:14, 16:15, 16:31-34, 1 Kor 1:16)?

Wenn wir bei unserem Vorgehen vorhandene Muster der Leiterschaft übernehmen, wenn wir **mit dem Strom der jeweiligen Vorstellungen von Leiterschaft schwimmen und nicht gegen ihn** – Vorstellungen, die den Menschen vertraut sind, die für sie eine Berechtigung haben und deshalb glaubwürdig sind –, dann können wir sicher sein, daß die Einheimischen unsere Versuche, in der uns fremden Kultur Leiter heranzubilden, weder für bedeutungslos erachten noch daran Anstoß nehmen. Zudem kann man großen Nutzen daraus ziehen, wenn man sich **vorwiegend auf Personen konzentriert, die bereits die Achtung und das Vertrauen ihres Volkes genießen** (siehe Deut 1:15, Jer 30:21). John Dekkers Arbeit unter den Dani liefert uns ein eindrucksvolles Beispiel dafür.[52] Als John, der 1960 in Neu Guinea eintraf, spürte, daß die Zeit gekommen war, um Leiter heranzubilden, wählte er eine Strategie, die bereits von anderen Missionaren auf Irian Jaya erfolgreich angewandt worden war.

Einer Gruppe von Danis, die sich aufgemacht hatte, ihn zu besuchen, erklärte er: „Geht nach Hause in eure Dörfer und benennt Abgesandte, die vier Tage pro Woche kommen wollen, um in einer Schule unterrichtet zu werden. Ihr sollt Leiter auswählen, die den Wunsch haben, Gottes Worte zu hören und zu befolgen.“[53] Die Danis wählten tatsächlich fünfzehn Abgesandte aus; einige von ihnen waren noch Jugendliche, der älteste war über vierzig Jahre alt. Was John in der Schule lehrte, wiederholten die Männer, lernten es auswendig und diskutierten darüber. Freitags kehrten sie in ihre Dörfer zurück und unterwiesen nun ihrerseits ihre Familien und Freunde. Um zu vermeiden, daß sich falsche Lehren verbreiteten, unternahm John gelegentlich Besuche in den Dörfern der Männer. Im Laufe der Zeit erreichte auf diese Weise die Lehre, die ursprünglich in der Schule verkündigt worden war, Hunderte von Menschen.

Die zweite Quelle, aus der hilfreiche Schlüsse gezogen werden können, sind die verschiedenen **Lehrmethoden der Einheimischen**, wie sie in der jeweiligen Kultur vorzufinden sind. In der westlichen Hemisphäre liegt eine starke Betonung auf offizieller (institutionalisierter) Schulung; in vielen Gesellschaften der Zwei-Drittel-Welt hingegen sind **nicht-institutionalisierte (auf Beziehungen beruhende) Formen der Schulung** nach wie vor weit verbreitet. Diese Formen waren auch zu alttestamentlichen Zeiten üblich (sieh z.B. Deut 32:7, 1 Chr 25:6-8, Ps 78:2-6) und – wie wir bereits gesehen haben – spielten ebenso zur Zeit Jesu eine vorrangige Rolle. Ähnliches finden wir in Afrika. Dort werden Bereiche wie Handel, Handwerk, Brauchtum und Volkskunst meistens in nicht-institutionalisierter Art weitergegeben; bei der Weitergabe von fachlichem Können geschieht es in der Art einer Lehrzeit, auf Gemeinschaftsebene durch Initiationsriten[54], und auf der Ebene der Familie dadurch, daß die Älteren die Jüngeren lehren.

Wenn wir zudem **anerkannte Kommunikationsmittel** einsetzen, wie Legenden, Erzählungen, Gleichnisse, Sprichwörter und Lieder, kann es unsere Bemühungen, sich an das fremde kulturelle Umfeld anzugleichen, sehr fördern. Das alte Basotho-Sprichwort zum Beispiel, „Ein guter Fürst entzündet seinem Volk das Feuer“ [55], eignet sich als idealer Ausgangspunkt, um über Demut und Dienen zu lehren. Lieder sind ganz besonders wertvoll, um biblische Wahrheiten zu verbreiten und einzuprägen. Das haben zum Beispiel auch Dekker und der kolumbianische Gemeindegründer Victor Landero erfahren.[56] Die westliche Tendenz der Unterweisung durch literarische Mittel darf uns nicht blind machen für die Tatsache, daß der Herr Jesus eindeutig der mündlichen Unterweisung den Vorrang gab. Ein Umfeld, in dem Analphabetismus vorherrscht, zwingt sowieso zu dieser Vorgehensweise. Vor allem jedoch ist es wichtig, immer wieder daran zu erinnern, daß der entscheidende Einfluß bei der Heranbildung von Leitern in erster Linie einer nicht-verbalen Quelle entspringt, nämlich dem beispielhaften Vorleben.

An dieser Stelle sollen einige praktische Hinweise genannt werden, die denen helfen können, die aktiv in der Schulung nicht-westlicher Christen stehen. Es ist sinnvoll, eine einfache, klare Sprache zu verwenden. Man sollte nicht in erster Linie Vorlesungen halten, sondern vielmehr zu Fragen, Gesprächen und Diskussionen anregen. Es ist gut, viele Beispiele aus den Alltagserfahrungen und der Natur heranzuziehen, visuelle Hilfsmittel einzusetzen, wiederholt über zentrale Wahrheiten zu lehren, Auswendiglernen anzuregen, und wenn angebracht, sollte man einfaches Material zum Nacharbeiten verteilen und die Zuhörer auffordern, das Gehörte anzuwenden und es anderen weiterzugeben.

Gott selbst hielt es für gut, die Menschen in einer Art zu erreichen, die ihrer Kultur angeglichen war. Durch die Inkarnation identifizierte sich sein Sohn mit den Menschen. Jesus übernahm die jüdische Kultur so umfassend, daß seine Göttlichkeit für die meisten seiner Zeitgenossen verborgen blieb. Manche hielten ihn für einen Zimmermann

(Mk 6:3), andere für einen Lehrer (Joh 3:2), einen Propheten (Joh 4:19), einen Gärtner (Joh 20:15) oder einen zeitweiligen Reisegefährten (siehe Lk 24:13-18). Wenn Jesus mit einzelnen Menschen sprach, baute er ganz bewußt eine Brücke zu ihrer jeweiligen Denkweise, wie etwa im Fall von Nikodemus (Joh 3:1-21) und der Samariterin (Joh 4:4-26). Er übernahm die traditionelle Rolle eines Rabbis, für den es üblich war, in der Synagoge oder auf dem Tempelgelände zu lehren und eine Gruppe von Jüngern um sich zu sammeln. Um die Jünger zu geistlichen Leitern heranzubilden, wählte Jesus die in Israel übliche Methode der Gemeinschaft. Zur Verwirklichung seiner Schulungsabsichten zog er sich mit den Jüngern nicht an einen abgeschiedenen Ort zurück; die Zurüstung fand ganz bewußt inmitten des normalen jüdischen Alltagslebens statt.

Jesus paßte seine Lebensweise und sein Wirken seiner Umgebung an, er wurde den Juden ein Jude. Dadurch zeigte er in unübertrefflicher Weise, wie seine Zeugen **die Wahrheit in ihrem Leben darstellen sollen, nämlich in einer Art, die nicht kulturelle Barrieren aufkommen läßt, sondern vielmehr Glaubwürdigkeit weckt und dadurch das Herz der Menschen für Gott gewinnt**. Auch der Apostel Paulus verfolgte in seinem Dienst das Anliegen, sich an die jeweilige Umgebung anzupassen; damit folgte er dem Vorgehen seines Meisters. Sichtbar wird das sowohl im Zeugnis von Paulus (siehe 1 Kor 9:19-23) als auch in seiner Missionspraxis (siehe z.B. Apg 13:14-41, 17:22-31).

Um die Bedeutung der Angleichung an die Umgebung bei der Heranbildung von Leitern in einer fremden Kultur noch besser zu verstehen, ist es hilfreich, das Konzept der **dynamischen Äquivalenz** zu betrachten. Es wurde ursprünglich im Bereich der Übersetzungstheorie entwickelt. Wenn man die Bibel wörtlich auf der Grundlage der formalen Übereinstimmung übersetzt, kann dabei die wahre Bedeutung durchaus mißverständlich formuliert werden. Der Willowbank Report[57] rät: „In solchen Fällen besteht der bessere Weg darin, nach einem Ausdruck in der fremden Sprache zu suchen, der einen ähnlichen Eindruck auf die Hörer macht wie der Begriff in der Originalsprache. Das kann bedeuten, daß man die Form ändern muß, um den Sinn zu erhalten. Man nennt es ‚dynamische Äquivalenz'." Bei einer Übersetzung, in der man das Konzept der dynamischen Äquivalenz anwendet, wird der Form eine untergeordnete Bedeutung zugemessen, die Funktion hingegen vorrangig beachtet. Um die Wahrung des Inhalts zu gewährleisten, muß man in aller Freiheit kulturell passende Ausdrücke auswählen; nur so kann man in dem Hörer dieselbe Reaktion erzielen, wie sie im Original beabsichtigt ist.

Ellis Deibler, Missionar in Papua-Neuguinea, arbeitete an einer Übersetzung von 1 Korinther 5:6 in die Gahuku-Sprache: „...Wißt ihr nicht, daß ein wenig Sauerteig den ganzen Teig durchsäuert?" Durch seinen Sprachhelfer erfuhr er, daß die Einheimischen weder Sauerteig noch gebackenes Brot kannten. Um die biblische Bedeutung vermitteln zu können, mußte er folglich statt „Sauerteig" „Galle" einsetzen.[58] Larry Clark, der in Barasano in Kolumbien arbeitet, mußte bei der Übersetzung von Lukas 11:11 „Schlange" durch „Aal" ersetzen. Bei den Einheimischen war es nämlich üblich, daß Eltern ihren Kindern Schlangen zum Essen gaben; sie waren ein begehrtes Geschenk.[59]

Ähnlich wie bei der Bibelübersetzung ist es auch bei der Evangelisation in einer fremden Kultur möglich, die Bedeutung der dynamischen Äquivalenz zu übersehen. Missionare der Vergangenheit haben häufig, bewußt oder unbewußt, das Konzept der formalen Übereinstimmung vertreten. Die Architektur der Kirchengebäude zum Beispiel war europäischen Ursprungs, ebenso die importierten Musikinstrumente, die Gottesdienstordnung und Liturgie, die Choräle, die in die Landessprache übersetzt wurden. Von den Einheimischen wurde erwartet, sich europäisch zu kleiden, wenn sie zum Gottesdienst kamen. Dadurch entstand der Eindruck, daß äußerliche Übereinstimmung ein wesentliches Element des christlichen Glaubens sei, eine irrtümliche Annahme, die bereits einhellig durch das Apostelkonzil in Jerusalem verworfen wurde (Apg 15:1-31, besonders V. 10,19,28). Die verhängnisvolle Tendenz, Einheimische mit nebensächlichen Fragen zu beschweren und damit eine kulturelle Disharmonie auszulösen, hat bis zum heutigen Tag negative Auswirkungen. David H. Adeney analysierte zutreffend: „Die gedankliche Identifikation des Christentums mit einer westlichen Kultur ist eines der größten Hindernisse bei der Entstehung einer einheimischen christlichen Kirche in nationalem Gewand.“[60] Welche Bedeutung hat das Konzept der dynamischen Äquivalenz für die Mentoraufgabe in einer fremden Kultur?

Viele gutgemeinte Schulungsbemühungen, die von westlichen Christen initiiert wurden, haben sich als erfolglos herausgestellt. Der Grund dafür liegt darin, daß sie in der Praxis auf formale Übereinstimmung abzielten und das Element der dynamischen Äquivalenz außer acht ließen. Unglücklicherweise hat man häufig mehr darauf geachtet, daß bestimmte Programme institutionalisiert wurden, anstatt sich darum zu bemühen, sie der jeweiligen Umgebung anzupassen. In den Fällen, wo man bei der gewählten Vorgehensweise der Angleichung an die einheimische Kultur nur wenig Beachtung geschenkt hat, haben die Einheimischen zwar teilweise das westliche Gedankengut und bestimmte Handlungsweisen übernommen, doch waren sie in den wesentlichen Punkten nicht darauf vorbereitet, mit den konkreten Herausforderungen fertig zu werden, die ein geistlicher Leiter in ihrer speziellen kulturellen Umgebung zu meistern hat.

Sinnvolle Angleichung an die Umgebung hingegen erleichert dynamische Äquivalenz. Das bewirkt, daß **die kulturübergreifenden Aspekte des Vorbilds Jesu Christi als Mentor in die jeweilige einheimische Kulturvorstellung eingepflanzt werden. Dadurch kann der Leiter ein ähn-**

liches Maß an Einfluß auf die Einheimischen gewinnen, wie ihn Jesus auf seine Jünger ausübte. Ein hohes Ziel? Ja, in der Tat, doch Jesus hat uns sein Vorbild gegeben, und der Heilige Geist befähigt uns, von ganzem Herzen diesem Vorbild zu folgen. Die beständige Gemeinschaft des Meisters durch den Parakleten ist eine unerschöpfliche Quelle, und nur dadurch kann der Auftrag, alle Völker zu Jüngern zu machen, erfüllt werden (siehe Mt 28:19). Wenn der Herr uns diesen Auftrag gegeben hat, dürfen wir es dann wagen, seine Durchführbarkeit in Frage zu stellen?

V. K. Samuel wies einmal darauf hin, daß die Inkarnation Jesu Christi sowohl eine eindeutige kulturelle Prägung besaß sowie ausgesprochen kulturübergreifend war.[61] Einerseits identifizierte Christus sich mit der jüdischen Kultur, andererseits jedoch lebte er beispielhaft die kulturübergreifenden Werte des Reiches Gottes vor und verkündigte sie. Der Zeugendienst in einer fremden Kultur beinhaltet eine ähnliche Dualität. D. J. Hesselgrave erklärte: „... der Ursprung und die Wahrheit des christlichen Glaubens sind zwar kulturübergreifend, doch seine Anwendung ist kulturspezifisch."[62] Deshalb muß der Missionar **zwischen absoluten biblischen Werten und Normen einerseits und relativen kulturspezifischen Werten und Formen auf der anderen Seite unterscheiden**, zwischen unverzichtbaren Elementen des Inhalts einerseits und flexiblen Kommunikationselementen sowie Anwendungsformen andererseits.

Heranbildung von Leitern nach dem Vorbild Christi ist im wesentlichen eine Frage des Inhalts, der dann in einer Vielfalt von Formen vermittelt werden kann, und zwar in Formen, die in der jeweiligen Kultur akzeptabel sind.

Doch auch wenn man das Ziel der dynamischen Äquivalenz vor Augen hat, gibt es eine Reihe von kulturübergreifenden Inhalten, die in jedem Fall vorkommen sollten. Meiner Erkenntnis nach kann man diese in mindestens vier Kategorien einteilen, die unter anderem die folgenden Punkte enthalten sollten:

1. Axiome

   Verbundenheit
   Vorleben
   Angleichung an die Umgebung
   Integration
   Multiplikation
   Vermittlung

2. Haltungen

   Liebe
   Glaube
   Gehorsam
   Demut
   Dienstbereitschaft
   Hingabe

3. Merkmale

   Verantwortlichkeit
   Integrität
   Salbung
   Heiligkeit
   geistliche Autorität
   Vision

4. Handlungen

   Jesus folgen
   in Christus bleiben
   Gottes Wort anwenden
   beten
   Zeuge sein
   Jünger machen

Die erste Kategorie wird ausführlich im vorliegenden Kapitel behandelt, die übrigen Punkte sind im wesentlichen bereits im Lauf der vorausgegangenen Darstellung im Blickfeld gewesen. Um die kulturübergreifende Natur der oben aufgeführten Elemente zu verdeutlichen, soll es an dieser Stelle ausreichen, einen Aspekt noch einmal kurz zu beleuchten.

Von dem, der geistliche Leitungsverantwortung übernimmt, wird zum Beispiel erwartet, daß er eine Haltung des Dienens einnimmt und darin Vorbild ist. Das ist völlig unabhängig davon, ob in seiner speziellen Kultur ein mehr unterstützender, direktiver oder sogar autoritärer Leitungsstil üblich ist. Das Merkmal des Dienens hat der Herr Jesus in Markus 10:42-45 als unverzichtbares Element genannt. Er selbst verdeutlichte diese Haltung einmal dadurch, daß er seinen Jüngern die Füße wusch (Joh 13:4,5), wobei diese Form, von der kulturellen Prägung her gesehen, eher nebensächlich war. Ein christlicher Leiter unter den Basotho würde seine dienende Haltung dadurch zeigen, daß er seinen Freunden Stroh bringt, mit dem sie ihre Hütte flicken können. Ein Motilone würde Pfeile für seine Volksgenossen schnitzen, ein Dani ein Stück Land für ein Stammesmitglied roden, damit dieser dort Süßkartoffeln anbauen kann. **Die jeweilige kulturelle Form, in der sich das Dienen ausdrückt, ist von zweitrangiger Bedeutung. Wichtig allein ist, daß das beispielhafte Handeln eine ähnliche Reaktion bei den Nachfolgern hervorruft, wie es das Handeln Jesu bei den Zwölfen hervorgebracht hat.**

Die Gültigkeit der Mentormethode Jesu ist unabhängig von allen kulturellen Grenzen. Paulus wandte sie in allen Mittelmeerländern an, ungeachtet der sehr unterschiedlichen kulturellen Umfelder. Für uns heute lautet die Frage nicht, ob wir ein westliches Modell oder ein Modell der Zwei-Drittel-Welt bevorzugen. Vielmehr lautet die Frage, ob wir bereit sind, dem umfassenden Vorbild von Jesus wirklich zu folgen, in dem Wissen, daß „das entscheidende Kennzeichen eines Christen nicht seine Kultur, sondern seine Christusähnlichkeit sein sollte.“ [63] **Fragen im Blick auf die**

Kultur müssen im Licht der absoluten biblischen Normen geprüft und insbesondere auf dem Hintergrund des beispielhaften Lebens und Wirkens Christi beurteilt werden. D.S.Gilliland erklärte, welche Bedeutung die Angleichung an die Umgebung in diesem Beurteilungsprozeß spielt: „Bei der Angleichung an die Umgebung gilt es verschiedenes zu berücksichtigen: kulturelle Faktoren, die in Einklang mit dem Wort Gottes stehen, soll man sich zunutze machen; was verändert werden kann, soll – unter der Autorität des Wortes Gottes – umgeformt werden; doch was dem Worte Gottes entgegensteht, soll aufgedeckt, ja, verworfen werden.“ [64]

Ein einfühlsamer Missionar in einer fremden Kultur ist sich seiner eigenen Prägung nur allzusehr bewußt. Er weiß auch von der Möglichkeit, daß einige seiner eigenen Werte und Verhaltensmuster möglicherweise sehr viel stärker von dem Vorbild Jesu abweichen als bestimmte Werte und Verhaltensmuster, die er in der Kultur der Einheimischen vorfindet. Deshalb achtet er immer wieder darauf, daß seine eigene kulturelle Prägung die Reinheit, Schlichtheit und Kraft des Vorbilds Jesu sowenig wie möglich beeinträchtigt, und gleichzeitig versucht er durch die Befähigung des Heiligen Geistes, dem Vorbild Jesu nachzueifern.

In einem Gespräch mit E. Stanley Jones äußerte einmal ein Hindu: „Ich habe das Christentum gehaßt, doch wenn das Christentum Christus ist, dann kann ich nicht erkennen, warum wir Inder es hassen sollten.“ [65] Das Wesen wahren Christentums kann nicht in kulturellen, sondern nur in kulturübergreifenden biblischen Begriffen definiert werden. Der Mensch braucht Christus, Gottes Antwort ist Christus. Kulturelle Werte und Ausdrucksformen können sich ändern, Jesus Christus bleibt unverändert. **Wenn wir in einer fremden Kultur leben, dürfen wir nicht darauf hinarbeiten, daß die Menschen sich unserer Kultur angleichen, sondern Christus; unser Bemühen, sich der fremden Umgebung anzupassen, soll es den Menschen erleichtern, immer**

mehr dem Bild Jesu gleichgestaltet zu werden. Der Herr Jesus hat uns nicht beauftragt, ein bestimmtes Gedankengut weiterzugeben, sondern ihn als Person zu bezeugen. Unabhängig von den jeweiligen kulturellen Gegebenheiten enthält und zeigt seine Person alle wichtigen Lektionen, die für geistliches Wachstum und geistliche Leiterschaft nötig sind.

Unsere Überlegungen wären unvollständig, wenn wir nicht noch einmal auf die entscheidende Rolle des Heiligen Geistes hinweisen würden. Erstens, **um effektiv in einer fremden Kultur als Mentoren wirken zu können, ist es unverzichtbar, daß der Heilige Geist uns erleuchtet und uns Jesu Christi umfassendes Vorbild erkennen läßt**. Außerdem ist es der Heilige Geist, der, noch bevor wir unseren Zeugendienst aufgenommen haben, schon in der jeweiligen Kultur gewirkt hat (siehe Pred 3:11).

Entsprechend können wir zweitens bei der Angleichung an die Umgebung die kulturellen Brückenköpfe nutzen, die der Geist Gottes bereits vorbereitet hat. Drittens, der Heilige Geist leitet alle, die an dem Verständigungsprozeß beteiligt sind, in die Wahrheit. Viertens. Wenn wir in Befolgung seiner konkreten Weisung kulturübergreifende Prinzipien vorleben und vermitteln, bringt er Ergebnisse hervor, die von dynamischer Äquivalenz geprägt sind.

5.4 Die Dimension der Integration

Im Zusammenhang mit dem vorliegenden Thema ist mit Integration das Zusammenbringen von Information und Anwendung, Theorie und Praxis, Wissen und Erfahrung gemeint. Lukas sprach in der Einleitung der Apostelgeschichte von dem integrierten Stil des Wirkens Jesu und erinnerte Theophilus daran, daß er in seinem Evangelium berichtet hatte „von all dem, was Jesus von Anfang an tat und lehrte" (1:1). Besonders in der Schulung und Begleitung der Zwölf zeigte sich diese kombinierte Vorgehensweise. K. Phillips drückte es folgendermaßen aus: „Bei Ihm bestand ein völliges Gleichgewicht zwischen dem theologischen Input Seiner Jünger und ihrer Betätigung in der Praxis.“[66] Jesus war nicht zufrieden damit, seinen Nachfolgern lediglich bestimmte theoretische Grundsätze zu vermitteln, vielmehr **gestaltete er seine Zurüstung äußerst praktisch; er schulte seine Freunde durch Aktion für die Aktion.**

An dieser Stelle ist der Hinweis hilfreich, daß das Wort *manthano*, von dem *mathetes* (Jünger) abgeleitet ist, „das Wissen vermehren“ bedeutet, jedoch auch bedeuten kann, „durch Gebrauch und Praxis lernen“.[67] Jesus achtete offensichtlich besonders darauf, seinen Jüngern die Gelegenheit zu geben, ihr Wissen praktisch anzuwenden. Anfänglich übertrug er ihnen einfache Aufgaben wie taufen (Joh 4:2), Nahrungsmittel einkaufen (Joh 4:8) und ein Boot für ihn bereitstellen (Mk 3:9). Im Lauf der Zeit dehnte er das Übungsfeld aus, und es kamen schwierigere und kompliziertere Aufgaben hinzu; er übertrug ihnen die Verantwortung, die Botschaft vom Reich Gottes zu verkündigen (Mt 10:7), wie: „Macht Kranke gesund, weckt Tote auf, macht Aussätzige rein, treibt böse Geister aus ...“ (Mt 10:8). Zusätzliche praktische Arbeiten (siehe Joh 6:10,12, Mt 21:1,2, Mk 14:12-15) halfen, die Fähigkeit des Dienens weiter zu entwickeln.

Wir dürfen auch nicht die Tatsache aus den Augen verlieren, daß Jesus seine Unterweisung im öffentlichen wie im privaten Rahmen immer wieder unterbrach, um seine Jünger auf die Dringlichkeit der praktischen Umsetzung hinzuweisen (siehe z.B. Mt 5:16, 11:28,29, 22:37-39, Mk 11:22, 16:15, Lk 17:3,4, 21:34-36, Joh 13:15, 15:12). Als Paulus seinerseits neue Leiter heranbildete, folgte er dem Integrationsmodell des Meisters. Seine Zurüstung von Timotheus zum Beispiel gibt uns einige Einblicke. Paulus versuchte, seinen Schüler dadurch zu formen, daß er ihn in der Praxis vor bestimmte Aufgaben stellte und ihn immer wieder zum Handeln aufforderte (siehe Apg 19:22, 2 Kor 1:19, Phil 2:22, 1 Tim 4:6-16, 6:11-14, 2 Tim 1:6-8, 2:1-7, 4:1,2,5).

Wiederholt wies der Herr Jesus darauf hin, welchen Segen es bringt, die erkannte Wahrheit auch zu tun:

> Darum, wer diese meine Rede hört und tut sie, der gleicht einem klugen Mann, der sein Haus auf Fels baute. (Mt 7:24)
>
> Und wer diese meine Rede hört und tut sie nicht, der gleicht einem törichten Mann, der sein Haus auf Sand baute. (Mt 7:26)
>
> Meine Mutter und meine Brüder sind diese, die Gottes Wort hören und tun. (Lk 8:21)
>
> Wenn ihr dies wißt – selig seid ihr, wenn ihr's tut. (Joh 13:17)

Gehorsam ist eine entscheidende Verbindung zwischen Wissen und Tun. Er ist eine Voraussetzung, um in das Reich Gottes hineinzukommen (Mt 7:21), er ist ein Zeichen für die Echtheit unserer Liebe zu Jesus (siehe Joh 14:21), er bahnt den Weg für göttliche Gunst (siehe Lk 11:28) und für Verständnis (siehe Joh 7:17). **Jesu Schulung der Jünger war von Anfang bis Ende auf Gehorsam ausgerichtet**. Als Jesus die Elf damit beauftragte, nun ihrerseits Menschen zu Jüngern zu machen, gab er ihnen konkrete Weisung. Es war nur natürlich, daß sie, um ihre Aufgabe zu erfüllen, die neuen Christen umfassenden Gehorsam gegen die Gebote Jesu lehren sollten (siehe Mt 28:20).

Zahlreiche Christen kennen Psalm 119 als den Psalm, der die Freude über Gottes Wort zum Ausdruck bringt. Jedoch nicht alle haben vor Augen, daß dieser Psalm zugleich ausdrücklich den Gehorsam gegen Gottes Wort betont. In dem Psalm wird mehr als vierzigmal direkt oder indirekt auf den Gehorsam hingewiesen. Er spricht davon, daß wir uns Gottes Wort mit einer ehrfurchtsvollen Haltung nahen (siehe V. 120), es lieben (siehe V. 159), uns darauf verlassen (siehe V. 42) und viel darüber nachsinnen sollen (siehe V. 97). Der Gehorsam, den das Wort Gottes verdient und der ihm gebührt, sollte von ganzem Herzen geschehen (siehe V. 106), mit Entschlossenheit (siehe V. 112), mit ungeteiltem Herzen (siehe V. 69), sofort (siehe V. 60) und beständig (siehe V. 44).

Wenn unsere Zurüstung von Leitern dem biblischen Standard entsprechen soll, müssen wir als erstes darauf achten, daß diese Zurüstung auf Gehorsam hinzielt, und dann müssen wir darauf hinarbeiten, daß dieser Gehorsam von unseren Schützlingen so umfassend und in Treue geleistet wird, wie wir es eben nachgezeichnet haben. Ein derartiger Gehorsam ist mehr als nur ein gelegentliches Bemühen; er wird zur Gewohnheit. Anders ausgedrückt, unser Ziel muß darin bestehen, daß die uns anvertrauten zukünftigen Leiter dahin kommen, daß sie „in der Wahrheit leben" (2 Joh 4).

Gehorsame Umsetzung der Gebote Christi und biblischer Wahrheiten im allgemeinen bringt einen zweifachen Segen. Zum einen fördert diese Integration von Wissen und Tun das persönliche Wachstum, zum anderen dient es dem Wohl aller. **Gott erwartet, daß sich seine Knechte um ihr eigenes geistliches Wachstum bemühen, daß sie jedoch zugleich auch ihren Mitmenschen zum Segen werden**. Wenn wir uns unter Gottes Leiterschaft für das Wohlergehen der Menschen unserer Umgebung einsetzen, tritt das Prinzip, das in Lukas 6:38 enthalten ist, in Kraft, nämlich daß das, was wir um des Herrn willen zur Verfügung stellen, zurückkehren, ja sogar vermehrt werden wird. Das ist ein weiterer Grund dafür, warum wir Gottes Wunsch Folge leisten können, dem Wunsch, daß sein Volk den schwelenden Wunden der verletzten Menschheit Linderung bringt. Gleichzeitig ist es Gottes Absicht, daß sein Volk in diesem Prozeß selbst bereichert werden soll:

> Das aber ist ein Fasten, an dem ich Gefallen habe: Laß los, die du mit Unrecht gebunden hast, laß ledig, auf die du das Joch gelegt hast! Gib frei, die du bedrückst, reiß jedes Joch weg!

> Brich dem Hungrigen dein Brot, und die im Elend ohne Obdach sind, führe ins Haus! Wenn du einen nackt siehst, so kleide ihn, und entzieh dich nicht deinem Fleisch und Blut! Dann wird dein Licht hervorbrechen wie die Morgenröte, und deine Heilung wird schnell voranschreiten, und deine Gerechtigkeit wird vor dir hergehen, und die Herrlichkeit des Herrn wird deinen Zug beschließen. Dann wirst du rufen, und der Herr wird dir antworten. Wenn du schreist, wird er sagen: Siehe, hier bin ich ... (Jes 58:6-9)

WILLIAM BOOTH gehörte zu denen, die die Aufforderungen dieses Abschnitts auf bespielhafte Weise ernst nahmen. William, der am 10. April 1829 in Nottingham geboren wurde, kam bereits während seiner Kindheit mit Armut in Berührung. Sein Vater war ein einfacher Bauarbeiter, und im Alter von dreizehn Jahren mußte William die Schule abbrechen und wurde einem Pfandleiher in die Lehre gegeben, um zum Unterhalt der Familie beizutragen. 1844 wandte er sich zu Christus. Im Rückblick viele Jahre später deckte er das Geheimnis auf, warum Gott ihn so mächtig habe gebrauchen können; es läge daran, daß er als Fünfzehnjähriger eine vollkommene Hingabe an Gott vollzogen hätte: „Gott soll den ganzen William Booth haben.“ [68] Bereits in seiner Jugendzeit fing er an, unter den Armen seiner Heimatstadt zu evangelisieren. Später verlegte er sein Wirken nach London. Im Alter von dreiundzwanzig Jahren begann er bei den Methodisten eine Predigerausbildung. 1855 heiratete er Catherine Mumford, und drei Jahre später wurde er ordiniert.

1861 trat Booth aus der Methodistischen Vereinigung aus. Er begann nun, als Reiseevangelist zu wirken und erlebte mehrere eindeutige Zeichen Gottes, die seine Entscheidung bestätigten. Nach eineinhalb Jahren des Verkündigungsdienstes in Cornwall fanden 7000 Menschen zu einer neuen Beziehung mit Gott. Von 1865 an konzentrierten William und Catherine Booth ihren Dienst auf den Ostteil Londons und gründeten dort „The Christian Mission". Williams Herz schlug besonders für die Außenseiter der Gesellschaft; diese Menschen, die von der etablierten Kirche nicht erreicht wurden, wollte er zu Gott führen. Für Bramwell, Booths ältesten Sohn, war es ein unvergeßliches Erlebnis, als ihn sein Vater zum ersten Mal in eine Kneipe am East End mitnahm und dem entsetzten Dreizehnjährigen erklärte: „Das sind unsere Leute. Ich möchte, daß du diesen Menschen dein Leben widmest und sie zu Christus führst." [69]

Die Arbeit wuchs rasch, und 1878 waren etwa 45 Stützpunkte errichtet. Im selben Jahr wurde der Name der Mission in „Heilsarmee" umgeändert. Zu Anfang des Jahres 1879 stand William Booth als „der General" 127 vollzeitlichen Mitarbeitern auf 81 Stützpunkten vor. Im Dezember erschien zum ersten Mal die Zeitschrift der Armee, der „Kriegsruf". Im folgenden Jahr eröffnete die Armee in den Vereinigten Staaten, in Irland und Australien „das Feuer". Wenige Monate später folgte Frankreich. Zwischen 1881 und 1885 wurden durch das Zeugnis der Heilsarmee [70] 250 000 Menschen für Christus gewonnen. 1890 hatte die Armee 2874 Corps in 34 Ländern und Kolonien mit insgesamt 9416 Offizieren. Jährlich wurden 37 400 000 Stück Armee-Literatur verteilt. Als der General 1912 starb, war die Heilsarmee durch 16 000 Offiziere, die Booths Vision übernommen hatten, in 58 Ländern vertreten.

Diese Vision hatte 1887 eine entscheidende Änderung erfahren. Bis dahin war Booth vor allem von dem überwältigenden Wunsch getrieben worden, Menschen für Christus zu retten. Ausgelöst durch den grauenvollen Anblick von obdachlosen Menschen jedoch, die sich unter den Brückenbogen der London Bridge zusammenkauerten, wurde er zunehmend auch von dem Wunsch beseelt, zugleich das irdische Schicksal der Menschen zu erleichtern. In einem der einleitenden Abschnitte seines Buchs *In Darkest England and the Way Out* erklärte Booth:

> „Meine einzige Hoffnung für eine dauerhafte Befreiung der Menschen aus der Not, sowohl in dieser als auch in der zukünftigen Welt, besteht in der Neuschöpfung beziehungsweise der Erneuerung des einzelnen Menschen mit Hilfe der Kraft des Heiligen Geistes durch Jesus Christus. Doch ich bin der Überzeugung, daß wir es Männern und Frauen leichter machen, den Weg zum Kreuz unseres Herrn Jesus Christus zu finden, wenn wir uns um die Milderung der gegenwärtigen Not kümmern; ich glaube, daß wir es dadurch möglich machen, wo es jetzt unmöglich ist.“ [71]

Im Kampf gegen Not, Arbeitslosigkeit, Obdachlosigkeit, Hunger und Krankheit, Trunksucht, Laster, Prostitution und Kriminalität verfolgte die Heilsarmee eine Fülle verschiedener Strategien. Zu Lebzeiten des Generals setzte sich die Heilsarmee in verschiedenen Ländern der Welt für die Schaffung von Arbeitsmöglichkeiten ein, gründete Obdachlosenheime, unterstützte Witwen sowie verlassene und verwaiste Kinder, eröffnete Tageskrippen, Suppenküchen und Läden für preiswerte Lebensmittel, besuchte die Kranken, kümmerte sich um Leprakranke und Blinde, gründete Häuser für Frauen mit Kindern, war in der Gefängnisarbeit tätig und half Menschen, nach einem längeren Krankenhausaufenthalt wieder im Alltag Fuß zu fassen. Booths brennende Leidenschaft, eine Lösung für sämtliche menschliche Nöte zu bieten, trat noch einmal in seiner letzten Rede zutage, einer flammenden Erklärung: „Solange es noch Frauen gibt, die weinen, will ich kämpfen; solange es noch Kinder gibt, die hungern, will ich kämpfen; solange noch eine Seele im Dunkeln ist ohne das Licht Gottes, will ich kämpfen. Ich will kämpfen bis zum Ende.“ [72]

Es steht außer Frage, daß die Heilsarmee viele der anfänglichen Siege niemals ohne die entschlossene Hingabe, den feurigen Eifer und die Reife ihrer Offiziere gewonnen hätte. Die Disziplin und größtenteils praktische Ausbildung der Kadetten formte diese zu Leitern von wahrer Größe. Durch die Kraft des Heiligen Geistes waren sie nicht nur ausgerüstet, Verachtung und Spott, Widerstand und Verfolgung zu ertragen, sondern Heldentaten für Gott zu vollbringen. Besonders beeindruckend in diesem Zusammenhang war die „Invasion Amerikas“ [73] unter George Scott Railton und die Pionierarbeit in Indien [74] unter der Leitung von Frederick Booth-Tucker.

1886 wurde ein sechsmonatiges Ausbildungsprogramm eingeführt. Diese integrierte Leiterschaftsschulung hatte eindeutige Vorteile. Es wurden theoretische Inhalte gelehrt (d.h. biblische Wahrheiten sowie die Ordnung, Regeln und Lehre der Heilsarmee), die jedoch verbunden waren mit praktischen Lernerfahrungen (z.B. Teilnahme an den Aktivitäten des Korps im Schulungszentrum, Besuch von Kranken, Predigen in Kneipen, Durchführung von Freiversammlungen). Dadurch mußten sich die Kadetten mit Situationen auseinandersetzen, die **sowohl dem Wissenserwerb und der wachsenden Befähigung zum Dienst als auch der Charakterformung** äußerst dienlich waren.

L.O.Richards wies darauf hin: „Der Sinn der Anwendung besteht darin, die Wahrheit anwendbar zu machen; sie soll für den Lernenden zur Erfahrung, zum Leben, werden.“ [75] Wenn wir den zukünftigen Leitern regelmäßig praktische Erfahrungen ermöglichen, dann wird die theoretische Erkenntnis persönlich und hat einen Sinn. Durch **wiederholte Anwendung entwickeln sich aus erkannten Wahrheiten Gewohnheiten und Charakterzüge. Das Leben selbst in all seiner Vielschichtigkeit ist die beste Werkstatt, um kompetente geistliche Leiter hervorzubringen**. Bestimmte Lektionen können nicht allein durch theoretisches Studium vermittelt, sondern müssen durch das Tun erlernt werden. An dieser Stelle seien auch die Lektionen genannt, die man dadurch lernt, daß man Fehler macht.

Praktische Schulung offenbart ebenfalls, ob benötigte Talente vorhanden sind oder fehlen. Man wird gezwungen, sich mit den persönlichen Stärken und Schwächen des einzelnen auseinanderzusetzen. Wir erkennen dadurch unter anderem, ob es uns an Fleiß, Geduld, Demut, Gehorsam, Selbstverleugnung oder Glauben fehlt. **Außerdem bewirkt direktes Mitarbeiten, daß die Motivation verstärkt und ein Verantwortungsgefühl und Mittragen geweckt wird**. Gemeinsames Tun fördert einen Teamgeist unter den Lernenden und vertieft die Beziehung zum Mentor.

Jesus Christus bettete die Zurüstung der Zwölf in den Kontext eines aktiven Mitwirkens ein. Zunächst lehrte er, doch dann vertiefte er diese Lehre dadurch, daß er den Zwölfen praktische Aufgaben übertrug. Er ging nach dem Motto „Lernen durch Erfahrung" vor. Er wollte keine Akademiker schulen, sondern Missionare heranbilden. Er wollte seine Männer nicht darauf vorbereiten, ein Examen zu bestehen und akademische Titel zu erwerben, sondern darauf, als begabte Zeugen aufzutreten. **Deshalb sorgte er dafür, daß sie sowohl beobachten als auch dienen konnten**. Anders ausgedrückt, er sorgte nicht nur dafür, daß sie eine Ausbildung als Leiter erhielten, sondern unterzog sie auch einer praktischen Leiterschaftsschulung.

Christliche Mentoren, die Erfolg haben wollen, werden genauso vorgehen. Sie wissen, daß theoretischer Unterricht nicht ausreicht, und bemühen sich deshalb fortwährend darum, den ihnen anvertrauten Menschen die Möglichkeit zu bieten, die erkannten Wahrheiten anzuwenden.[76] Ihnen ist bewußt, daß „das Heranreifen von Leitern geschieht, wenn man in konkreten Situationen praktische Verantwortung als Leiter übernehmen muß, und nicht, wenn man einfach nur einige Jahre lang ein Vorbild beobachtet", wie K. O. Gangel feststellte.[77] Damit soll gesagt werden, daß beispielhaftes Vorleben, so unverzichtbar es ist, auch seine Grenzen hat.

Denn kein Nachfolger wird je als Leiter hervorgehen, nur weil er passiv seinen Mentor beobachtet hat; vielmehr muß er die Möglichkeit haben, das Gesehene und Gehörte auch gewissenhaft anzuwenden.

Wenn die Lernenden als Zeugen auftreten sollen, deren Leben von Integrität gekennzeichnet ist, dann ist außerdem nötig, daß bei ihnen Erkenntnis und Leben übereinstimmen. Jegliche Tätigkeit, die ein Christ unternimmt, kann dazu dienen, daß Gott verherrlicht wird und daß der Christ als Zeuge für seine Mitmenschen auftritt. Sein Zeugnis umschließt letztlich alles, was er ist, sagt und tut. **Wenn ein Nachfolger Christi die Wahrheit, die er erkannt hat, nicht im Gehorsam anwendet, schwächt dies seine Integrität und entkräftet sein Zeugnis**.

M. Friedeman spricht von der Tatsache, daß wir uns nach Aussage heutiger Erziehungswissenschaftler „an 10 Prozent erinnern, was wir hören, an 50 Prozent, was wir sagen, an 70 Prozent, was wir sehen, an 90 Prozent von dem, was wir tun.“ [78] Es ist nicht schwer, daraus die entsprechenden Konsequenzen zu ziehen: bei der Entwicklung von Programmen für Leiterschaftsschulung sollten wir darauf achten, künstliche Vorlesungssituationen zu vermeiden, bei denen es nur um das Hören und eine sehr eingeschränkte Reaktion auf der Ebene des Intellekts geht. Statt dessen **sollten wir so häufig wie möglich Alltagssituationen mit einbeziehen, die eine praktische Anwendung und Verhaltensreaktionen vielfältiger Art nötig machen**.

Ein Hang zu theoretischem Vorgehen, das so typisch ist für viele Menschen aus dem Westen, kann weitreichende Auswirkungen sowohl auf die theologische Sicht als auch auf die Missionspraxis haben. J. H. Kane erklärte: „Wir im Westen setzen Religion mit Wahrheit gleich und vergessen dabei, daß die Menschen in der Dritten Welt Religion mit Kraft gleichsetzen. Wir fragen: Ist es wahr? Sie fragen: Funktioniert es? Wenn es funktioniert, wollen sie es haben. Wenn nicht, dann wollen sie es nicht.“ [79] Die Menschen in der Zwei-Drittel-Welt sind weniger auf Grundsätze als vielmehr auf Kraft ausgerichtet; sie suchen nach einem sichtbaren Beweis für die Überlegenheit der Kraft, an die sie glauben sollen. Sie „versprechen Christus die Treue, wenn sie sehen, daß seine Kraft der Magie und dem Voodoo überlegen ist, den Flüchen und Segnungen der Medizinmänner, der Boshaftigkeit böser Geister, und daß seine Errettung eine echte Befreiung von der Macht des Bösen und des Todes ist.“ [80]

Für Menschen, die nicht aus dem Westen stammen, stellen satanische Kräfte häufig eine erfahrbare Realität und eine Bedrohung dar. Die Danis zum Beispiel waren davon überzeugt, daß alle Krankheiten in ihrem Volk durch böse Geister verursacht wurden. Ihr Wort für „Krankheit“ lautete sogar „Schmerz der bösen Geister“.[81] In einem Dorf in Südostasien gab es eine Zeit, in der die Sterblichkeitsrate unter den Kindern des dortigen Stammes bis zum Alter von sieben Jahren bei 80 Prozent lag. Auch dort führten die Einheimischen das Problem auf böse Geister zurück.[82] Wenn das christliche Zeugnis in einer solchen Umgebung glaubwürdig und überzeugend sein soll, dann muß es die Grenzen der Intellektsebene überschreiten und eine Antwort auf die jeweiligen existentiellen Nöte der Menschen bieten; die Einheimischen müssen erleben, wie Gott in seiner Allmacht wirkt.

Gott ist ein Gott der Heiligkeit und Liebe, aber auch ein Gott der Kraft (siehe z.B. Ex 9:16, 1 Chr 29:11,12, Hiob 37:23, Ps 66:3,7, 106:8, 147:5). Als Zeugen sollten wir dasselbe Verlangen haben wie der Psalmist, der Gottes Kraft bekannt machen wollte (siehe 71:18). **Wenn die Botschaft, die wir verkündigen, von einer Demonstration der Kraft Gottes begleitet wird, verherrlichen wir Gott, indem wir die Aufmerksamkeit auf diese wichtige Seite seines Wesens richten**. Das ist besonders dann der Fall, wenn unser Zeugnis im Rahmen eines „power encounter“, einer Begegnung der Kräfte, stattfindet[83], das heißt einer sichtbaren

Konfrontation zwischen Gottes Macht und der Macht Satans, wobei die Überlegenheit Gottes deutlich wird. Im Alten Testament können wir mehrere Beispiele dieser Art finden, z. B. Mose gegen die Zauberer des Pharaos (Ex 7:14-8:19), David gegen Goliath (1 Sam 17:4-54), Elia gegen die Baalspropheten (1 Kön 18:16-40). Auch der Herr Jesus erlebte die Konfrontation der Kräfte (z. B. Mt 4:1-11, Mk 1:21-28, Lk 8:26-39), ebenso der Apostel Paulus (Apg 13:6-12, 16:16-18). Immer wieder ist in der Missionsgeschichte deutlich geworden[84], wie der öffentliche Sieg der Macht Gottes über die Macht Satans ein entscheidender Faktor für die Ausbreitung des Evangeliums war.

Wer als vollmächtiger Zeuge des Reiches Gottes auftritt, in dessen Leben und Dienst sollte die Kraft Gottes sichtbar werden. „Denn das Reich Gottes steht nicht in Worten, sondern in Kraft" (1 Kor 4:20). Ohne diesen Bestandteil können wir weder der Anforderung gerecht werden, ein christusähnliches Zeugnis abzulegen, noch können wir der Vielfalt der menschlichen Nöte wirklich abhelfen. **Das Vorbild Christi jedoch, das alle Lebensbereiche umfaßt, und die Salbung des Heiligen Geistes, die ebenfalls umfassend ist, zielen darauf, uns zu ermutigen und zu befähigen, ein umfassendes Zeugnis zu geben**, einschließlich einer machtvollen Demonstration der Tatsache, daß Gott mit uns ist und unsere Verkündigung bestätigt.

Hinsichtlich der Missionare und einheimischen Christen in den jeweiligen Missionsländern unterstrich C. H. Kraft: „Das fehlende Element für sie und für uns ist ... echte neutestamentliche Kraft, die beständige Erfahrung der Gegenwart Gottes, der täglich Dinge tut, die die Welt Wunder nennt."[85] Vor dem Hintergrund dieser Einschätzung erhebt sich die Frage: Sind wir an dem Platz, an den Gott uns zur Förderung seiner Sache gestellt hat, ausreichend mit dem Heiligen Geist ausgerüstet, um die bösen Mächte, die gegen Gott wirken, durch Gottes übergroße Kraft überwinden zu können? Möge es so sein, daß wir das Vorrecht haben, durch unser Zeugnis deutlich sichtbar zu machen, daß der erhöhte Herr Jesus Christus, durch die Gemeinschaft mit seinen Nachfolgern, sein Werk auf der Erde heute mit Macht und Kraft weiterführt.

5.5 Die Dimension der Multiplikation

„Jeder kann zählen, wie viele Kerne ein Apfel hat, doch wer kann zählen, wie viele Äpfel in einem Kern enthalten sind?"[86] Dieses chinesische Sprichwort verdeutlicht anschaulich die Multiplikation in der Fortpflanzung. Jener wechselseitige Zusammenhang nahm im Plan Gottes zur Ausbreitung seiner Schöpfung einen zentralen Platz ein (siehe Gen 1:11,12,22,28), und er ist ebenso von grundlegender Bedeutung für die Ausbreitung der neuen Schöpfung durch den Heiligen Geist. Der Herr Jesus möchte, daß alle, die die Neuschöpfung erfahren haben, seinen Auftrag wahrnehmen und auf dem Weg der Multiplikation überall auf der ganzen Welt Menschen für Gott erreichen, und zwar dadurch, daß sie auf Christusähnlichkeit im Leben vieler Jünger hinarbeiten.

Bei der Zurüstung von Leitern im Namen Christi sollte uns diese Dimension der Multiplikation, die im Wirken Christi so sichtbar war, als äußerst wichtiges Element vor Augen stehen. Jesus wählte eine Kerngruppe von Männern aus, lebte in enger Verbindung mit ihnen und unterzog sie einer intensiven Schulung. Er zielte nicht auf Beliebtheit bei der breiten Masse des Volkes ab, sondern widmete sich der Aufgabe, seine Nachfolger zur Reife zu führen. Sein Ziel bei allem war, daß sie in sein Bild geformt wurden (siehe Lk 6:40) und sowohl seinen Charakter widerspiegeln als auch sein Werk fortführen sollten.

Abgesehen davon, daß der Meister sein eigenes Vorbild weitergeben wollte, hatte er zum Ziel, daß seine Nachfolger eine Schlüsselfunktion in der Entstehung einer dynamischen Zeugenbewegung einnahmen. Als er ihnen von seinem unmittelbar bevorstehenden Abschied erzählte, versicherte er ihnen, daß sie trotzdem nicht allein wären, weil sie durch den Heiligen Geist von seiner ständigen Gemeinschaft mit ihm umhüllt sein würden. Die vielseitige Hilfestellung, die seine Gemeinschaft bedeutet hatte, kam erst richtig zu Erfüllung, als der Heilige Geist die Jünger am Pfingsttag mit Kraft ausrüstete. Geführt und bevollmächtigt durch den Geist übernahmen die Jünger verschiedene Leitungsaufgaben, und ihr glaubwürdiges Zeugnis von Christus und ihr Einfluß als Leiter wurden stärker.

Ein Leiter, der für Multiplikation sorgte und in den Tagen der Frühkirche auftrat, war Joseph. Er war ein Levit aus Zypern, und die Apostel gaben ihm den Namen „Barnabas" (d.h. „Sohn der Ermahnung, der Ermutigung, des Trostes"). Er zeigte seine uneingeschränkte Hingabe an Gott dadurch, daß er ein Feld verkaufte und den Erlös den Aposteln zur Verfügung stellte. Seine Lebensführung erfüllte hohe moralische Anforderungen; er war mit dem Heiligen Geist erfüllt und ein Mann des Glaubens (Apg 11:24). Auch besaß er die Größe, Saulus aufzunehmen, zu einer Zeit, da der junge Pharisäer noch keine große Beliebtheit besaß, weil er früher die Anhänger des Weges verfolgt hatte; Barnabas machte ihn mit den Aposteln bekannt (Apg 9:26,27).

Später machte Barnabas Paulus in Tarsus ausfindig und brachte ihn nach Antiochia, die drittwichtigste Stadt im Römischen Reich mit internationalem Gepräge. Als Folge der ersten Verfolgungswelle waren einige Jünger auch nach Antiochia gelangt, und durch ihr Zeugnis war eine Gemeinde entstanden. Wie wir aus Apostelgeschichte 11:22-29 und 13:1-3 wissen, war es nicht nur eine wachsende und gebefreudige Gemeinde sowie eine Gemeinde von Lobpreis und Gebet, sondern es gab dort auch reife Leiter und ein großes Interesse an der Mission. Für Saulus war es die ideale Umgebung, um mit seiner Begabung Gottes Werk dienen zu können (siehe Apg 11:26) und unter der Anleitung von

Barnabas wichtige Lektionen der Leiterschaft zu lernen. Diese Schulung hielt so lange an, wie die beiden Seite an Seite arbeiteten. Als sich ihr Weg trennte (Apg 15:37-40), begann ein neuer Abschnitt in Paulus' Wirken, der von einer äußerst erfolgreichen Evangelisations- und Schulungstätigkeit gekennzeichnet war.

Es gibt mehrere Merkmale seiner Praxis der Leiterschaftsschulung, die an dieser Stelle besonders erwähnt werden müssen. In Übereinstimmung mit dem Vorbild des Meisters war sein Vorgehen von einer weltweiten Sicht geprägt (siehe z.B. Röm 16:26); außerdem leitete er seine Schüler in der Praxis an und ließ sie Erfahrungen machen. Im nächsten Punkt unterschied er sich jedoch von Jesus. Der Herr hatte eine homogene Gruppe von zwölf israelischen Juden als enge Freunde ausgewählt. **Paulus hingegen nahm das Mentorvorbild des Meisters und setzte es bei verschiedenen Christen mit sehr unterschiedlichem kulturellen Hintergrund ein**. Zu seinen Mitarbeitern zählten sowohl Juden als auch Griechen, Männer, die aus Israel stammten sowie aus Mazedonien, Pontus, Lycaonien und der Provinz Asien.

Paulus war daher der erste, der die kulturübergreifenden Prinzipien des Mentormodells Jesu Christi auf breiter Ebene im Umfeld einer fremden Kultur anwandte. Sein Erfolg bei diesem Bemühen kann der Tatsache zugeschrieben werden, daß er seine Berufung als „ein weiser Baumeister" ausführte (1 Kor 3:10). Zu den Mitteln, die er unter anderem verwendete, gehörten enge Verbundenheit, beispielhaftes Vorleben, Lernerfahrungen in der Praxis und Briefe zur Weiterführung. Von besonderer Bedeutung war allerdings sein großes Vertrauen auf Gott und die Gewißheit, daß dieser das Werk in den jungen Christen weiterführen würde (siehe Phil 1:6, 2:13, 1 Thes 5:23,24). Gleichzeitig stand Paulus in treuer Fürbitte für sie ein (siehe 2 Tim 1:3, Phlm 4-6).[87]

Bei den Aposteln war der Dienst als Mentor – wie bei dem Meister – immer mit der Aufgabe der Mission ver-

knüpft. Der Prozeß, Menschen zur Reife in Christus zu führen, diente vor allem einem großen Ziel: es bestand nicht in erster Linie im geistlichen Wohlergehen des einzelnen, sondern darin, jeden dazu auszurüsten, die Botschaft des Evangeliums bekannt zu machen und ein christusähnliches Zeugnis zu verbreiten (siehe 1 Thes 1:6-8). Da Paulus bei seiner Arbeit reichlich säte, erntete er auch reichlich. Überall, wo seine Tätigkeit dazu diente, daß eine Fortpflanzung nach der Regel von 2 Timotheus 2:2 geschah, entspann sich ein ganzes Netz. Dieses bestand aus freundschaftlichen Beziehungen, glaubwürdigem christlichen Zeugnis und dem Einfluß gottesfürchtiger Leiter. Dadurch wurde einem mächtigen Wirken des Geistes der Weg gebahnt, und das Reich Gottes breitete sich aus.

Der Höhepunkt dieser Ausbreitung wird eines Tages der herrliche Anblick sein, von dem wir durch die Schau des Apostels Johannes in Offenbarung 7:9 bereits wissen: „Danach sah ich, und siehe, eine große Schar, die niemand zählen konnte, aus allen Nationen und Stämmen und Völkern und Sprachen; die standen vor dem Thron und vor dem Lamm ...“ Damit diese große Schar ihre himmlische Bestimmung erlangen kann, muß das unverfälschte christliche Zeugnis hier auf der Erde multipliziert werden. Von diesem Blickpunkt aus gesehen ist es nicht schwer zu verstehen, warum Jesus die Formung zu Jüngern zur zentralen Aussage des Missionsbefehls machte (siehe Mt 28:19). Bedauerlicherweise wurde in der Vergangenheit in der Praxis der Missionsarbeit die entscheidende Notwendigkeit übersehen, Jünger zu multipilizieren, die ihrerseits wieder andere zu Jüngern machen; als Folge davon wurde die ursprüngliche Absicht des Herrn durchkreuzt.

„Wer Jünger macht, erzeugt damit ein Qualitätsprodukt und effektive Arbeitskräfte“, bemerkte B. Hull zutreffend.[88] Wenn wir an der Zurüstung von Jüngern beteiligt sind, müssen wir bei denen, die wir schulen, mehr auf Qualität als auf Quantität achten. Bei den uns anvertrauten Menschen sollte sich der Wille und die Begabung zeigen, das im Leben anderer Menschen fortzupflanzen und zu multiplizieren, was sie selbst sind. Sie sollten vorleben und lehren können, was es bedeutet, mit und für Jesus Christus zu leben. **In einer Zeit, in der es viel religiösen Aktivismus gibt, tun wir gut daran, unsere Produktivität für Gott immer wieder im Licht der Kriterien seines Wortes ehrlich zu überprüfen**. Wir müssen ein echtes Interesse daran haben, daß die uns anvertrauten Menschen geistlich wachsen und Christus immer ähnlicher werden. Wenn wir dieses Anliegen vernachlässigen und uns vor allem mit äußeren Dingen befassen, wie mit der Größe unseres Budgets, der Anzahl der laufenden Programme und der Zahl der eingestellten Mitarbeiter, haben wir eine falsche Richtung eingeschlagen.

Die Multiplikation von Angriffsspitzen ist nicht die einzige Aufgabe, die ein christlicher Leiter hat, sondern, um mit den Worten von M. Rush zu sprechen: „Die größte Herausforderung, der wir als Leiter gegenüberstehen, ist die, unseren Nachfolgern zu helfen, Leiter zu werden, die ihrerseits fähig sind, ihre Nachfolger zu Leitern zuzurüsten.“ [89] Stimmen wir der Auffassung zu, daß es lobenswerter ist, Leiter zuzurüsten, die auf verschiedenen Gebieten für Gott tätig werden, als uns selbst völlig in einen Bereich des Werkes Gottes hineinzugeben? Sind wir überzeugt, daß wir effektiver sind, wenn wir Leiter heranbilden, die dann ihrerseits auf viel breiterer Ebene Nachfolger gewinnen können, als wenn wir uns selbst um das Gewinnen von Nachfolgern mühen? Können wir ein wenig nachempfinden, warum Dawson Trotman, ein herausragender Lehrer und der Gründer der Navigatoren, wiederholt mahnte und im Hinblick auf Vervielfältigung die entscheidende Frage stellte: „Wo ist dein Mann?“ [90] **Es sollte ein integraler Bestandteil unserer Mentorstrategie sein, die Vision, Hingabe, Charakterzüge und Fähigkeiten, die wir selbst besitzen, an Menschen weiterzugeben, die ihrerseits in gleicher Weise andere Menschen zurüsten können und zurüsten wollen**.

Für den Missionar, der sich in einer fremden Kultur befindet, stellt die Multiplikation von Leitern eine ganz besondere Herausforderung dar. Möglicherweise wirken sich verschiedene Faktoren für seine Situation auf dem fremden Missionsfeld günstig für ihn aus, zum Beispiel sein Wissen, das häufig größer ist als das der Einheimischen, ebenso seine größere Erfahrung sowie seine neutrale Position im Blick auf vorhandene soziale Gruppierungen, Streitigkeiten zwischen Stämmen, kulturellen Eigenarten und Bindungen. Auf der anderen Seite sind die Einheimischen mit dem Klima, der Nahrung und den Lebensbedingungen vertraut, sie kennen die Sprache, die Bräuche und Denkweise und besitzen bereits Glaubwürdigkeit unter ihrem Volk. Ihre enge Verbundenheit mit dem kulturellen Umfeld befähigt sie dazu, für die eigenen Volksangehörigen sehr effektive Zeugen sein zu können, und zwar in einem Maß, wie es ein Fremder nur selten, wenn überhaupt je erreichen kann.

William Carey äußerte die weisen Worte: „Ich denke, es ist unsere Aufgabe, das Beste aus jedem zu machen, den der Herr uns gibt.“[91] Diese Erkenntnis weist Missionare in einer fremden Kultur auf ihre Aufgabe hin, die Einheimischen in ihr volles Potential in Gott hineinzuführen. Ihr Leben soll nach Gottes Plan mit dazu beitragen, daß der Missionsbefehl erfüllt wird; sie sind vom Heiligen Geist mit Gaben ausgestattet worden, damit sie Gottes Sache fördern können. Dort, wo Missionare zu stark dominieren, wird die Entwicklung einheimischer Christen zu Leitern gehemmt. Ihre Initiative und Kreativität wird erstickt, ihre Hingabe und Opferbereitschaft geschwächt, Möglichkeiten, Verantwortung zu übernehmen und im Glauben vorwärts zu gehen, werden ihnen vorenthalten, und die tiefe Erfüllung, im Dienst Gottes zu stehen, wird ihnen geraubt. **Bei unangemessener Bevormundung und einem starken Hang, beschützen zu wollen, mögen zwar Nachfolger heranwachsen, doch es werden keine starken Leiter herangebildet**. Ein entscheidender Schlüssel, um die schlummernden

Fähigkeiten in Menschen zu wecken und kompetente Leiter aus ihnen zu machen, ist das Beziehungselement des Vertrauens.

Vertrauen in einen Menschen zu setzen, bringt einerseits eine bewußte Entscheidung mit sich, zugleich jedoch auch ein Risiko, weil Vertrauen enttäuscht, mißbraucht und gebrochen werden kann. Doch auch das Gegenteil ist möglich: gegenseitiges Vertrauen kann durch Offenheit, Integrität und Treue aufgebaut werden. Vertrauen bringt Vertrauen hervor, ebenso erzeugt Mißtrauen weiteres Mißtrauen. Wahres Vertrauen begegnet dem anderen auf der Grundlage der Gleichheit, sieht den anderen als Partner. Um das Beste aus anderen herauszuholen, ist es normalerweise gut, zunächst mit Bedacht zukünftige Leiter auszuwählen und ihnen dann – innerhalb eines festgelegten Rahmens, über den sie Rechenschaft abzulegen haben – so viel Bewegungsfreiheit einzuräumen, daß sie ihr eigenes Leben und ihren Dienst verantwortlich führen können.[92] Zu diesem Freiraum muß auch die Freiheit gehören, wiederholt versagen zu dürfen und wertvolle Lektionen aus den eigenen Fehlern zu lernen.

In 2 Thessalonicher 3:4 versicherte Paulus seinen Lesern: „Wir haben aber das Vertrauen zu euch in dem Herrn, daß ihr tut und tun werdet, was wir gebieten." Von diesem Vers läßt sich ein grundlegendes Prinzip ableiten: **Bei der Zurüstung von geistlichen Leitern reicht es nicht aus, unser Vertrauen nur auf die menschlichen Fähigkeiten der Lernenden zu setzen; das Geheimnis liegt darin, unser Vertrauen auf den Heiligen Geist zu setzen, der in ihnen ist**.[93] Paulus legte das Fundament, indem er den Christen zunächst sein Leben als Vorbild hinstellte und sie unterrichtete, dann jedoch setzte er sein Vertrauen stillschweigend auf den Heiligen Geist und dessen Wirken in den Gläubigen. Roland Allen schrieb: „Er gab ihnen ein Beispiel nach dem Bild Christi, und er war davon überzeugt, daß der Geist Christi in ihnen sie lehren und inspirieren würde, dieses Beispiel in die Praxis umzusetzen und ihm zu folgen."[94] Wenn wir unser Vertrauen wirklich auf die Gegenwart und Kraft des Heiligen Geistes in den uns anvertrauen Menschen setzen, wenn wir zutiefst davon überzeugt sind, daß er sie in alle Wahrheit führen wird (siehe Joh 16:13), dann wird es für uns nicht schwierig sein, zuzusehen, wie sie Initiative ergreifen, Verantwortung übernehmen, ihre Geistesgaben einsetzen, ja sogar Fehler machen. Schließlich sind sie in Gottes und nicht in unserer Arbeit tätig!

D.S.Gillilands Beobachtung in diesem Zusammenhang ist in der Tat verblüffend: „Gerade Missionaren, die behaupten, beste Kenntnisse über den Heiligen Geist zu haben, fällt es sehr schwer, in der Umgebung einer fremden Kultur eine Situation zu schaffen, in der unerfahrene Christen selbst den Heiligen Geist entdecken können. Das zählt zur Ironie der Missionsgeschichte."[95] **Sollte es für einen Missionar nicht ganz normal sein, dem Heiligen Geist zu vertrauen, daß dieser in den Einheimischen das gleiche vollbringt, was er auch im Leben des Missionars gewirkt hat?** Wenn der Missionar selbst erlebt, wie der Geist Gottes ihn führt, ihn lehrt, ihn von Sünde überführt, ihn korrigiert, reinigt und bevollmächtigt, kann er dem Heiligen Geist dann nicht zutrauen, daß er den Einheimischen in der gleichen Weise beisteht?

Ein solches Vertrauen wächst am ehesten in dienenden Leitern, die sich in erster Linie um die Anliegen der Einheimischen kümmern, sich wünschen, daß diese ständig Fortschritte machen, und sich über deren Wachstum und Erfolg freuen.[96] Dienende Leiter leben in dem Bewußtsein, daß sie nichts anderes als Werkzeuge in den Händen des Heiligen Geistes – dem eigentlichen Mentor – sind, und deshalb setzen sie ihr Vertrauen auf ihn und glauben, daß er zustande bringen kann, was sie selbst nicht bewirken können. Sie sehen sich selbst in der zeitlich begrenzten Aufgabe, die Einheimischen zu leiten und ihnen den Weg zu erleichtern; in diesem Wissen geben sie sich ganz hin, um den Prozeß zu fördern, durch den der Geist die Lernenden zur Reife in Christus führen kann. Werden die Einheimischen gleich von Anfang an dahin geführt, sich einzig und allein von Gott abhängig zu machen, können sich die Missionare auf den Tag freuen, an dem sie überflüssig sein werden und frei, sich einer neuen Herausforderung in Gottes weltweiter Arbeit zu stellen. **Wenn die Lernenden merken, daß sie geehrt und geliebt werden, daß man ihnen dient, sie ermutigt und ihnen zutraut, zur vollen Größe in Gott heranzuwachsen, dann gewinnen sie Vertrauen in ihr eigenes Potential für die Pläne Gottes.**

Ein Beispiel für einen ungewöhnlich erfolgreichen Mentordienst und enorme Multiplikation von Leitern finden wir im letzten Jahrhundert, als die RAROTONGANER für die Missionsarbeit im Pazifik zugerüstet wurden. Rarotonga liegt ungefähr eintausend Kilometer südwestlich von Tahiti und gehört zur Hervey-Gruppe der Cook-Inseln.

Durch John Williams, den großen Südsee-Pionier der Londoner Missionsgesellschaft, wurde Rarotonga 1823 wiederentdeckt. Zunächst stationierte Williams dort einen polynesischen Evangelisten. Nach elf Jahren hatte sich der christliche Glaube so mächtig auf der Insel ausgebreitet, daß in jeder Familie auf der Insel morgens und abends zusammen gebetet wurde. Williams wurde von dem Wunsch bewegt, daß ihn geschulte Rarotonganer nach Samoa und Melanesien begleiteten, und so wurde die Idee einer Bibelschule geboren. Dieser Gedanke wurde 1839 in Takamoa zur Wirklichkeit, und im ersten Jahr besuchten elf junge Männer die Schule. 1857 arbeiteten insgesamt 61 Absolventen auf verschiedenen Missionsfeldern.

Zehn Jahre später traf James Chalmers, der ebenfalls von der Londoner Missionsgesellschaft ausgesandt worden war, auf der Insel ein. Sein Biograph R. Lovett berichtet: „Er baute einen engen Kontakt zu den Rarotonganern auf und beherrschte ihre Sprache so gut wie einer von ihnen.

Viele wurden seine engen Freunde ..."[97] Seine Arbeit bestand im wesentlichen darin, die bestehenden Gemeinden zu stärken und Einheimische in Takamoa für den Pastoren- und Missionsdienst zuzurüsten. Als Chalmers, der im Herzen ein echter Pionier war, von dem Beschluß der Londoner Missionsgesellschaft erfuhr, die Missionsarbeit auf Neuguinea auszuweiten – damals als der „finsterste" Teil Melanesiens bekannt –, wünschte er sich, dorthin zu gehen. Doch da dies zunächst nicht möglich war, widmete sich Chalmers von ganzer Kraft der Aufgabe, die Rarotonganer auf jenes gefährliche Unternehmen vorzubereiten. Er ging nach einer integrierten Methode vor und verband theoretischen Unterricht mit handwerklicher Ausbildung, zum Beispiel das Herstellen von Möbeln und das Erbauen von Häusern; auch andere Arbeiten außerhalb des Hauses gehörten dazu, ebenso ein Besuchsdienst.

Im Juli 1872, nach einer Zeit der geistlichen Stärkung, machte sich die erste Gruppe von fünf einheimischen Missionaren mit ihren Frauen auf den Weg nach Neuguinea. Chalmers Vertrauen auf die Leiterschaftsfähigkeiten der Rarotonganer kommt in einer Äußerung zutage, die er zwei Jahre später machte:

> „Ich kann einfach nicht erkennen, warum man nicht jedes Jahr ein neues Feld eröffnen sollte; ebensowenig leuchtet es mir ein, warum die Gemeinden der Hervey-Inseln ausländische Pastoren anfordern. Die Arbeit sollte von gut ausgebildeten einheimischen Pastoren unter der Aufsicht eines ausländischen Missionars getan werden. Solche Männer werden die Einheimischen besser zusammenhalten, als irgendein Ausländer es kann. Noch einmal betone ich, daß keine der Missionsstationen im Südpazifik, die der Leitung eines weißen Missionars unterstehen, besser sind als die Stationen, die von

einheimischen Pastoren geleitet werden und denen ein europäischer Missionar beratend zur Seite steht.“ [98]

Seine Rarotonganer-Freunde auf Neuguinea rechtfertigten dieses Vertrauen voll und ganz; ihr Zeugnis war voller Freude, Entschlossenheit und Opferbereitschaft, und das Wort Gottes war ihr Führer. 1877 schloß sich Chalmers ihnen an und arbeitete von nun an Seite an Seite mit seinen ehemaligen Schülern. Er gründete neue Stationen, besuchte die verschiedenen Missionare und verfolgte beratend ihre Tätigkeit. Seit die erste Gruppe von Missionaren Rarotonga verlassen hatte, brach die Verbindung zu der Insel nie ab, und ein ständiger Strom neuer Arbeitskräfte wurde ausgesandt. Sie wurden benötigt, um neue Stationen zu gründen oder um einheimische Missionare zu ersetzen, die erkrankt, dem Klima erlegen oder eines gewaltsamen Todes gestorben waren. Chalmers wurde im April 1901 in Dopima auf der Insel Goaribari ermordet.

William G. Lawes unterstrich im Rückblick die Qualität der Beziehungen, die die Rarotonganer zu Chalmers, seinem ehemaligen Missionskollegen, gehabt hatten. „Sie verehrten ihn und gehorchtem ihm als ihrem Vater in Christus ... Durch sein Vorbild wurden sie inspiriert und durch seine Wertschätzung angespornt.“ [99] Fast zwanzig Jahre vor seinem Tod hatte Chalmers gefordert: „Die Kirche soll ihr Bestes geben, ihr Bestes an Herz, Seele und Leib, für das Werk Christi in dieser Welt. Das beste und großartigste aller Werke erfordert die besten und großartigsten Menschen.“ [100] Allem Anschein nach hatte er das Vorrecht, an der Formung einiger dieser großartigsten Menschen beteiligt zu sein. Als sein längjähriger Rarotonganer-Mitarbeiter Ruatoka die Nachricht erhielt, daß Chalmers ums Leben gekommen war, beschloß er, freiwillig in das Dorf zu ziehen, in dem sein Freund getötet wurde, um dort das Wort Gottes zu verkündigen.

Aus jüngerer Zeit soll eine weitere, sehr instruktive Strategie zur Multiplikation von Leitern genannt werden, und zwar das Konzept des GREAT COMMISSION INSTITUTES, das von Asian Outreach entwickelt wurde.[101] Ihre übergeordneten Ziele lauten folgendermaßen:

1. Auf der Basis eines gemeinschaftlichen Lebens asiatische Leiter und Missionsmitarbeiter zurüsten, schulen und zu einem effektiven Dienst unter dem eigenen Volk sowie in einer fremden Kultur motivieren.
2. Die Fähigkeiten, Gaben und Talente in verschiedenen Dienstbereichen fördern, sei es Evangelisation oder Gemeindegründung in Städten oder Dörfern.
3. Auf die jeweilige Kultur abgestimmte Dienste entwickeln, um den Nöten der Menschen begegnen zu können.
4. Jüngerschaftsschulung im Leib Christi in Asien weiter entwickeln.
5. Dabei helfen, daß jeder Teilnehmer am GCI eine Strategie entwickelt, um dem besonderen Ruf zu folgen, den Gott ihm aufs Herz gelegt hat.
6. Sämtliche einheimische Dienste in ganz Asien in einem Netzwerk miteinander verknüpfen ...[102]

Das integrierte Progamm des <u>internationalen GCI</u>, das jedes Jahr in einem anderen asiatischen Land durchgeführt wird, besteht aus zehn Hauptkursen, verschiedenen Workshops, dem Kennenlernen bestehender Missionsarbeit und aus Projekten, die auf die einzelnen Teilnehmer abgestimmt sind. In den Kursen werden Themen behandelt wie die biblischen Grundlagen der Mission und Evangelisation, kulturübergreifende Kommunikation, Gemeindegründung, Geistesgaben und „power theology“; die auf die jeweiligen Teilnehmer abgestimmten Projekte sollen diesen dabei helfen, konkrete Strategien zu entwickeln und den Weg für die Vision spezifischer Dienste zu ebnen. Insgesamt zielt das Programm nicht nur auf die Vermittlung von Information und Inspiration, sondern auch auf die Zurüstung in Bereichen wie innere Haltung und Fähigkeiten.

1986 wurde das erste internationale GCI in Jakarta, Indonesien, durchgeführt. Zu der achtwöchigen Schulung kamen fünfundzwanzig Studenten aus neun Ländern zusammen. Sie wurden motiviert, gelehrt und zugerüstet, ihre gottgegebene Vision zu verfolgen und damit ihren persönlichen Beitrag zur Erfüllung des Missionsbefehls zu leisten. Ein Teilnehmer zum Beispiel rief die Wheels Fellowship ins Leben, einen evangelistischen Dienst unter Rikscha-Fahrern in Ozamiz auf den Philippinen. Ein anderer gründete in Chiang Mai im nördlichen Thailand ein „Tribal Discipleship Center“ (Jüngerschaftszentrum für Stammesangehörige), um dort Leiter für Evangelisation, Gemeindegründung und Jüngerschaftsschulung unter den Stämmen jener Gegend zuzurüsten.

Die Teilnehmer des jährlichen GCIs werden ermutigt, in ihren Heimatländern nationale GCIs durchzuführen. Solche Programme zur Schulung einheimischer Leiter werden normalerweise in der Landessprache abgehalten, sind an das jeweilige Umfeld angepaßt, und der Inhalt wird üblicherweise größtenteils von der bestehenden Situation vor Ort bestimmt. Zusätzlich gibt es die Möglichkeit von Mini-GCIs, einzelne Kurse, die zum Ziel haben, Unterstützung für besondere Probleme und Herausforderungen in konkreten Situation zu geben. Die nationalen GCIs stellen das wesentliche Element in der gesamten Planung dar. Das oberste Ziel besteht darin, daß Hilfe von außen entbehrlich wird und Koordinatoren nationale GCI-Programme in ihrem eigenen Land organisieren.

Innerhalb nur weniger Jahre sind aus dem hervorragenden GCI-Konzept in Asien eine große Anzahl geschulter einheimischer Leiter für verschiedenste Aufgaben hervorgegangen, und ein ständig wachsendes Netz nationaler Dienste ist entstanden.

Jesus sprach vorausblickend zu seinen Jüngern von der großen Ernte, die kommen würde. Um immer mehr Arbeiter für die Arbeit in der Ernte des Reiches Gottes zu beschaffen und auszurüsten, wird es ohne Zweifel nötig sein, in verschiedenen Teilen der Welt eine wachsende Zahl effektiver Multiplikationsstrategien[103] zu entwickeln.

„Die Ernte ist groß, aber wenige sind der Arbeiter. Darum bittet den Herrn der Ernte, daß er Arbeiter in seine Ernte sende“ (Mt 9:37,38).

5.6 Die Dimension der Vermittlung

Die bisherige Untersuchung hatte vor allem zum Ziel, Jesu Christi Mentorstrategie der Gemeinschaft darzustellen und zu zeigen, wie durch diese Strategie seine Nachfolger zum Zeugendienst zugerüstet werden. Ebenso sollte beschrieben werden, welche Grundsätze und Folgerungen aus dem Vorbild Jesu Christi bei der Zurüstung von Leitern für die Situation der Mission gezogen werden können.

Wir haben analysiert, in welcher Art der Meister die Zwölf zurüstete, und dadurch eine Fülle von Prinzipien entdeckt, nach denen wir uns bei unseren Schulungsbemühungen heute richten können und richten sollten. Mehr als je zuvor ist uns bewußt, welches Thema mehr als alles andere die Berichte der Evangelien beherrscht. G. Smith drückte treffend aus, daß es „die Persönlichkeit Christi [ist], Er selbst ist sowohl das Thema als auch der Lehrer, die Botschaft als auch die Person, die die Boten zurüstet, sowohl das Vorbild als auch der, der all jene in sein Bild formt, die er dazu berufen hat, Zeugen zu sein, zu predigen und Sein Leben und Seinen Tod für die Sünder zu leben.“[104] Wir haben jedoch auch erkannt, daß die sichtbare Gemeinschaft mit Jesus allein nicht ausreicht, um den einzigartigen Erfolg seines Mentordienstes zu erklären. Vielmehr muß man verstehen, welche entscheidende Rolle Gottes besondere Gemeinschaft spielte, die Jesus bei seiner Taufe durch die Salbung des Heiligen Geistes verliehen wurde.

Jesus formte seine Männer durch Vorbild, Grundsätze, Gebet und „Kraft aus der Höhe" (Lk 24:49). Er bekannte, daß er nichts aus sich selbst tun konnte (Joh 5:19,30). Das offenbart, wie sehr er in dem Bewußtsein lebte, daß er zur Ausführung seines Dienstes in allen Aspekten von der Befähigung Gottes abhängig war. Doch weil er sich als offener Kanal zur Verfügung stellte und weil ihm auf diese Weise der Heilige Geist Gottes Kraft vermitteln konnte, wurden ihm göttliche Wahrheit (siehe Joh 1:14, 17:17) und göttliches Leben (siehe Joh 6:63, 14:6) verliehen. Das war von entscheidender Bedeutung für die Zurüstung der Jünger auf ihren zukünftigen Zeugendienst und ihre Leiterschaftsaufgaben. Die Erkenntnis, daß die Gegenwart und Befähigung des Geistes für seinen eigenen Dienst unentbehrlich war, führte den Meister dazu, seinen Freunden diese Tatsache einzuschärfen. Er wies sie darauf hin, daß sie zur Erfüllung ihres besonderen Auftrags absolut von der übernatürlichen Qualifikation abhängig wären.

Während seiner Ausführungen beim letzten Abendmahl erklärte Jesus seinen Nachfolgern kategorisch: „Ohne mich könnt ihr nichts tun" (Joh 15:5). Er versicherte ihnen auch, daß er sie selbst nach seinem Abschied nicht als Waisen zurücklassen, sondern erneut zu ihnen kommen würde (siehe Joh 14:18), indem er ihnen den Heiligen Geist sandte (siehe Joh 16:7). Damit deutete er an, daß sein Schutz als Leiter durch die dritte Person der Gottheit auch weiterhin vorhanden sein würde. Später fügte er das Versprechen hinzu, die Jünger bei der Erfüllung des Missionsbefehls durch seine fortwährende Gemeinschaft zu begleiten (Mt 28:20).

Da dieses nur durch die Verleihung des Heiligen Geistes in ganzer Fülle in ihrem Leben und Dienst zur Wirklichkeit werden konnte, sollten sie noch nicht sofort ihren weltumspannenden Zeugenauftrag wahrnehmen. Statt dessen wies Jesus sie an, in Jerusalem zu bleiben, bis sie die nötige Ausrüstung aus der Höhe empfangen hätten (siehe Apg 1:4, Lk 24:49). **Der Meister wollte, daß seine Schüler erst dann aufbrachen, wenn sie in göttlicher Kraft gehen konnten**. Er hatte sie als ihr Mentor vorbereitet und die Zurüstung auf der Grundlage der Verbundenheit aufgebaut. Doch Jesus wußte, daß diese Vorbereitung noch nicht abgeschlossen war; der Heilige Geist mußte die Jünger durch seine übernatürliche Kraft für ihre zukünftige Arbeit befähigen.

Das Versprechen des Herrn Jesus über den Heiligen Geist erfüllte sich schießlich am Pfingsttag. Lukas berichtete in Apostelgeschichte 2:2-4:

> Und es geschah plötzlich ein Brausen vom Himmel wie von einem gewaltigen Wind und erfüllte das ganze Haus, in dem sie saßen. Und es erschienen ihnen Zungen zerteilt, wie von Feuer; und er setzte sich auf einen jeden von ihnen, und sie wurden alle erfüllt von dem Heiligen Geist und fingen an, zu predigen in anderen Zungen, wie der Geist ihnen gab auszusprechen.

Die Ankunft des Heiligen Geistes war für die versammelten Jünger eine Erfahrung, die alles revolutionierte, denn **sie verlieh ihnen die vielfältige und unerschöpfliche Kraftquelle, die sie benötigten, um ihre Berufung nach dem Willen Gottes ausführen zu können**. Genauer gesagt, sie erhielten Kraft, um die Gegenwart ihres Herrn auszustrahlen, seinem Beispiel zu folgen und ihn zu verherrlichen. Nun konnten sie ein heiliges Leben führen, effektive Zeugen sein, mit Vollmacht predigen und lehren, die Gaben des Geistes einsetzen und Wunder vollbringen. Der Heilige Geist rüstete sie aus, Jünger zu gewinnen und zu schulen sowie als kompetente Leiter der Bewegung des Weges aufzutreten, die bald Formen annehmen sollte. Der Geist befähigte sie, mutig im Dienst und kühn im Gebet zu sein, radikalen Glauben zu haben, in der Stunde der Versuchung zu überwinden und die Mächte der Finsternis zu besiegen.

Durch die Mittlerrolle des Heiligen Geistes wurde den Nachfolgern des Herrn zu Pfingsten dessen bleibende Gegenwart und aktive Kraft verliehen. **Das Geheimnis ihres ungewöhnlich fruchtbringenden Dienstes von diesem Zeitpunkt an bestand schlicht und einfach darin, daß „Christus, die Kraft Gottes" (1 Kor 1:24) mächtig in ihnen und durch sie wirkte**. Die Salbung aus der Höhe war ihnen nicht in erster Linie zu ihrem eigenen Nutzen verliehen worden – ohne Frage diente sie auch ihrem geistlichen Wohlergehen und dem persönlichen Wachstum –, doch der Heilige Geist sollte nicht nur ihre innere Freude mehren, sondern sie zu brauchbaren Werkzeugen machen. Vor allem sollten sie zu vollmächtigen und effektiven Zeugen ihres auferstandenen Herrn werden, der auf den Thron erhoben war.

Wir wollen auch darauf hinweisen, daß in Apostelgeschichte 2:3 im Zusammenhang mit dem Kommen des Geistes von Feuer die Rede ist. Das erinnert an die Ankündigung von Johannes dem Täufer, daß Jesus kommen würde, um mit dem Heiligen Geist und mit Feuer zu taufen (siehe Mt 3:11, Lk 3:16). Wie das Feuer die Schlacke wegbrennt und Reinigung bewirkt, so verzehrt der Heilige Geist alle unheiligen Wesenszüge und bewirkt Heiligung. Feuer gibt Licht und zeigt die Richtung; entsprechend gibt der Heilige Geist Offenbarung und Führung. Wie Feuer durchdringt, entzündet der Heilige Geist die Herzen mit Liebe und Eifer, offenbart Wahrheit und breitet Gottes Werk aus. Auf diesem Hintergrund bekommt die Bibelstelle in Lukas

12:49, auf die wir bereits hingewiesen haben, eine neue, tiefere Bedeutung. Dort sprach Jesus von seinem Wunsch, daß das Feuer, das er auf die Erde bringen sollte, schon brennen möge.

Offensichtlich wurde die Bevollmächtigung mit dem Heiligen Geist als ein unverzichtbarer Bestandteil des christlichen Lebens angesehen. In Apostelgeschichte 8:14-17 lesen wir, daß die Leiter in Jerusalem Petrus und Johannes nach Samaria sandten, nachdem ihnen zu Ohren gekommen war, daß die Menschen dort das Wort Gottes angenommen hatten. Als die Apostel beteten, wurde denen, die zu Christus gekommen waren, der Heilige Geist verliehen. Ananias bekam von dem Herrn Jesus den Auftrag, zu dem gerade bekehrten Paulus zu gehen, weil dieser die Fülle des Geistes empfangen sollte (Apg 9:17). Als der Apostel später in Ephesus auf Gläubige stieß, die nur die Taufe des Johannes zur Buße kannten, ließ er sie auf den Namen Christi taufen und betete für sie, damit ihnen der Heilige Geist verliehen wurde (Apg 19:1-6).

Auf diese Weise wurde der Heilige Geist in einer Kettenreaktion von einem Ort zum andern weitergegeben und von einer Generation Jünger zur nächsten. **Doch die Ausrüstung mit der Fülle des Geistes sollte nicht nur eine einmalige Erfahrung sein**. Wir wissen zum Beispiel, daß Simon Petrus wiederholt erfüllt wurde (Apg 2:4, 4:31, vgl. auch 10:44), und der griechische Text von Epheser 5:18 läßt zu, die Worte von Paulus als Aufforderung zu deuten, sich ständig mit dem Heiligen Geist erfüllen zu lassen.

Unsere Überlegungen bis zu diesem Punkt legen eine Reihe von Schlußfolgerungen nahe, die von großer Tragweite für christliche Leiterschaftsschulung sind. Es ist äußerst wichtig, auf die Warnung von R.E. Coleman zu hören: „Wir dürfen an dieser Stelle keinen Fehler begehen: Gottes Werk, ganz gleich in welcher Form, wird nur durch den Heiligen Geist vollbracht.“ [105] Und es wäre gut, wenn jeder J.O. Sanders Erklärung unterschreiben könnte: „Geistliche Leiterschaft kann nur von geisterfüllten Menschen ausgeübt werden. Es ist wünschenswert, daß auch andere Qualifikationen zur Leiterschaft vorhanden sind. Doch diese eine ist unverzichtbar."[106] Die Kompetenz für den christlichen Dienst kommt von Gott (siehe 2 Kor 3:5,6). Wir können zwar Leiterschaftsprinzipien lernen, Kommunikationstechniken und Verhaltensregeln, aber die Salbung, die die Hauptvoraussetzung ist, kann nur von Gott empfangen werden. Wer also eine Leiterschaftsposition in Gottes Werk anstrebt, für den ist die Erfüllung mit dem Heiligen Geist keine zusätzliche Möglichkeit, sondern eine unbedingte Notwendigkeit. **Es versteht sich von selbst, daß wir nicht ohne das auskommen können, was sogar der Herr benötigte.** Allein schon die Tatsache, daß wir uns selbst als Nachfolger und Zeugen von Christus, dem Gesalbten, betrachten, stellt uns vor die Herausforderung, daß auch in unserem Leben das Merkmal der göttlichen Salbung zu erkennen sein muß.

Auch der nächste Punkt sollte keiner Erklärung bedürfen: Der Mentordienst nach dem Vorbild des Herrn Jesus kann nur mit Hilfe des Heiligen Geistes effektiv ausgeführt werden. **Letzten Endes ist alle wahre geistliche Leiterschaft Geistesleiterschaft.** Ohne die Initiative, Erleuchtung und Führung des Heiligen Geistes können wir nichts tun, ebensowenig ohne seine Überführung und seinen verwandelnden und heiligenden Einfluß. Wir benötigen ihn als Beistand, Tröster und Ermahner, wir sind davon abhängig, daß er uns befähigt und ausrüstet, und würden ohne seine Weisheit, Frucht und Gaben keinen Erfolg sehen. Nur in dem Maß, wie Gott uns gebrauchen kann, daß anderen Menschen „der Geist Jesu" (Apg 16:7) verliehen wird, werden die anderen geistliche Veränderung und Hilfe durch unseren Zeugen- und Leiterschaftsdienst erfahren. Die Menschen benötigen letztlich nicht uns, sondern das Leben Christi, das von uns ausströmt.

Die Erfüllung des Missionsbefehls ist durch verschiedene Hindernisse immer wieder gefährdet worden. Zu diesen Hindernissen zählt der Mangel an Vision, Eifer, Gebet, Arbeitern und Geld. Ebenso aufzuzählen wären unklare Prioritäten, Ziele und Strategien, Kommunikationsbarrieren, wirtschaftliche, soziale und kulturelle Hindernisse. Doch es wird immer deutlicher, **daß die wichtigste Frage in Missionskreisen sein sollte, ob ein ausreichendes Maß an göttlicher Salbung vorhanden ist oder ein Mangel in diesem Bereich besteht**.

Der Pioniermissionar Dan Crawford aus Luanza bekannte: „Ich kann nicht mehr wie eine Maschine weiterarbeiten, ich brauche eine neue Salbung aus der Höhe.“ [107] Charles T. Studd schrieb aus dem Herzen Afrikas, daß er sich nach einem „Sturm und einer Atmosphäre des Heiligen Geistes“ sehne.[108] Der Pionier auf den Fidschi-Inseln, James Calvert, unterstrich: „Was wir mehr als alles andere benötigen, ist Kraft aus der Höhe, und diese dürfen wir in ihrer ganzen Fülle und ihrem ganzen Reichtum haben.“ [109] Der Apostel Petrus erklärte, die Gabe des Heiligen Geistes wäre ein Vorrecht, das zu allen Zeiten gültig sei und allen Christen zur Verfügung stehe. In seiner Predigt zu Pfingsten verkündigte er: „Denn euch und euren Kindern gilt diese Verheißung, und allen, die fern sind, so viele der Herr, unser Gott, herzurufen wird“ (Apg 2:39).

Wenn wir in Gottes Werk tätig werden, müssen wir dem Heiligen Geist Raum geben, wieder die herausragenden Position einzunehmen, die er zu neutestamentlichen Zeiten innehatte. A. Murray faßte diesen Gedanken wie folgt zusammen: „Wir müssen Gott beim Wort nehmen und zu der außerordentlichen Begeisterung und dem Feuer der ersten Apostel zurückkehren ... Gott wird im Blick auf die Früchte, die wir ernten dürfen, keinen Unterschied machen zwischen der Kirche der damaligen Zeit und unserer Kirche heute.“ [110] Die Wahrheit dieser Zusicherung wird von J. H. Kanes bemerkenswerter Beobachtung unterstrichen: „In unserer Zeit heute haben wir genug Beweise dafür, daß jene Gruppen, die die Gegenwart und Kraft des Heiligen Geistes betonen, Jahr um Jahr am meisten Wachstum zu verzeichnen haben, und zwar sowohl in unserem Land als auch in anderen Kontinenten. Und das Wachstum geschieht nicht nur quantitativ, sondern auch qualitativ.“ [111]

Wenn man versucht, geistliche Ergebnisse durch rein menschliche Anstrengung hervorzubringen, so arbeitet man vergeblich. Wie ein Segelschiff nicht ohne Wind vorwärts kommt, selbst wenn alle Segel gespannt sind, so werden auch wir in unserem eigenen geistlichen Fortkommen und in unserem Dienst als Mentor keine Reife erleben, ohne mit dem Heiligen Geist erfüllt zu sein. Kein Christ kann diese göttliche Verleihung der Kraft in irgendeiner Weise selbst hervorbringen, doch er kann bestimmte Schritte tun, um sie zu erlangen oder wiederzugewinnen. Dafür muß er bestimmte Bedingungen erfüllen, die Gott an die Ausgießung dieses Segens geknüpft hat.

Zunächst ist da die Voraussetzung des **Durstes**, von dem der Herr Jesus mehrfach sprach (Mt 5:6, Joh 4:13,14, 6:35, 7:37).[112] Es stellt sich die Frage, ob wir uns genauso danach sehnen, das Beste Gottes zu empfangen, wie Jakob (siehe Gen 32:26), Jabez (siehe 1 Chr 4:10) und Elisa (siehe 2 Kön 2:1-15). Nicht die Quantität, sondern die Qualität wird darüber entscheiden, wie stark der Einfluß der Christen in dieser Welt sein wird. J. Wesley behauptete: „Gebt mir einhundert Prediger, die nichts anderes fürchten als die Sünde und nichts anderes wünschen als Gott – wobei mir vollkommen egal ist, ob es sich um Geistliche oder Laien handelt –, und diese Männer werden die Pforten der Hölle erschüttern und das Himmelreich hier auf der Erde errichten.“ [113]

Simon Petrus wies darauf hin, daß **Gehorsam** eine weitere Bedingung ist, um den Heiligen Geist zu empfangen (siehe Apg 5:32). William Borden, der sein Leben der Aufgabe widmete, Moslems in China das Evangelium zu verkündigen, erklärte: „Der Preis, den man für die Kraft zahlen muß, ist Gehorsam, absoluter und uneingeschränkter Gehorsam, der zum Prinzip des täglichen Lebens gemacht ist und selbst in den kleinen Dingen beachtet wird.“ [114] Ungeteilte Hingabe, eine völlige Übergabe unserer selbst mit allem, was wir sind, haben und wünschen, ist der Weg, um von Gott stärker gebraucht zu werden. Heute, wo sich viele Gläubige danach sehnen, daß der Leib Christi durch eine machtvolle geistliche Erweckung neu belebt wird, tun wir gut daran, uns an die bedeutsame Definition C. G. Finneys zu erinnern: „Eine Erweckung besteht in nichts anderem, als daß Menschen neu anfangen, Gott zu gehorchen“ [115] und alles vermeiden, was den Heiligen Geist betrüben könnte (siehe Eph 4:30).

Durch das **Gebet** ergreift man drittens, was Gott in seiner Gnade zur Verfügung gestellt hat, nämlich den Heiligen Geist, der die Antwort auf jede geistliche Not ist. Jesus ermutigte seine Jünger: „Wenn nun ihr, die ihr böse seid, euren Kindern gute Gaben geben könnt, wieviel mehr wird der Vater im Himmel den heiligen Geist geben denen, die ihn bitten“ (Lk 11:13). Besonders christliche Leiter stehen immer in der Gefahr, der Arbeit mehr Bedeutung einzuräumen als dem Gebet.[116] Sie werden gut daran tun, sich den Rat von Murray zu Herzen zu nehmen: „Unser eigentliches Ziel soll nicht sein, viel zu arbeiten und dann so viel zu beten, daß die Arbeit gut läuft, sondern viel zu beten und dann so viel zu arbeiten, daß die Kraft und der Segen, die im Gebet erlangt wurden, durch uns den Weg zu den Menschen finden.“ [117] W. L. Duewel erklärte sogar, der wichtigste Aspekt bei der Vorbereitung auf eine Leiterschaftsaufgabe bestehe darin, daß man lernt, wie man durch Gebet Kraft und Führung bekommen kann.[118] Durch Gebet erleben wir Gottes Gemeinschaft, das Gebet hält das Feuer des Heiligen Geistes am Brennen.[119] Die Herausforderung, allezeit diese Verbindung zu Gott aufrechtzuerhalten, ist deshalb für alle Diener Gottes ein Thema von äußerster Wichtigkeit, ein Thema, das mit vielen Konsequenzen verbunden ist.

Um wirksam zu sein, muß das Gebet viertens mit **Glauben** gekoppelt sein. Aus dem Hebräerbrief lernen wir: „Aber ohne Glauben ist's unmöglich, Gott zu gefallen; denn wer zu Gott kommen will, der muß glauben, daß er ist und daß er denen, die ihn suchen, ihren Lohn gibt" (11:6). Biblischer Glauben gründet sich auf das, was wir vom Wesen und vom Wort Gottes wissen. Der Glaube beruft sich auf Gottes Verheißungen, nimmt von den göttlichen Reichtümern und ist ein Kanal, durch den dieser göttliche Strom in unser Leben hineinfließen kann. Wenn wir solches Vertrauen haben, werden wir Gottes Kraft auslösen, seine Herrlichkeit sehen (siehe Joh 11:40) und auf diese Weise als vollmächtige Zeugen seiner Herrlichkeit leben.

Die krönende Erfahrung des geisterfüllten Christen ist das ausgetauschte Leben.[120] Wenn der Christ durch den Glauben die Fülle des in ihm wohnenden Christus in Anspruch nimmt (siehe Kol 2:10), lebt dieser tatsächlich in seiner ganzen Fülle in ihm und durch ihn (siehe Gal 2:20). Auf dieser Grundlage heißt Christus zu folgen letztlich nicht, daß man sich mit aller menschlichen Kraft anstrengt, Jesus nachzuahmen, sondern daß man durch dessen lebendige Gemeinschaft Kraft gewinnt und an seiner göttlichen Natur Anteil hat (siehe 2 Petr 1:4). **Um ein guter Zeuge und ein effektiver Leiter für Christus zu sein, reicht es nicht aus, nur von ihm zu lernen, vielmehr muß man in ihm leben.**[121] Nur in dieser Weise kann sich Christi Absicht erfüllen, daß eine weltweite Bewegung von geisterfüllten Nachfolgern entsteht, durch die er die Welt zu Gott rufen kann.

Dieses ausgetauschte Leben ist ein **exemplarisches** Leben, weil es beispielhaft und authentisch die wunderbaren Merkmale der Christusähnlichkeit widerspiegelt. Zudem ist es ein Leben, das sich **fortpflanzt**, weil die Vision und die Kraftquellen eines christusähnlichen Lebens an andere weitergegeben werden. Es ist außerdem ein **siegreiches** Leben, denn wenn wir auch ohne Christus nichts tun können, so vermögen wir durch ihn doch alles (siehe Phil 4:13). Dieses Leben steht jedem Christen zur Verfügung, wenn er in Jesus bleibt und durch den Heiligen Geist alles nimmt, was er in Christus haben kann. Alles das ist nur möglich durch die unverdiente Gnade, die Gott in Jesus Christus erwiesen hat (siehe Eph 1:6), und es ist nur möglich, weil der auferstandene und erhöhte Herr Jesus durch treue Fürbitte seinen Nachfolgern ermöglicht, dieses Leben zu führen (siehe Hebr 7:25).

Das Leben von JAMES HUDSON TAYLOR veranschaulicht auf einzigartige Weise, wie das Wesen und der Segen eines vom Heiligen Geist erfüllten Lebens aussehen kann. Taylor ließ sich vom Heiligen Geist führen und ausrüsten, und sein Wirken als Missionar hinterließ ein mächtiges Zeugnis, durch das Tausende von Menschen berührt wurden. Sein christusähnliches Leben machte ihn zu einem der herausragendsten Leiter in der Geschichte der Mission.

Hudson Taylor kam in England am 21. März 1832 in Barnsley in einer christlichen Familie zur Welt. Bereits als Kind gab er seinem Wunsch Ausdruck, eines Tages als Missionar nach China zu gehen. Nachdem er mit siebzehn Jahren Frieden mit Gott gefunden hatte, reifte dieser Wunsch zu einem klaren Ruf heran. Als Vorbereitung auf seinen Dienst studierte Hudson in Hull Medizin und machte sich schließlich im September 1853 als Missionar der Chinesischen Evangelisationsgesellschaft auf den Weg.

Eineinhalb Jahre nach seinem Eintreffen in Schanghai beschloß Taylor, den Chinesen ein Chinese zu werden und änderte seine Kleidung und seine Haartracht. Damit folgte er den Pioniermissionaren Matteo Ricci, Robert Morrison und Karl Gützlaff.[122] Taylors Entschluß, sich radikal der Kultur anzupassen, sollte sich als ein Schlüsselelement erweisen, um die Herzen der Menschen zu erreichen, denen er dienen wollte.

Am 25. Juni 1865 fühlte er sich im Gebet geleitet, um fünfundzwanzig Mitarbeiter zu bitten, und zwei Tage später legte er zehn Pfund für die „China Inland Mission“ beiseite. Die C.I.M., die er damit gründete, war von Anfang an eine überkonfessionelle Glaubensmission, und später wurde sie zu einem internationalen Missionswerk.

1875 wurde um weitere achtzehn Arbeiter für China gebeten, und sechs Jahre später erging ein Ruf um siebzig zusätzliche Missionare. Viele folgten dem Ruf, unter anderem die berühmten Sieben aus Cambridge, zu denen auch Charles T. Studd und Dixon E. Hoste gehörten. Als 1886 im Gebet weitere einhundert Arbeiter erbeten wurden, meldeten sich insgesamt sechshundert, von denen einhundertzwei ausgewählt wurden. Nach dreißig Jahren Arbeit hatte die C.I.M. fünfhundertfünfzig Missionare, die in vierzehn Provinzen auf einhundertzehn verschiedenen Stationen wirkten. Auf einer Missionskonferenz im Mai 1890 in Schanghai berichtete Hudson Taylor von seiner Vision, die Arbeit in den kommenden fünf Jahren mit eintausend weiteren Missionaren zu verstärken. Sein Ruf wurde von anderen Missionsgesellschaften aufgenommen, und als Folge davon fanden im Laufe der Zeit 1153 neue Chinamissionare, ausgesandt von verschiedenen Missionswerken, ihren Weg nach China.

1900 hatten durch das Zeugnis der C.I.M.-Missionare, damals siebenhundert an der Zahl, insgesamt 13 000 Chinesen zu einem neuen Leben in Christus gefunden. Zwei Jahre später ernannte Taylor Hoste als seinen Nachfolger in der Leitung der C.I.M. Hudson Taylor hatte enorme Leistungen als Arzt, Übersetzer, Leiter des Missionswerks, Bibellehrer und vorbildlicher geistlicher Leiter vollbracht. Als er am 3. Juni 1905 starb, mußte die Welt von einem der größten Pioniermissionare aller Zeiten Abschied nehmen.

Taylors Leben als Diener Gottes war von tiefer Demut gekennzeichnet. Einmal wurde er von einem führenden Kirchenleiter gefragt, ob er angesichts der Tatsache, daß Gott ihn so enorm gebraucht habe, nicht gelegentlich versucht würde, stolz zu werden. Daraufhin erwiderte der Missionar: „Ich denke häufig, daß Gott nach jemand Ausschau gehalten hat, der so klein und schwach war, daß Er ihn gebrauchen konnte; und bei dieser Suche fand Er mich.“ [123] Außerdem war Taylor ein Mann des Gebets, wie es selten einen gab. Er konnte bezeugen, daß die Sonne niemals über China aufging, ohne daß er sich im Gebet befand.[124] Sein Biograph M. Broomhall zeichnete ein weiteres ausgeprägtes Merkmal des Gründers der C.I.M. nach, nämlich seinen Glauben. Vom Anfang bis zum Ende war Taylors Leben von dem Glauben an Gottes unerschütterliche Treue beherrscht.[125]

Darüber hinaus war Hudson Taylor von Gott mit außergewöhnlichen strategischen Einsichten begabt. Über die Arbeit für Gott stellte er drei mögliche Wege dar:

> „Der eine besteht darin, die bestmöglichen Pläne zu machen und sie dann nach bestem Vermögen auszuführen ... Oder, zweite Möglichkeit, wir planen sorgfältig und sind entschlossen, die Pläne auszuführen, doch zunächst bitten wir Gott um Seine Hilfe und Seinen Segen für unsere Pläne. Doch gibt es noch eine dritte Vorgehensweise für unsere Arbeit, nämlich bei Gott anzufangen, Ihn um Einblick in Seine Pläne zu bitten und uns Ihm zur Verfügung zu stellen, damit Er seine Absichten vollbringen kann.“ [126]

Taylor hat viele scharfsinnige Beobachtungen gemacht, in denen sich seine Erkenntnis darüber widerspiegelt, welche Prinzipien für eine fruchtbringende Missionsarbeit von Bedeutung sind. Einige seien genannt:

> „Missionsbezogene Informationen sind nötig für missionarische Bemühungen.“ [127]
>
> „Wir können uns darauf verlassen: wenn wir Gottes Werk auf Gottes Weise tun, wird es uns nie an Gottes Mitteln fehlen.“ [128]
>
> „Wie können wir erwarten, daß sich eine starke, gesunde, christusähnliche, einheimische Gemeinde entwickelt, wenn wir nicht selbst ein starkes, gesundes, christusähnliches Leben

führen? ... Es hängt von den geistlichen Vätern ab, wie die geistlichen Kinder werden ..."[129]

„Wir haben unsere Aufmerksamkeit zu viel auf Methoden, Hilfsmittel und Ressourcen gerichtet und zu wenig auf die Quelle der Kraft."[130]

„Was die Mission heute mehr als alles andere benötigt, ist die offenkundige Gegenwart des Heiligen Geistes."[131]

Der entscheidende Wendepunkt in Hudson Taylors Missionsarbeit kam am 4. September 1869. In den vorausgegangenen Monaten war er von einem tiefen Verlangen nach größerer Heiligkeit und Kraft sowohl in seinem eigenen Leben als auch in der C.I.M. allgemein getrieben worden. Der Gebrauch verschiedener Gnadenmittel wie das Lesen des Wortes Gottes, Gebet und Fasten hatte nicht den ersehnten Erfolg gebracht. In Taylor wuchs die Erkenntnis, daß der Schlüssel zu dem Problem Glaube sei, doch gerade diesen besonderen Glauben besaß er nicht. Die Antwort, nach der er so lange gesucht hatte, fand er schließlich in einem Brief seines Freundes John McCarthy. Dieser erklärte ihm: „Wie kann nun unser Glaube wachsen? Nur, indem wir an all das denken, was Jesus *ist*, und an alles, was Er *für uns* ist ... *Nicht* ein Bemühen, Glauben zu haben oder unseren Glauben zu mehren, *sondern* das Schauen auf den Einen, den Getreuen, scheint *alles* zu sein, was wir brauchen."[132] Plötzlich wurden Taylor die geistlichen Augen geöffnet. Kurze Zeit später beschrieb er die neu gewonnene Erkenntnis mit folgenden Worten:

„Ich glaube, daß hier das Geheimnis liegt: nicht die Frage, wie ich Saft *aus* dem Weinstock *in* mich *hinein*bekommen kann, sondern das Innewerden, daß Jesus der Weinstock *ist* – die Wurzel, der Stamm, die Zweige und Ranken, die Blätter, Blüten, die Frucht, ja, einfach alles ... Deshalb laßt uns nicht irgend etwas aus Ihm herausaugen wollen, sondern uns darüber freuen, daß *wir in Ihm* sind – eins mit Ihm und folglich eins mit seiner *ganzen* Fülle. Wir sollen nicht nach Glauben suchen, um in Heiligkeit leben zu können, sondern uns über die *Tatsache* freuen, daß wir in Christus vollkommene Heiligkeit haben, und erkennen, daß – untrennbar eins mit Ihm – diese Heiligkeit uns *gehört; wenn wir diese Tatsache annehmen, werden wir ihre Wahrheit bezeugen können.*“ [133]

Diese neue Offenbarung des Einsseins mit Jesus Christus und des Reichtums, den er in ihm hatte, veränderte Hudson Taylor so tiefgreifend, daß er erklärte, Gott habe einen neuen Menschen aus ihm gemacht.[134] Durch verstärktes Gebet fachte er das Feuer des Heiligen Geistes weiter an, durch den Glauben hatte er unentwegt Zugang zur Gnadenfülle Christi, und so erlebte er den Segen eines ausgetauschten Lebens. Neue Kraft, neuer Frieden und neue Freude erfüllten sein Leben. An die Stelle menschlichen Bemühens war göttliche Gnade getreten, dadurch, daß Taylor in der Gemeinschaft mit Jesus Christus ruhte. Von diesem Zeitpunkt an zeigte sich in Taylors Leben und Wirken in reichem Maße die Wahrheit der Verheißung Jesu Christi: „Wen da dürstet, der komme zu mir und trinke! Wer an mich glaubt, wie die Schrift sagt, von dessen Leib werden Ströme lebendigen Wassers fließen“ (Joh 7:37, 38).

… siehe, ich bin bei euch alle Tage …
(Mt 28:20)

„Alle großen Gottesmänner waren schwache Menschen, die Großes für Gott vollbrachten, weil sie sich darauf verließen, daß Er mit ihnen war …“ (J. Hudson Taylor)[135]

Anhang

Grundlegende Elemente des Modells Jesu Christi bei der Jüngerschaftsschulung

Eine Übersicht

Er studierte gründlich die hebräische Kultur, bevor er mit der Schulung der Jünger begann.

Er ging nach einem klaren Handlungsplan vor.

Er wirkte unter der Salbung des Heiligen Geistes.

Er glich seine Methode der Jüngerschaft dem Umfeld an.

Er übernahm die einheimische Schulungsweise der rabbinischen Unterweisung und paßte sie seinen spezifischen Zielen an.

Er ergriff die Initiative und berief eine Kerngruppe von Männern, die ihm folgen sollten.

Er wählte sie unter Gebet aus.

Er wählte eine Gruppe aus, die in kultureller Hinsicht homogen war.

Er wählte einfache, belehrbare, hingegebene und eifrige Menschen aus.

Er bevorzugte eine Teamsituation, in der eine positive Gruppendynamik einsetzte.

Er berief die Zwölf nicht nur zur Teilnahme an einem Programm, sondern in eine enge persönliche Beziehung.

Er machte die Verbundenheit mit den Zwölfen zur Grundlage seiner Mentorstrategie.

Er teilte sein Leben mit seinen Nachfolgern und war ihnen gegenüber transparent.

Er war sehr offen mit ihnen in seiner Kommunikation.

Er machte sie zunächst zu seinen Freunden,
dann erst zu seinen Stellvertretern.

Er praktizierte Jüngerschaft als eine dynamische Erneuerung
des Lebens aufgrund von Beziehungen.

Er sprach nie von dem abstrakten Konzept der „Jüngerschaft".

Er stand seinen Nachfolgern fast immer zur Verfügung.

Er verbrachte viel Zeit mit ihnen.

Er achtete darauf, daß die Zeit, die er zu ihrer Schulung benötigte,
sowohl qualitativ als auch quantitativ ausreichte.

Er setzte die Kraft der Persönlichkeit ein.

Er schuf durch seine Jüngerschaftsmethode auf der Basis des
verbindlichen Zusammenseins eine Atmosphäre, in der sein
Charakter und seine Lebensweise auf die Zwölf „abfärben"
konnte und sollte.

Er kam ihnen so nahe, daß sein Geist ihren Geist berühren,
sein Herz ihr Herz verändern konnte.

Er vermittelte ihnen seine Vision, seine Denk- und
Handlungsweise.

Er sorgte nicht nur für Information auf der Verstandesebene,
sondern bewirkte echte Charakterformung.

Er achtete darauf, daß nicht nur Wahrheit vermittelt,
sondern eine Haltung übernommen wurde.

Er stellte sich selbst als Beispiel hin durch das,
was er war, tat und sagte.

Er lebte, was er lehrte.

Er selbst war ein Vorbild in allem, was er seine Nachfolger
lehrte und wie sie werden sollten.

Er hatte den größtmöglichen Einfluß auf sie, da sie erlebten,
daß die Prinzipien, die er lehrte, gleichzeitig auch in seinem
Leben und Dienst sichtbar wurden.

Er verband die vorbildliche Heiligkeit im Charakter
mit hervorragenden Leistungen.

Er mühte sich darum, die Einstellung und das Verhalten der Jünger umzuformen, so daß sich in ihnen immer mehr die Art widerspiegelte, wie er selbst dachte, fühlte und handelte.

Er zielte bei seiner Schulung darauf, sie zu Abbildern seiner selbst zu machen, damit sie als seine glaubwürdigen Zeugen dienen konnten.

Er machte seine persönliche Erfahrung der Liebe Gottes zum Maßstab der Art, wie er sein herzliches Interesse an seinen Schützlingen zum Ausdruck brachte.

Er ging in seinem Umgang mit ihnen umsichtig vor.

Er legte eine äußerst positive Haltung als Mentor an den Tag.

Er schaute im Glauben nicht so sehr auf die offensichtlichen Mängel der Jünger, sondern auf das in ihnen schlummernde Potential.

Er förderte ihre Stärken und arbeitete an ihren Schwächen.

Er vertraute ihnen.

Er ermutigte sie.

Er korrigierte sie, wenn nötig.

Er kümmerte sich um die Zwölf sowohl als Gruppe als auch als einzelne.

Er legte besondere Betonung auf die Schulung von Johannes und Jakobus, am meisten investierte er jedoch in Petrus.

Er legte mehr Wert auf Charakterentwicklung als auf Erfüllung von Aufgaben.

Er förderte das Wachstum seiner Schüler in den Bereichen der Persönlichkeitsentwicklung, des Wissens, der Erfahrung und des Könnens.

Er übte Autorität über sie aus, die nicht aus seiner Position entsprang, sondern geistlichen Ursprungs war und aus seiner Beziehung zu ihnen herrührte.

Er erwartete, daß sie sich ihm als Person vollkommen hingaben.

Er betonte bei seiner Schulung von Anfang bis Ende die einzigartige Bedeutung des Gehorsams.

Er setzte seine Nachfolger bewußt Situationen aus, in denen ihr Glaube herausgefordert wurde.

Er betete für sie.

Er lehrte sie zu beten.

Er zog sich mit ihnen nicht in Abgeschiedenheit zurück, sondern schulte sie im Umfeld des normalen Lebens.

Er machte die Gesamtheit der gemeinsamen Lebenserfahrungen zu seinem Unterrichtsfeld.

Er verwob seine Lehre auf ganz natürliche Weise mit dem Kontext der täglichen Erlebnisse.

Er gab der mündlichen Unterweisung eindeutig Vorrang vor anderen Methoden.

Er kleidete seine Äußerungen in eine einprägsame Form, damit seine Freunde sich an den Kern seiner Lehre erinnern konnten.

Er verwandte Gleichnisse als konstruierte Fallstudien, um wichtige Grundsätze und Verhaltensweisen einzuprägen.

Er wiederholte wichtige Wahrheiten.

Er betonte die Vorbildhaftigkeit der Natur seines Lebens und Wirkens.

Er lehnte die weltliche Praxis von Herrschaft als wirksamen Plan zur Ausübung geistlicher Leiterschaft ab.

Er hob statt dessen die Bedeutung einer dienenden Haltung hervor.

Er wies auf die Notwendigkeit hin, daß Leiter Integrität besitzen müssen.

Er bettete die Schulung der Zwölf in den Kontext eines aktiven Dienstes.

Er verband seine Unterweisung mit Möglichkeiten zur praktischen Anwendung.

Er übertrug seinen Nachfolgern Verantwortung.

Er übertrug ihnen Autorität.

Er unterzog sie einer Leiterschaftsschulung, nicht nur einer Ausbildung zur Leiterschaft.

Er bildete die besten Leiter heran, indem er sie zu guten Nachfolgern machte.

Er vermied es, seine dynamische Methode der Jüngerschaftsschulung zu formalisieren, zu strukturieren oder zu institutionalisieren.

Er übte seine Mentoraufgabe durch Vorbild, Grundsätze, Gebet und Kraft aus der Höhe aus.

Er mühte sich besonders darum, in den Jüngern ein Verständnis über die Person und das Wirkens des Heiligen Geistes zu wecken und sie zu der Erkenntnis zu führen, daß der Heilige Geist sie angemessen für ihre zukünftige Verantwortung ausrüsten würde.

Er machte ihnen bewußt, daß sie die Bevollmächtigung durch den Heiligen Geist benötigten und daß erst dadurch ihre Zurüstung zu effektiven Zeugen und fruchtbaren Leitern abgeschlossen sein würde.

Er bereitete seine Gefährten von Anfang an darauf vor, daß sie das von ihm begonnene Werk übernehmen, fortführen und erweitern sollten.

Er schulte sie für Mission.

Er zielte bei seiner Schulung darauf, sie zuzurüsten, so daß sie als seine vollmächtigen Abgesandten in verschiedenen Volksgruppen dienen konnten.

Er weckte in ihnen eine strategische Sicht der Notwendigkeit, seine Sache unter den Nationen durch Reproduktion von Jüngern vorwärtszutreiben, wobei diese Jünger ihrerseits wiederum als Multiplikatoren tätig werden sollten.

Er bildete sie heran, so daß sie unter der Leitung und Bevollmächtigung des Heiligen Geistes als kompetente Leiter der weltweiten Bewegung, die er voraussah, würden auftreten können.

Anmerkungen

Zitat

* John L. Nevius: Zitiert aus Beach, H. P., *Princely Men in the Heavenly Kingdom*, New York, 1907, S. 107.

Einleitung

1 Wagner, C. P., *On the Crest of the Wave*, Venture, 1983, S. 159.
2 Chandapilla, P. T., *The Master-Trainer*, Bombay, 1974.

TEIL EINS

* Taylor, J. H., *Hudson Taylor's ‚Retrospect'*, [18]1974, S. 16f.

Kapitel 1

1 Vermes, G., *Jesus and the World of Judaism*, London, 1983, S. 4.
2 Unter den Wissenschaftlern gibt es eine anhaltende Diskussion über das genaue Jahr der Geburt Jesu. Nach Ward, K. (Hrsg.), *Jesus and His Times*, Pleasantville, 1987, S. 24, datieren die meisten die Geburt auf die Zeit um 6 oder 7 v. Chr. Mit Sicherheit wissen wir allerdings nur, daß Jesus zur Zeit Herodes des Großen lebte (siehe Mt 2:1-20), dessen Tod auf das Jahr 4 v. Chr. fällt.
3 In dieser Veröffentlichung wird der Begriff „Gesetz" und das entsprechende hebräische Wort *Thora* (wörtlich „Unterweisung") gleichbedeutend verwendet; gemeint ist das Gesetz Gottes, wie es in den fünf Büchern Mose niedergelegt ist.

4 *Jesus* ist die griechische Form von *Jeschua*, was wiederum eine zusammengezogene Form von *Jehoschua* (gr. *Joschua)* ist und „Jahwe rettet" bedeutet.

5 Die Bibel erklärt, daß Jesus vom Heiligen Geist empfangen war (siehe Mt 1:20). Auch wenn Josef streng genommen nur die Rolle des irdischen Pflegevaters Jesu hatte, folge ich Lukas' Vorbild und spreche von ihm als dem „Vater" Jesu (Lk 2:33-48).

6 Siehe Mk 3:17, 5:41, 7:11, 7:34, 15:34, in Betracht zu ziehen ist auch Apg 26:14,15.

7 *Schema*, hebräisch für „hören, zuhören", stammt aus den Anfangsworten von Deuteronomium 6:4 („Höre, Israel, ...").

8 Bei diesen Anlässen folgte dem *Schema* das *Tefilla*, dessen achtzehn Verse Elemente des Lobens, Bittens und Dankens enthalten; nachmittags wurde nur das *Tefilla* gebetet.

9 Für eine detailliertere Beschreibung über den Ablauf des Synagogengottesdienstes siehe A. B. Mortons Artikel, „Education in Biblical Times", in Tenney, M. C. (Hrsg.), *The Zondervan Pictorial Encyclopedia of the Bible*, 5 Bände, Grand Rapids, 1975/76, Band 2, S. 210.

10 Seine Entwicklung zeigt, wie effektiv ihre Schulungsmethode war, und beweist die Gültigkeit von Klgl 3:27 und Spr 22:6.

11 Vgl. die ausführliche „List of Old Testament Quotations in the Gospels", die Robertson, A. T., zusammenstellte in: *A Harmony of the Gospels for Students of the Life of Christ*, New York, 1922; S. 295-301; siehe Coleman, R. E., *The Mind of the Master*, Old Tappan, 1977, S. 54 (deutsch: Lernet von mir, Wuppertal, 1991).

12 „The Life of Flavius Josephus" 45, in Josephus, F. *Complete Works,* Grand Rapids, 1978, S. 12.

13 Headlam, A. C., *The Life and Teaching of Jesus Christ*, London, ²1927, S. 98.

14 Es ist interessant zu sehen, daß die alttestamentlichen Schriften mehrere mnemotechnische Mittel enthalten, z. B. Ps 136 (Refrain), Ps 150 (Anaphora) und Pred 3:2-8 (Parallelismus); der hebräische Text von Ps 119 und Spr 31:10-31 ist ein Akrostichon.

15 Barclay, W., *The Mind of Jesus*, London, 1988, S. 15.

16 Packer, J. I., unter „Carpenter" in Brown, C., (Hrsg.), *The New International Dictionary of New Testament Theology* (NIDNTT), 4 Bände, Grand Rapids, 1986, Band 1, S. 279.

17 Diese Erklärung findet sich in R. Riesners Buch, *Jesus als Lehrer*, Tübingen, ³1988, S. 220.

18 Mt 7:3-5, 11:29,30, Lk 6:48,49, 23:31, auch Lk 23:31.

19 In den Evangelienberichten über Jesu späteres Leben fällt auf, daß Josef nicht mehr erwähnt wird; man hat daraus abgeleitet, daß Josef bereits gestorben war, bevor das öffentliche Wirken Jesu begann; vgl. z.B. Barclay, *Mind*, S. 20.

20 Die wörtliche Übersetzung des hebräischen Wortes *rabbi* lautet „mein Großer, mein Meister". Mit diesem höflichen Ehrentitel wurden gelehrte Männer angeredet.

21 Schlatter, A., *Geschichte Israels von Alexander dem Großen bis Hadrian*, Stuttgart, [3] (1925) 1977, S. 261.

22 Edersheim, A., *The Life and Times of Jesus the Messiah*, 2 Bände, McLean, [3]1886, Band 1, S. 117, 119.

23 So der jüdische Theologe J. Klausner in seinem Werk *Jesus of Nazareth*, New York, 1927, S. 223.

24 Diese Definition von K. H. Rengstorf findet sich in seinem Beitrag „mathetes" in Kittel, G. u. Friedrich, G. (Hrsg.), *Theological Dictionary of the New Testament* (TDNT), 9 Bände, Grand Rapids, 1964-1974, Band 4, S. 431f.

25 Eine Fülle derartiger rabbinischer Auslegungen und Lehren sind in der *Mischna* zusammengestellt sowie im *Babylonischen Talmud* und *im Palästinischen bzw. Jerusalemischen Talmud.* Im laufenden Text werden Zitate aus der *Mischna* mit „M", Zitate aus dem *Babylonischen Talmud* mit „BT" wiedergegeben. Bei den zitierten Ausgaben handelt es sich um *The Mishnah*, übersetzt von H. Danby, London, 1933, und *The Babylonian Talmud*, hrsg. von I. Epstein, 18 Bände, London, 1935-1952.

26 Siehe Gerhardsson, B., *Memory and Manuscript*, Lund u. Copenhagen, 1961, S. 160f.

27 Ebd., S. 127.

28 Zitiert ebd., S. 137.

29 Friedeman, M., *The Master Plan of Teaching*, Wheaton, 1990, S. 48.

30 Dieses Zitat wird ebd. erwähnt, S. 110.

31 *Messias* ist das hebräische Äquivalent zum griechischen *Christus*, beides bedeutet „der Gesalbte".

32 So erklärt von J. Denney, unter „Holy Spirit" in Hastings, J., (Hrsg.), *A Dictionary of Christ and the Gospels* (DCG), 2 Bände, Edinburgh u. New York, 1906/09, Band 1, S. 735.

33 Man beachte die ähnliche Sicht, die von dem jüdischen Theologen Nikodemus während seines Gesprächs mit Jesus geäußert wurde (Joh 3:2).

34 Man beachte ebenfalls die Art, in der Jesus die Salbung des Heiligen Geistes, die die Jünger erhalten sollten, ankündigte und beschrieb (Joh 14:16,17).

35 Die besondere Gemeinschaft Gottes wird auch durch folgende Formulierungen ausgedrückt: „Der Geist des Herrn kam auf" Otniel (Ri 3:10), Gideon (Ri 6:34), Jeftah (Ri 11:29), Samson (Ri 14:6,19), Amasai (1 Chr 12:18), Asarja (2 Chr 15:1), Jahasiel (2 Chr 20:14) und Sacharja (2 Chr 24:20); „Gottes Hand war auf" Esra (Esra 7:6, 8:31), Nehemia (Neh 2:8,18), und Hesekiel (Hes 3:22); Bezalel wurde „mit dem Geist Gottes erfüllt" (Ex 31:3).

36 Siehe 1 Sam 16:18, 18:12,14,28, 2 Sam 5:10, 7:3,9, 1 Kön 1:37, 1 Chr 11:9, 17:2,8, Ps 23:4, siehe auch 2 Sam 23:1.

37 Denney, siehe zitierter Artikel, S. 735.

38 J. S. Stewart faßte die jeweiligen Wahrheiten der drei Versuchungen in folgenen Formulierungen zusammen: „Das Geistliche gegen das Materielle", „Der Reiz des Spektakulären" und „Der Weg des Kompromisses", in seinem Buch *The Life and Teaching of Jesus Christ*, Nashville, 1978, S. 45-49.

Kapitel 2

1 Gott zeigte sich in der Schöpfung der Welt als ein Gott der Strategie (siehe Gen 1:1-31); sein strategisches Vorgehen zeigt sich außerdem in Abschnitten wie Hiob 42:2, Jes 25:1, 46:11, 55:11, Jer 29:11, Mi 4:12, Eph 1:11, und läßt sich immer wieder in seinem Handeln mit dem Volk Israel erkennen (siehe z. B. Gen 50:20, Hes 20:5-44, 36:22-32, 1 Kön 8:44, 2 Sam 5:17-25, 2 Chr 20:15-17,22,23).

2 Im Lauf der Jahre ist Jesus in seiner Funktion als Lehrer viel Aufmerksamkeit gewidmet worden; dieser Aspekt wurde theologisch ausführlich erarbeitet. Neben den Büchern von Riesner, Headlam und Friedeman, auf die bereits Bezug genommen wurde, liefern folgende Werke wertvolle zusätzliche Einblicke: Wendt, H. H., *The Teaching of Jesus*, 2 Bände, Edinburgh, 1892/93; Ross, D. M., *The Teaching of Jesus*, Edinburgh, 1904; Deane, A. C., *Rabboni*, London, o. J.; Manson; T. W., *The Teaching of Jesus*, Cambridge, England, ²1935.

3 Vgl. Schlatter, A., *Die Geschichte des Christus*, Stuttgart, ⁴1984, S. 34; Klausner, *Jesus*, S. 384-389; Ronai, A., u. Wahle, H., *Das Evangelium – ein jüdisches Buch?*, Freiburg im Breisgau, 1986, S. 80f., 124, 152f.; Flusser, D., *Jesus*, New York, 1969, S. 72.

4 Für eine umfassende Analyse der Lehrtechniken Jesu siehe: Griffith-Jones, E., *The Master and His Method*, London, 1902,

S. 66-83; Horne, H. H., *Teaching Techniques of Jesus*, Grand Rapids, (1920) 1978, S. 1-176, 204-206.

5 Schlatter, *Geschichte des Christus*, S. 228.

6 Klausner, *Jesus*, S. 263.

7 Eine unterstützende Sicht gibt Schlatter, *Geschichte des Christus*, S. 34.

8 Vgl. Vermes, *Jesus*, S. 31.

9 Darauf hingewiesen von W. M. Christie, unter „Sea of Galilee", *DCG*, Band 2, S. 594.

10 „Life" 17, in Josephus, *Complete Works*, S. 5.

11 So Klausner, *Jesus*, S. 285; siehe auch Tasker, J. G., unter „Judas Iscariot", *DCG*, Band 1, S. 908.

12 Diese Sicht wurde abgeleitet von der Unterteilung der Verbindung Jesu mit den Zwölfen in mehrere eindeutige Phasen, zu finden in Bruce, A. B., *The Training of the Twelve*, Grand Rapids, [4](1894) 1971, S. 11f.; und in Hull, B., *The Disciple Making Pastor*, Old Tappan, 1988, S. 216, 221.

13 Coleman, R. E., *The Master Plan of Evangelism*, Old Tappan, [2]1964, S. 83.

14 Siehe Sprüche 24:32, wo es heißt: „Als ich das sah, nahm ich's zu Herzen, ich schaute und lernte daraus."

15 Die zentrale Aufgabe eines geistlichen Leiters wurde in dieser Weise von J. R. Clinton zusammengefaßt, und zwar in seiner Publikation: *The Making of a Leader*, Colorado Springs, 1988, S. 222.

16 Hier verwendet Jesus ein bekanntes alttestamentliches Bild; siehe Num 27:17, 1 Kön 22:17, Jes 13:14, Hes 34:5,8, Sach 10:2.

17 Vgl. Rengstorf, zit. Artikel, S. 444-447, und D. Müller, unter „mathetes", *NIDNTT*, Band 1, S. 488.

18 Stewart, *Life and Teaching*, S. 65.

19 Auch hier folge ich der Argumentation von Hull, *Disciple Making Pastor*, S. 200, 238.

20 Watson, *Discipleship*, London, S. 80.

21 Coleman, R. E., *The Master Plan of Discipleship*, Old Tappan, 1987, S. 146.

22 Coleman, *Evangelism*, S. 42f.

23 Manson, *Teaching*, S. 320-323.

24 Riesner, *Jesus*, S. 408.

25 Vine, W. E., *Vine's Expository Dictionary of Old and New Testament Words* (VED), Old Tappan, 1981, Band 2, S. 132.

26 Es sei erinnert an das Beispiel der Freundschaft zwischen Jonathan und David (besonders 1 Sam 18:1).

27 Zu diesem Punkt siehe Hengel, M., *The Charismatic Leader and His Followers*, Edinburgh, 1981, S. 32; Rengstorf, zit. Artikel, S. 436, 447; Riesner, *Jesus*, S. 417; Betz, H. D., *Nachfolge und Nachahmung Jesu Christi im Neuen Testament*, Tübingen, 1967, S. 12.

28 In diesem Zusammenhang wird die Theologie der Leiterschaft durch Jesus als die Überzeugungen, Werte, Ziele und Prinzipien angesehen, die sein Verständnis und seine Ausübung von geistlicher Leitung beherrschten. In den folgenden Kapiteln werden verschiedene Aspekte seines Konzepts von Leiterschaft entfaltet.

29 Gilbert, G. H., unter „Father, Fatherhood", *DCG*, Band 1, S. 581; vgl. auch Manson, *Teaching*, S. 102. – Nach Jeremias, J., *Neutestamentliche Theologie*, I, Gütersloh, [4]1988, S. 20, sprach Jesus in den vier Evangelien über 150mal Gott als „Vater" an, 109mal davon im Johannesevangelium.

30 Siehe ebd., S. 68-73.

31 Rengstorf, zit. Artikel, S. 441.

32 Ebd., S. 445.

33 Ebd., S. 447.

34 Aus eben diesem Grund wird der Begriff wann immer möglich auch in der vorliegenden Veröffentlichung vermieden.

35 Kittel, unter „akoloutheo", *TDNT*, Band 1, S. 214 (Fußnote 31).

36 Bruce, *Training*, S. 30.

37 Griffith-Jones, *The Master*, S. 43.

38 Jones, E. S., *Growing Spiritually*, New York, 1953, S. 316.

39 Duewel, W. L., *Ablaze for God*, Grand Rapids, 1989, S. 22.

40 Siehe Barclay, W., *Begriffe des Neuen Testaments*, Wuppertal, 1979, S. 34.

41 Schlatter, *Geschichte des Christus*, S. 285.

42 Stalker, J., *The Life of Jesus Christ*, Grand Rapids, 1983, S. 75.

43 Eims, L., *Laboring in the Harvest*, Colorado Springs, 1985, S. 86.

44 Bruce, *Training*, S. 201.

45 Die Demut Jesu tritt z. B. in folgenden Abschnitten zutage: Joh 8:50, Mt 20:28, 9:10,11, Jes 53:7,12, Phil 2:5-8.

46 Für weitere Einblicke in dieser Hinsicht sei auf die ausführlichen Untersuchungen in Riesner, *Jesus*, S. 359-379, 394-406, 440, 447, 491, 511f. hingewiesen, und auf Jeremias, *Neutestamentliche Theologie*, I, S. 19-40. Siehe auch Anmerkungen 2 und 4 zu Kapitel 2.

47 Finkel, A., *The Pharisees and the Teacher of Nazareth*, Leiden, 1964, S. 134.

48 Über die Praxis der rabbinischen Ordination siehe Ward, *Jesus,* S. 160, und Lohse, E., *Umwelt des Neuen Testaments*, Göttingen, [3] 1977, S. 84.
49 W. B. Moore zitierte diese Erklärung von J. M. Price in seinem Buch *Multiplying Disciples*, Colorado Springs, 1981, S. 91.
50 Flusser, *Jesus*, S. 91.
51 Charlesworth, J. H., *Jesus within Judaism*, New York, 1988, S. 167.
52 Bruce, *Training*, S. 100.
53 Ebd., S. 99.
54 Coleman, *Evangelism*, S. 27.
55 Die Ausführungen von Jesus über den Heiligen Geist fanden zum größten Teil im persönlichen Rahmen statt, in der Gruppe der auserwählten Jünger. Dieser thematische Bereich gehörte zu der Kategorie seiner nur für den engsten Kreis bestimmten Lehren, wie auch das Thema der Vaterschaft Gottes; zu diesem Aspekt siehe Manson, *Teaching*, S. 96-113.
56 *VED*, Band 1, S. 208.
57 Moss, R. W., unter „Paraclete", *DCG*, Band 2, S. 317.
58 Über das Verständnis des *parakletos* als „Ermahner" siehe C.K. Barrett, in Boice, J.M., *Witness and Revelation in the Gospel of John*, Exeter, 1970, S. 156.
59 Thayer, J. H., *A Greek-English Lexicon of the New Testament*, Grand Rapids, 1977, S. 29.
60 Coleman, *Evangelism*, S. 68.
61 Denney, zit. Artikel, S. 742.
62 Bruce, F. F., *The Hard Sayings of Jesus*, Downers Grove, 1983, S. 124.
63 Diese Übersetzung stammt von dem Experten der aramäischen Sprache G. M. Lamsa in seinem Buch *Idioms in the Bible Explained and A Key to the Original Gospels*, San Francisco, 1985, S. 58.

Kapitel 3

1 Coenen, L., unter „Witness", *NIDNTT*, Band 3, S. 1041. Interessant ist die Bemerkung von Coleman, *Mind*, S. 100, daß ein Unterschied in der Bedeutung von „Zeuge" und „Märtyrer" erst im Laufe des zweiten Jahrhunderts auftrat.
2 Bibelstellen wie Apg 1:22, 2:32, 3:15, 4:33, 5:30-32, 10:39-41 richten die Aufmerksamkeit auf die Auferstehung als den zentralen Punkt des Zeugnisses der Apostel.

3 Kilpatrick, T. B., „Character of Christ“, *DCG*, Band 1, S. 290.
4 Man beachte, wie diese Sicht auch von dem Apostel Johannes in Offb 1:2,9, 17:6, 19:10 weitergegeben wird; außerdem vgl. Apg 23:11, 26:16 und 2 Tim 1:8.
5 Griffiths, M., *The Example of Jesus*, London, 1985, S. 23.
6 Coenen, zit. Artikel, S. 1039.
7 Guder, D. L., *Be My Witnesses*, Grand Rapids, 1985, S. 27.
8 Coenen, zit. Artikel, S. 1042.
9 Van Pelt, J. R., unter „Witness“, *DCG*, Band 2, S. 832.
10 Boice, *Witness*, S. 28.
11 Zu bedenken sind auch z. B. die Berichte in Joh 6:15, Mt 16:22, 23, Joh 12:27, Mt 26:53,54, 27:39-43.
12 Nach Lohse, *Umwelt*, S. 108.
13 So Briscoe, S., *Everyday Discipleship for Ordinary People*, Bromley, 1989, S. 140.
14 Siehe Ward, *Jesus*, S. 233.
15 Vgl. Mt 11:25, Lk 12:21, Joh 9:39, 12:25, Mt 18:3,4, 23:11,12, 19:30.
16 Der Apostel Paulus listet die Frucht des Geistes in Gal 5:22,23 auf.
17 C. R. Swindoll zitierte R. V. G. Tasker in seinem Buch *Improving Your Serve*, Toronto 1986, S. 119.
18 Dieser Dualismus war eines der vorherrschenden Konzepte im Denken der Essener. Ausführlicherer Einblick in die Bewegung der Essener kann gewonnen werden aus: Charlesworth, *Jesus*, S. 54-76; Maier, J., u. Schubert, K., *Die Qumran-Essener*, München, 1982, bsd. S. 41-141; Lohse, *Umwelt*, S. 64-82; Pileggi, D., „Who Were the Essenes?“, *Jerusalem Perspektive*, Juli/August 1990, S. 9f., 15; Ward, *Jesus*, S. 216-222; Barclay, *Mind*, S. 24-28; Flusser, D., „Jesus and the Essenes“, *Jerusalem Perspective*, Juli/August 1990, S. 6-8.
19 Briscoe, *Discipleship*, S. 144.
20 Barclay, W., *The Daily Study Bible. The Gospel of Matthew Volumne 1*, Edinburgh, ²1958, S. 118.
21 Bosch, D. J., *Witness to the World*, Atlanta, 1980, S. 239.
22 Siehe z. B. Gen 26:4, Ex 9:16, Deut 4:6, Jos 4:24, 1 Kön 8:43, 1 Chr 16:24,31, Ps 2:8, 57:9, 82:8, 117:1, Jes 49:6,22, 51:4,5, 66:18-20, Jer 31:10, Joel 3:2, Mal 3:12, siehe auch Hes 38:23, Mi 4:2, Sach 2:11, 8:22.
23 Scroggie, W. G., *Eight Things That Matter*, London u. a., S. 41.
24 Außerdem Joh 6:29,38,39,44,57, 7:16,28,29,33, 8:16,18,26,29, 42, 9:4, 11:42, 12:44,45,49, 13:20, 14:24, 15:21, 16:5, 17:3,18, 21,23,25, 20:21, vgl. auch Mt 15:24, Mk 12:6.

25 Neusner, J., *First-Century Judaism in Crisis*, Nashville, 1975, S. 58-62; vgl. Hengel, *Charismatic Leader*, S. 55.
26 Sanders, J. O., *The World's Greatest Sermon*, London, 1972, S. 41.
27 Anderson, R. S., *Minding God's Business*, Grand Rapids, 1986, S. 127.
28 Das Wort „wie“ (griechisch *kathos*) kann auch nachdrücklicher übersetzt werden mit „genau in der Weise“, „in der Art wie“ oder „gemäß, genau wie, ebenso wie“; siehe *The Analytical Greek Lexicon*, Grand Rapids, 1975, S. 208 bzw. Thayer, *Greek-English Lexicon*, S. 314.
29 Mit Bezug auf A. Schlatters Untersuchung über den Stil bei Matthäus weist Bosch darauf hin, daß *poreuthentes* nur eine nebensächliche Bedeutung zukommt, ja sogar als überflüssig betrachtet werden kann; siehe Bosch, *Witness*, S. 69.
30 Richardson, D., *Eternity in Their Hearts,* Ventura, 1984, S. 187.
31 Rush, M., *The New Leader*, Wheaton, 1987, S. 56.
32 Taylor, J. V., *The Go-Between God*, London, 1972, S. 111.
33 Bruce, A. B., *Training*, S. 536.
34 *Analytical Greek Lexicon*, S. 47. – Nach Strong, J., *The Exhaustive Concordance of the Bible*, Iowa Falls, u. a. S. 73, wird in den Evangelien das Wort „Apostel“ bei Lukas nur sechsmal verwandt (6:13, 9:10, 11:49, 17:5, 22:14, 24:10), bei Matthäus und Markus je nur einmal (Mt 10:2, Mk 6:30), bei Johannes überhaupt nicht.
35 Sanders, J. O., *Men From God's School*, London, 1974, S. 186.
36 Stalker, J., *Imago Christi*, London, 1907, S. 237.
37 Vgl. Apg 9:2, 19:9,23, 22:4, 24:14,22.
38 Um das Phänomen der Erfüllung mit dem Heiligen Geist weiter zu beschreiben, wandte Lukas in der Apostelgeschichte unterschiedliche Begriffe an; er sprach auch davon, „gesalbt“ (4:27, 10:38) oder „mit dem Heiligen Geist getauft“ zu sein (1:5, 11:16), daß der Geist „empfangen“ (2:38), „gegeben“ (5:32, 8:18), „ausgegossen“ wurde (2:17,18,33, 10:45) oder daß er „auf“ einzelne Personen „kam“ (8:16, 11:15).

TEIL ZWEI

* Broomhall, M., (Hrsg.), *Hudson Taylor's Legacy*, London, 1974, S.31.

Kapitel 4

1 Zitiert ebd., S.30.

2 Kane, J. H., *Christian Missions in Biblical Perspective*, Grand Rapids, 1976, S. 73.

3 Bosch, D. J., *Transforming Mission*, Maryknoll, 1991, S.67.

4 Hingewiesen sei auch auf die enge Verbindung, die zwischen der Liebe zu Jesus und seiner Nachfolge besteht. Das wird deutlich in dem persönlichen Gespräch zwischen dem Meister und Simon Petrus am Ende des Johannesevangeliums (21:15-22).

5 Günther, W., u. Link, H.-G., unter „Love", *NIDNTT*, Band 2, S.539.

6 Campolo, T., u. Campolo, B., *Things We Wish We Had Said*, Milton Keynes, 1989, S. 197.

7 Blaikie, W. G., *The Life of David Livingstone*, London, [6]1910, S.397.

8 Dieses Zitat findet sich in Taylor, Dr., u. Taylor, H., *Hudson Taylor and the China Inland Mission*, London, 1918, S.227.

9 Mit dieser Sicht folge ich der Interpretation E. G. Hoffmanns und H. v. Siebenthals, daß der Inhalt dessen, was Paulus in 2 Korinther 5:14 sagen will, besser und angemessener verstanden wird, wenn man folgendes bedenkt: es ist möglich, daß in *agape tou Christou* sowohl die Kategorie des *Genitivus subjectivus* als auch die des *Genitivus objectivus* enthalten ist; siehe Hoffmanns, E. G., u. v. Siebenthal, H., *Griechische Grammatik zum Neuen Testament*, Riehen, 1985, S.233f.

10 O. J. Smith bezieht sich auf diesen Ausspruch in seinem Buch *The Challenge of Missions*, Bromley, 1983, S.125.

11 Zitiert in Lovett, R., *James Chalmers*, London, [4]1903, S.98.

12 Axling, W. *Kagawa*, London, [6]1937, S.57.

13 R. H. Glover zitierte Zinzendorf mit diesen Worten in *The Bible Basis of Missions*, Chicago, 1946, S.95.

14 Lovett, R., (Hrsg.), *James Gilmour of Mongolia*, London, 1892, S.32.

15 Erwähnt in Taylor, Dr., u. Taylor, H., *Hudson Taylor in Early Years*, London, 1911, S. 503.

16 McGinnis, A. L., *Bringing out the Best in People*, Minneapolis, 1985, S. 170.
17 Duewel, *Ablaze*, S. 95.
18 Zweimal finden wir auch die palästinisch-aramäische Form „*rabboni*" (Mk 10:51, Joh 20:16).
19 Siehe Riesner, *Jesus,* S. 263.
20 Clark, D., unter „Master", *DCG*, Band 2, S. 142.
21 Barclay, *Mind*, S. 141.
22 Bietenhard, H., unter „Lord, Master", *NIDNTT*, Band 2, S. 510.
23 Ebd., S. 514.
24 Ein ähnliches Beispiel ist Mk 9:5 / Lk 9:33 / Mt 17:4.
25 Vor diesem Hintergrund ist es nicht schwer zu verstehen, daß Paulus darum bemüht war, den „ganzen Ratschluß Gottes" zu verkündigen (Apg 20:27), vgl. auch Kol 1:25, 2 Tim 4:17, Tit 1:9, 1 Tim 1:10,11.
26 Man beachte, wie häufig der Apostel die Christen auffordert, Beziehungen untereinander zu haben und „einander" zu dienen: z.B. Röm 12:10, 15:7,14, Gal 5:13, 6:2, Eph 4:2,32, 5:21, Kol 3:16, 1 Thess 4:18, 5:11. In den Sprüchen im Alten Testament wird mehrfach erwähnt, welchen Segen es bringt, wenn wir uns gegenseitig Rechenschaft ablegen; siehe z.B. 9:8, 12:1, 13:10, 18, 15:31, 25:12.
27 F. Smith benutzte in seinem Artikel „Giving People Permission to Succeed", *Leadership* 9, Nr. 3, 1988, S. 52 die hilfreiche Formulierung: „Das Maß des Erfolgs liegt einfach in dem *Verhältnis zwischen den empfangenen Talenten und den eingesetzten Talenten*."
28 Die Metapher des Jochs ist im Alten Testament durchaus üblich; siehe z.B. Gen 27:40, Lev 26:13, Deut 28:48, 1 Kön 12:4, Jes 9:4, Jer 2:20, Klgl 3:27, Hes 34:27, Nah 1:13.
29 Maher, M., „Take My Yoke upon You" (Mt xi. 29), *NTS* 22, 1975-76, S. 103.
30 Barclay, W., *Crucified and Crowned*, London, 1988, S. 184.
31 Entnommen aus Taylor, *H. Taylor and the C.I.M.*, S. 484.
32 Dieses Zitat findet sich in Padwick, C. E., *Henry Martyn*, Chicago, 1980, S. 149.
33 So zu finden in Ellis, J. J., *John Williams*, London, u.a., S. 52.
34 Diese Worte wurden festgehalten von seinem Bruder J. Paton (Hrsg.), in *John G. Paton*, Band 2, London, 1890, S. 382.
35 Zitiert in Moore, *Multiplying Disciples,* S. 21.
36 *Hypodeigma*, das griech. Wort, das in Joh 13:15 für „Beispiel" verwandt wird, bedeutet auch „Modell" und „Probe", wohingegen „Bild" (griech. *eikon*) in 2 Kor 4:4 (vgl. Kol 1:15) auch mit

„Nachbildung“ oder „Ähnlichkeit“ übersetzt werden kann; siehe W. Mundle, unter „Image, Idol, Imprint, Example“, *NIDNTT*, Band 2, S. 284.

37 Eims, *Laboring*, S. 63.

38 J. R. Clinton gab zu verstehen, daß dieser Begriff, der aus der Theorie eines Leiterschaftsmodells stammt, „sich normalerweise auf nicht-institutionalisierte Leitungsmodelle bezieht, bei denen die Person in erster Linie dadurch lernt, daß sie Rollenmodelle beobachtet und Fähigkeiten, Werte und Haltungen nachahmt“; siehe *The Making*, S. 43.

39 Ford, L., *Jesus: The Transforming Leader*, London, 1991, S.43.

40 Nach Moffat, J. S., *The Lives of Robert and Mary Moffat*, London [9] u.a., S. 124.

41 Hull, *Disciple Making Pastor*, S. 65.

42 Zitiert in Borthwick, P., *A Mind for Missions*, Colorado Springs, 1987, S. 11.

43 Elliston, E. J., „Designing Leadership Education“, *Missiology* 16, Nr. 2, 1988, S. 209.

44 Stott, J. R. W., „What Makes Leadership Christian?“ *CT*, August 9, 1985, S. 26.

45 Ebd.

46 Bibelstellen, in denen die dienende Haltung von Jesus Christus erwähnt wird, sind u.a. Jes 49:1-7, 50:4-11, 52:13-53:12, Mt 12:17-21, Lk 22:27, Röm 15:8, Phil 2:7, vgl. auch Joh 13:4-11, 21:9-13, 1 Joh 3:16.

47 Glover, *Bible Basis*, S. 101.

48 Richards, L. O., u. Hoeldtke, C., *A Theology of Church Leadership*, Grand Rapids, 1980, S. 117.

49 Erwähnt in Blaikie, *Livingstone*, S. 185.

50 So zitiert in Lovett, *Gilmour*, S. 218.

51 Diese Information findet sich in Wells, J., *Stewart of Lovedale*, London, 1908, S.99.

52 Dieses Zitat habe ich bei Engstrom, T. W., mit Rohrer, N. B. *The Fine Art of Mentoring*, Brentwood, 1989, S. 102 gefunden.

53 Diese Definition stammt von L. Ford in *Jesus*, S. 155.

54 Vgl. 2 Tim 1:3, 1:6-8, 1:2,4, 1:3, 1:14, 2:7, 3:10,11, 1 Tim 4:7,8, 6:11.

55 Wong, M.-D. *A Stone Made Smooth*, Southampton, [2]1984, S.131.

56 Jernigan, J. „Not According to Plan“, *Discipleship Journal*, Ausgabe 67, Band 12, Nr. 1, 1992, S.39.

57 Manz, C. C., u. Sims, Jr., H. P. *Superleadership*, New York, 1990, S.86.

58 Ein Gleichnis kann als eine belehrende Erzählung definiert werden, die mit Hilfe eines Vergleichs eine abstrakte Wahrheit in konkreten Begriffen ausdrückt. Gleichnisse finden wir schon im Alten Testament (Ri 9:7-15, 2 Sam 12:1-6, Hes 17:2-10, 24:3-12), und sie waren ein fester Bestandteil der rabbinischen Unterweisungspraxis. Erwähnenswert ist an dieser Stelle die überraschende Ähnlichkeit zwischen dem Gleichnis Jesu vom Hochzeitsfest (Mt 22:2-14) und der Geschichte des königlichen Festmahls, die von dem Zeitgenossen Jesu, dem Rabbi Johanan ben Zakkai, erzählt wurde (BT Sabbath 153a).

59 Dieses arabische Sprichwort wird zitiert in Friedeman, *Master Plan,* S. 170.

60 Stalker, *Imago*, S. 275f.

61 Keller, P. *A Shepherd Looks at the Good Shepherd and His Sheep*, London, 1979, S. 64.

62 Den Leiter als Hirten anzusehen, war im Alten Testament eine vertraute Vorstellung; siehe z.B. Jes 40:10,11, Jer 23:1-4, Hes 34, Ps 23, 78:70-72.

63 Der nicht unübliche westliche Brauch, daß ein Hirte hinter seiner Herde hergeht, kann ein irreführendes Bild sein, denn bei geistlicher Leiterschaft sollten die Nachfolger weder vorwärtsgedrängt, noch sollte ihnen selbst überlassen werden, welche Richtung sie wählen wollen.

64 Chua, W. H. *Learning to Lead*, Leicester, 1987, S.38.

65 Rush, *New Leader*, S.84f.

66 Manz u. Sims, Jr., *Superleadership*, S. 224.

67 So zitiert in A. R. Fraser's Biographie *Donald Fraser of Livingstonia*, London, 1934, S.166.

68 Wells, *Stewart*, S. 123 ist die Quelle dieses Zitats.

69 Der Prophet Jeremia berichtet von einem Vorfall, bei dem Leiter in Israel zu ihrem Schaden und zum Schaden ihrer Nachfolger nicht nach göttlicher Weisung gesucht haben (Jer 10:21).

70 Coleman, *Evangelism*, S. 78.

71 Entnommen aus McGinnis, *Bringing Out the Best*, S.32. – Es sei auch hingewiesen auf die Sicht von B. E. Goodwin II, „Der Mensch neigt dazu, sich möglichst nach den Erwartungen derer zu richten, die er bewundert und achtet". So heißt es in der Broschüre *The Effective Leader*, Downers Grove, 1981, S.41.

72 Ford, *Jesus*, S.62.

73 Kraft, C. H. *Christianity in Culture*, Maryknoll, 1979, S.175; Hervorhebung weggelassen.

74 Zahniser, A. H. M. „The Trinity: Paradigm for Mission in the Spirit" *Missiology* 17, Nr. 1, 1989, S.69.

75 Kraft, *Christianity*, S. 178.
76 Shogren, G. S., unter „Authority and Power“ in Green, J. B., McKnight, S. u. Marshall, I. H. (Hrsg.). *Dictionary of Jesus and the Gospels*, Downers Grove, 1992, S. 50.
77 Clinton, *The Making*, S. 103.
78 Phillips, K. *The Making of a Disciple*, Eastbourne, 1982, S. 52.
79 Anderson, N. T. *The Bondage Breaker*, Eugene, 1990, S. 164.
80 Blaikie, *Livingstone*, S. 397.
81 Zitiert in Livingstone, W. P. *Laws of Livingstonia*, London u.a., S. 23.
82 Das Zitat stammt aus Taylor, H. *Taylor and the C.I.M.*, S. 364.
83 Nach Guinnes, M. G. *The Story of the China Inland Mission*, Bd. 2, London, S. 419.
84 Duewel, *Ablaze*, S. 281.
85 Haggai, J. *Lead On!*, Milton Keynes, 1987, S. xii und 6.
86 Tozer, A. W. *The Knowledge of the Holy*, New York, 1961, S. 113.
87 Dieser Vergleich wurde verwandt von R. M. M'Cheyne und festgehalten in Bonar, A. A. (Hrsg.), *Memoir and Remains of Robert Murray M'Cheyne*, Edinburgh, (1892) 1966, S. 154.
88 Enthalten in Choy, L. F. *Andrew Murray*, Fort Washington, 1978, S. 174.
89 Brengle, S. L. *Helps to Holiness*, London u. Glasgow, 1896, S. 2.
90 Engstrom, T. W. *The Pursuit of Excellence*, Grand Rapids, 1982, S. 22.
91 Deir, C. S. *The Potential Leader*, Columbia, 1989, S. 22.
92 Dieses Zitat findet sich in Carré, E. G. *Praying Hyde*, South Plainfield u.a., S. 58.
93 Erwähnt in Inrig, G. *A Call to Excellence*, Wheaton, 1985, S. 44.
94 Auf der Seite des Menschen muß betont werden, wie wichtig es ist, die Gnadenmittel zu gebrauchen, besonders Glaube, Gebet, Studium des Wortes Gottes, Gehorsam, Buße und Bekenntnis.
95 Entnommen aus Bonar, *Memoir*, S. 282.
96 C. F. Andrews führt diese Erklärung in seiner Veröffentlichung auf: *Sadhu Sundar Singh*, London, 1934, S. 235.
97 Zitiert in Rattenbury, H. B. *David Hill, Friend of China*, London, 1949, S. 55.
98 Murray, A. *In Search of Spiritual Excellence*, Springdale, 1984, S. 89.

Kapitel 5

1 Lingenfelter, S.G. u. Mayers, M.K. *Ministering Cross-Culturally*, Grand Rapids, 1986, S. 17.
2 Ellis, J. S. *The Church on Purpose*, Cincinnati, 1982, S.70.
3 Ford, *Jesus*, S. 198f.
4 Zu finden in Boehme, R. *Leadership for the 21th Century*, Seattle, 1989, S. 223.
5 Dye, T. W. „An Experiment in Indigeneity" in Kraft, C. H. u. Wisley, T. N. (Hrsg.), *Readings in Dynamic Indigeneity*, Pasadena, 1979, S. 204f.
6 Berichtet von D.H. Adeney in *The Unchanging Commission*, London, 1961, S. 55.
7 Wakatama, P. *Independence for the Third World Church*, Downers Grove, 1976, S. 41.
8 Ebd., S. 42.
9 Siehe B. Olsons Buch *For This Cross I'll Kill You,* Basingstoke, 1983, S.103-108.
10 Übernommen von Smith, G. *The Life of William Carey*, London u. New York, 1909, S. 287.
11 Jones, E. S. *The Christ of the Indian Road*, London, 1925, S.122.
12 Fraser, *Fraser*, S. 268.
13 Dieses Zitat ist entnommen aus Taylor, *H. Taylor and the C.I.M.*, S. 232.
14 So in Dekker, J. mit Neely, L. *Torches of Joy*, Westchester, 1985, S.63f.
15 Offensichtlich hatte der Apostel eine bemerkenswerte Fähigkeit, Freundschaften zu schließen. Verschiedene Begebenheiten in der Apostelgeschichte und Hinweise in seinen Briefen dokumentieren, wie herzlich er mit denen, die sich durch ihn bekehrt hatten, und mit seinen Schützlingen verbunden war. Siehe z.B. Apg 15:36, 16:40, 20:31,38, Röm 16:1-16, 2 Kor 7:1-3, Phil 4:1, 1 Thess 2:8,11,17, Kol 1:7, 2 Tim 1:2, Phlm 1:12,16.
16 Livingstone, *Laws*, S. 260.
17 Dieses Zitat findet sich ebd., S.259.
18 Zitiert ebd., S.104.
19 G. H. Campbell gab diese Worte in dem Buch wieder: *Lonely Warrior*, Blantyre, Malawi, 1975, S. 36.
20 Zitiert ebd., S.40.
21 So W.A. Elmslie in *Among the Wild Ngoni*, Edinburgh, 1899, S.208.
22 Dokumentiert in Jones, *Christ*, S.146.

23 Duewel, *Ablaze*, S. 169.
24 Deir, *Potential Leader*, S. 15.
25 Decker, P. J. „Social Learning Theory and Leadership“, *The Journal of Management Development* 5, Nr. 3, 1986, S. 46.
26 Dieser Bericht findet sich in Taylor, *H. Taylor and the C.I.M.*, S. 248.
27 Barth, K. „An Exegetical Study of Matthew 28:16-20“ in DuBose, F. M. (Hrsg.), *Classics of Christian Missions*, Nashville, 1979, S. 50.
28 Andrews, *Singh*, S. 22, 70-72; Heiler, F. *Sadhu Sundar Singh*, Bietigheim, 1987, S. 25f; Parker, Mrs. A. *Sadhu Sundar Singh*, London, [6] 1927, S. 20f.
29 Die Worte des Sádhus sind entnommen aus Davey, C. J. *Sadhu Sundar Singh*, Bromley, 1980, S. 50.
30 Parker, *Singh*, S. 67.
31 Ebd., S. xv.
32 Zitiert ebd., S. 136.
33 Siehe Davey, *Singh, S.*, 143.
34 Diese Analogie findet sich ebd., S. 141.
35 Parker, *Singh*, S. x.
36 Diese Beobachtung von Mrs. A. Parker erwähnt E. J. Sharpe in „The Legacy of Sadhu Sundar Singh“ *IntBuMissR* 14, Nr. 4, 1990, S. 166. In Sharpes Artikel wird auch die Kontroverse angesprochen, die 1923 die Person des Sádhu auslöste; siehe besonders S. 163.
37 Brengle, *Helps*, S. 45.
38 Zitiert in Lovett, *Chalmers*, S. 274. – Hingewiesen sei zudem auf die ernstzunehmenden Worte von Robert Laws: „Afrika fordert einem sehr viel mehr ab – entsprechend kann Afrika jedoch auch sehr viel mehr in einen Menschen hineinlegen, wahrscheinlich mehr als zivilisiertere Missionsfelder. Gleichzeitig werden Menschen mit dem edelsten Charakter gebraucht. Wenn irgendwo, dann muß man hier Christi Werk in christusähnlicher Weise tun. Auf der Missionsstation sind wir alle wie unter einem Mikroskop, und die Eingeborenen lernen nicht durch unser Predigen, sondern durch unser Leben“, in Livingstone, *Laws*, S. 371.
39 S. Escobar wies auf ein ähnlich störendes Phänomen im Bereich der Missionswissenschaften hin; siehe sein Artikel „The Elements of Style in Crafting New International Mission Leaders“, EMQ 28, Nr. 1, 1992, S. 13f.
40 Einfach ausgedrückt bedeutet Management, Ressourcen und Arbeitskräfte effektiv für bestimmte, festgelegte Ziele einzusetzen und hinzulenken.

41 Clinton, *The Making*, S. 58.
42 Padilla, C. R. „Toward the Globalization and Integrity of Mission" in Anderson, G. H. u. a. (Hrsg.) *Mission in the Nineteen 90s*, Grand Rapids u. New Haven, 1991, S. 32.
43 Diesen erstaunlichen Vergleich fand ich in Stiles, A. R. *Samuel Logan Brengle*, London, ^{2} 1980, S. 12.
44 Erwähnt in Ford, *Jesus*, S. 129.
45 Siehe Tippett, A. R. *Introduction to Missiology*, Pasadena, 1987, S. 112.
46 Ebd.
47 Mwakanandi, D. S. *The Role of African Traditional Religion in the Promotion of the Christian Faith in Malawi*, Stellenbosch, 1990, S. 173.
48 Vgl. auch Luzbetak, L. J. *The Church and Cultures*, Maryknoll, 1988, S. 133.
49 Glasser, A. F. „Training to Go Now!" *Mission Frontiers*, Nr. 12, 1990, S. 33.
50 Padilla, C. R. „The Contextualization of the Gospel" in Kraft u. Wisley, *Readings*, S. 306.
51 In seinem Buch *Communicating Christ Cross-Culturally*, Grand Rapids, 1978, S. 445f., beschreibt D. Hesselgrave eine beeindruckende Erfahrung in diesem Bereich, die G. Linwood Barney unter den Meo im Norden von Laos machte.
52 Siehe Dekker, *Torches*, S. 56-62.
53 Ebd., S. 56.
54 Eigenes Kennenlernen der Basotho-Kultur öffnete mir die Augen für bemerkenswerte Parallelen zwischen der dortigen traditionellen Unterweisung und der Schulungsmethode Jesu. Auch dort hatte der Charakter des Lehrers eine große Bedeutung, von dem Lehrer wurde erwartet, seine Schüler in sein eigenes Vorbild zu formen; er war in der Schulungszeit ständig mit ihnen zusammen. Die Unterweisung geschah ausschließlich mündlich, und es wurde auswendig gelernt. Zusätzliche Informationen über verschiedene afrikanische Initiationsriten finden sich in Mbiti, J. S. *African Religions & Philosophy*, London, 1969, S. 121-131.
55 Zu finden in einer Liste von Basotho-Sprichwörtern in Casalis, E. *The Basutos*, London, 1861, S. 310.
56 Siehe Dekker, *Torches*, S. 71 und Owen, B., with Howard, D. M. *The Victor*, Old Tappan, 1979, S. 135. Man beachte, wie auf ganz ähnliche Weise im Wirken der Herrnhuter, der ersten Methodisten und der Heilsarmee Lieder eine ganz wichtige Rolle spielten.

57 Der Willowbank Report war das Ergebnis einer Beratung über die Beziehung zwischen Evangelium und Kultur, die in Willowbank, Somerset Bridge, Bermuda, 1978 stattfand; zitiert aus „The Willowbank Report“ in Winter, R. D. u. Hawthorne, S. C. (Hrsg.), *Perspectives on the World Christian Movement*, Pasadena, 1981, S. 510.

58 Dieses Beispiel stammt aus E. Deiblers Artikel „Yeast or Gall?“ *In Other Words* 11, Nr. 4, 1985, S. 6.

59 Laut Clark, L. „But We Like Snake Meat!“ *In Other Words* 10, Nr. 4, 1984, S. 6.

60 Adeney, *Unchanging Commission*, S. 32.

61 Samuel, V. K. „Gospel and Culture“ in Samuel, V. K. u. Hauser, A. (Hrsg.), *Proclaiming Christ in Christ's Way*, Oxford, 1989, S. 76.

62 Hesselgrave, D. J. „Christ and Culture“ in Winter u. Hawthorne, *Perspectives*, S. 366.

63 „The Willowbank Report“, ebd., S. 535.

64 Gilliland, D. S. „Contextual Theology as Incarnational Mission“ in *The Word Among Us*, hrsg. von D. S. Gilliland, Dallas, 1989, S. 28f.

65 Zitiert in Jones, *Christ*, S. 22.

66 Phillips, *The Making*, S. 152.

67 Thayer, *Greek-English Lexicon*, S. 388f.

68 Enthalten in N. H. Murdochs Sammlung „Sayings of William Booth“, Reprint in Miller, K. E. (Hrsg.) *William and Catherine Booth*, Carol Stream, 1990, S. 7.

69 Entnommen aus Collier, R. *The General Next to God*, London, 1965, S. 53.

70 William Booths persönliches Zeugnis war in der Tat gewaltig. Schon sehr früh führte er seine verwitwete Mutter und seine drei Schwestern zu Christus. Eine seiner Töchter schreibt im Rückblick auf die Zeit, als sich William and Catherine um ihre eigene wachsende Kinderschar bemühten: „Meine Eltern brauchten mir nichts über das Christentum zu erzählen. Ich sah, wie es sich lebendig auswirkte“ (zitiert in Collier, *General*, S. 57). Sieben ihrer acht Kinder wurden herausragende Armeeoffiziere. Bramwell wurde der Nachfolger seines Vaters als General (1912-1929), seine Schwester Evangeline diente ebenfalls in dieser Stellung (1934-1939).

71 Booth, General. *In Darkest England and the Way Out*, London, 1890, Vorwort. Diese Veröffentlichung, Booths Entwurf für Sozialreformen besonders im Blick auf Arbeitslosigkeit und Armut, traf auf ein ungewöhnlich starkes Interesse. Die Erst-

auflage von 10 000 Stück war bereits am ersten Tag verkauft, innerhalb eines Jahres wurden 200 000 Exemplare gedruckt.

72 Zitiert in Collier, *General*, S. 244.

73 Siehe die Übersicht ebd., S. 80-86.

74 Detaillierte Informationen finden sich in Williams, H. *Booth-Tucker*, London, 1980, S. 56-134; vgl. auch Collier, *General*, S. 90-101.

75 Richards, L. O. *Creative Bible Teaching*, Chicago, 1970, S. 116.

76 In seinem Buch *Spiritual Power and Church Growth*, Altamonte Springs, 1986, S. 88-93, berichtet C. P. Wagner positiv von „street seminaries", die er in Lateinamerika kennengelernt hat. Dort sind die christlichen Leiter überzeugt: „Die beste Art, wie man lernen kann, Pastor zu sein, geschieht durch das Zusammensein mit einem Pastor und mit Menschen, nicht jedoch mit Theologen und Gelehrten" (S. 89). Wagner wies darauf hin: „Theoretische Schulung oder Wissen nur um des Wissens willen hat dort keinen Platz. Die gesamte Schulung ist funktional, sie zielt auf Effektivität im Dienst" (S. 92); später fügte er die bedenkenswerte Beobachtung hinzu: „Wenn die Ausbildung von Pastoren institutionalisiert wird, kann dies eines der sicheren Anzeichen dafür sein, daß eine lebendige christliche Basisbewegung langsam ihre Kraft verliert" (S. 93).

77 Gangel, K. O. „Developing New Leaders for the Global Task", *EMQ* 25, Nr. 2, 1989, S. 170.

78 Friedeman, *Master Plan*, S. 74; vgl. auch Hull, B. *Jesus Christ, Disciplemaker*, Colorado Springs, 1984, S. 134 und de Bono, E. *Tactics*, London, 1991, S. 219.

79 Kane, J. H. *Wanted: World Christians*, Grand Rapids, 1986, S. 215.

80 „The Willowbank Report" in Winter u. Hawthorne, *Perspectives*, S. 525.

81 Dekker, *Torches*, S. 39.

82 Siehe Morse, E. *Exodus to a Hidden Valley*, London, 1975, S. 127.

83 Nach Kraft, C. H. „What Kind of Encounters Do We Need in Our Christian Witness?" *EMQ* 27, Nr. 3, 1991, S. 258. A. R. Tippett war der erste, der diesen Begriff benutzte, und zwar in seiner Schrift *People Movements in Southern Polynesia*, Chicago, 1971.

84 Wer Interesse hat, sich ausführlicher damit zu beschäftigen und von konkreten Begebenheiten lesen möchte, dem sei empfohlen: Kane, J. H. *A Concise History of the Christian World Mission*, Grand Rapids, 1978, S. 41f.; Tippett, *People Movements*,

S. 21-23, 80-82; Tucker, R. A. *From Jerusalem to Irian Jaya*, Grand Rapids, 1983, S. 205; Paton, *Paton*, Bd. 2, S. 176-192; Landgrebe, W. *I. Ludwig Nommensen*, Gießen, [3] 1986, S. 33-37; Fugmann, W. (Hrsg.), *Christian Keyßer*, Neuhausen-Stuttgart, 1985, S. 35f.; Anderson, A. E. *Pelendo*, Wetzlar, 1978, S. 46-52, 67-71.

85 Kraft, „What Kind of Encounter?“, zit. Werk, S. 265.

86 P. E. Kauffman erwähnte dieses Sprichwort in „When the Plowman Overtakes the Reaper“, *Asian Report*, Ausgabe 191, Bd. 24, Nr. 4, 1991, S. 5.

87 Abschnitte, die uns Einblick in die Art gewähren, wie Paulus für geistlichen Fortschritt betete, sind z. B. folgende Bibelstellen: Eph 1:16-19, 3:16-19, Phil 1:9-11, Kol 1:9-12, 2 Thes 1:11,12.

88 Hull, *Disciple Making Pastor*, S. 52.

89 Rush, *New Leader*, S. 57.

90 Siehe Trotman, D. E. *Born to Reproduce*, Colorado Springs, S. 37, 39, siehe auch S. 32f.

91 Dieses Zitat findet sich bei Smith, *Carey*, S. 101.

92 Es scheint, daß es immer ein Merkmal herausragender Pioniermissionare war, daß sie auf das Potenial vertrauten, das Gott den Einheimischen gegeben hat. Siehe z. B. Oussoren, A. H. *William Carey*, Leiden, 1945, S. 279-281; Moffat, *R. u. M. Moffat*, S. 133, Casalis, E. *My Life in Basuto Land*, Cape Town, (1889) 1971, S. 292f.; Taylor, *H. Taylor and the C.I.M.*, S. 227; Livingstone, *Laws*, S. 166.

93 Siehe auch 2 Thes 2:13, Röm 8:26, 8:11, Eph 3:20, Gal 5:22, 23, 1 Kor 12:4,7,11.

94 Allen, R. *Missionary Methods: St. Paul's or Ours?*, Grand Rapids, 1962, S. 149.

95 Gilliland, „Contextual Theology“, zit. Werk, S. 16.

96 Eine der spektakulärsten Entwicklungen in der Missionsgeschichte ist die Ausbreitung des Christentums auf den Fidschi-Inseln. In Verbindung mit einem wiederholten Besuch auf den Fidschi-Inseln anläßlich des „Jubilee of Christianity“ 1885 schrieb James Calvert: „Die neuesten Statistiken, die uns vorliegen, zeigen außergewöhliche Erfolge der Missionsarbeit; dort, wo es 1835 auf den Fidschi-Inseln keinen einzigen Christen gab, als die Missionsarbeit begann, war 1885, als das ‚Jubilee‘ gefeiert wurde, auf den achtzig bewohnten Inseln kein einziger überzeugter Heide mehr zu finden. Der Bericht zeigt, daß es 1885 1233 Kirchen und andere Predigtstellen gab, 10 weiße Missionare, 65 einheimische Pastoren, 41 Katecheten,

1016 Prediger und Lehrer, 1889 Ortsprediger ... und 104 586 Gottesdienstbesucher, bei einer Bevölkerungszahl von 110 000." Nach Vernon, R. *James Calvert*, London, S. 143.

97 Lovett, R. *Tamate*, London, S. 87.

98 R. Lovett dokumentierte diese Überlegungen in *Chalmers*, S. 110.

99 Zitiert ebd., S. 488.

100 Bemerkt ebd., S. 214.

101 Die folgende Beschreibung basiert im wesentlichen auf *The Great Commission Institute*, einer internen Veröffentlichung, die von Asian Outreach International, Hongkong, zusammengestellt wurde. Weitere Einsicht entstand aus einem persönlichen Briefwechsel mit Jean Harper, Verwaltungsleiter von GCI, und verschiedenen Artikeln aus der Zeitschrift *Asian Report*, insbesondere „GCI: A Launching Pad for Asia Mission", Ausgabe 163, Bd. 19, Nr. 6, 1986, S. 12-14; „Pilot GCI a Success", Ausgabe 164, Bd. 20, Nr. 1, 1987, S. 14-16; „This Is a G.C.I. Baby!", Ausgabe 166, Bd. 20, Nr. 3, 1987, S. 12-15; „18 More GCI Graduates Set Out to Change Asia", Ausgabe 170, Bd. 21, Nr. 1, 1988, S. 12f.; Konrad, M. S. „GCI: An Asian Power Force", Ausgabe 180, Bd. 22, Nr. 5, 1989, S. 20-22; Konrad, M. S. „Lifeboat to Palawan Island", Ausgabe 185, Bd. 23, Nr. 4, 1990, S. 15f; Harper, J. „Fulfilling the Vision", Ausgabe 189, Bd. 24, Nr. 2, 1991, S. 17-20; Harper, J. „Church Planting with GCI Graduates", Ausgabe 194, Bd. 25, Nr. 2, 1992, S. 16-18.

102 *The Great Commission Institute*, S. 1; zitiert mit Erlaubnis des Verwaltungsleiters von GCI.

103 Ein weiteres bemerkenswertes Beispiel findet sich in R. Rosedales Artikel „Mobile Training Centers: Key to Growth in Thailand" *EMQ* 25, Nr. 4, 1989, S. 402-406.

104 Smith, G. *Short History of Christian Missions from Abraham and Paul to Carey, Livingstone and Duff*, Edinburgh[8] u. a., S. 27.

105 Coleman, *Discipleship*, S. 121.

106 Sanders, J. O. *Spiritual Leadership*, London u. Bromley, 1981, S. 70.

107 Ellis, J. J. *Dan Crawford of Luanza*, Kilmarnock u. London, S. 94, ist die Quelle dieses Zitats.

108 Erwähnt in Grubb, N. *C. T. Studd*, London, 1933, S. 208.

109 So laut Vernon, Calvert, S. 149.

110 Zu finden in Choy, *Murray*, S. 227f.

111 Kane, *Wanted*, S. 213.

112 Vgl. auch Ps 42:2, 63:1, 143:6, Jes 44:3, 55:1.

113 Diese Erklärung des Gründers der Methodistenkirche wurde in Coleman, *Mind*, S. 84, erwähnt.

114 Mrs. Howard Taylor gibt diese Worte wieder in ihrer Biographie *William Borden*, Chicago, 1980, S. 184.

115 Der große nordamerikanische Erweckungsprediger gab diese klare Beschreibung der Grundelemente einer geistlichen Erweckung in seinem Werk *Revivals of Religion*, Old Tappan, S. 7.

116 P. Borthwick wies darauf hin, daß es an Glauben an die Kraft des Gebets fehle und daß man versäume, dem Gebet den ihm gebührenden Platz einzuräumen; er folgerte: „In unserem Bemühen, den Missionsbefehl zu erfüllen, stehen wir vor einem Mangel an geistlicher Kraft"; siehe sein Buch *Mind for Missions*, S. 55.

117 Murray, A. *With Christ in the School of Prayer*, Old Tappan, 1965, S. 176.

118 Übernommen von Duewel, *Ablaze*, S. 213.

119 William Booth sprach die ernste Ermahnung aus: „Nimm dir Zeit, täglich um Gottes Segen für deine eigene Seele zu bitten. Wenn du dies unterläßt, verlierst du Gott. Täglich geschieht es, daß Gott sich von Menschen entfernt. Einst hatten sie Kraft. Sie wandelten in der Herrlichkeit und Stärke Gottes, doch dann hörten sie auf, auf Ihn zu warten und ernsthaft Sein Angesicht zu suchen, und Er verließ sie." Zitiert von Brengle in *Helps*, S. 49.

120 Vgl. in diesem Zusammenhang meine früheren Ausführungen im Blick auf das Sein und Bleiben in Christus; siehe Abschnitt 4.6.

121 Im Zusammenhang mit dieser Sicht ist William G. Lawes Zeugnis über James Chalmers besonders interessant: „Doch was unseren geliebten Tamate als Missionar und Leiter unter seinen Brüdern am meisten kennzeichnete, war geistliche Kraft ... Ein Mann mit großem Glauben, mächtig im Gebet und voll der Liebe Christi. In einem größeren Ausmaß als die meisten Menschen erkannte er, was es bedeutet, *in* Christus zu leben. Für ihn war Seine Gegenwart sehr real, echt und beständig. Diese geistliche Kraft war das Geheimnis seines erstaunlichen Einflusses auf Menschen und seines enormen Erfolgs als Missionar ..."; so in Lovett, *Chalmers*, S. 489 f.

122 Siehe Hoffmann-Herreros, J. *Matteo Ricci*, Mainz, 1990, S. 66; Hayes, E. H. *Robert Morrison*, Wallington, [5]1942, S. 46 f.; Oehler, W. *Geschichte der deutschen evangelischen Mission* I, Baden-Baden, 1949, S. 147, 149.

123 Nach Lyall, L. T. *A Passion for the Impossible*, London, 1965, S.56.

124 Berichtet in Taylor, *H. Taylor and the C.I.M.*, S.624.

125 Broomhall, M. *Hudson Taylor*, Sheffield, 1929, S.x.

126 Rat, den H. Taylor 1881 einer Gruppe von Mitarbeitern gab; siehe Taylor, *H. Taylor and the C.I.M.*, S.355.

127 Entnommen aus Broomhall, *Taylor*, S.204 f.

128 Zitiert ebd., S. 109.

129 Geäußert von dem Gründer der C.I.M. 1885 während einer Konferenz; erwähnt in Taylor, *H. Taylor and the C.I.M.*, S.404.

130 So in Broomhall, *H. Taylor's Legacy*, S.42.

131 Verbreitet durch ein Rundschreiben an die C.I.M.-Missionare im März 1892; siehe Taylor, *H. Taylor and the C.I.M.*, S.512.

132 Dieser Abschnitt findet sich in einem Brief vom 6. September; zitiert ebd., S.172.

133 Zitiert ebd.

134 So berichet von einem Mitarbeiter; erwähnt ebd.

135 Taylor äußerte diese denkwürdige Beobachtung in einem Artikel für die Zeitschrift „China's Millions" im November 1875; wiedergegeben ebd.

Bibliographie

Abgesehen von den Titeln, auf die bereits verwiesen wurde, nenne ich eine Auswahl zusätzlicher Quellen, die ich zu Rate gezogen habe und die jedem, der an den besprochenen Themen weiteres Interesse hat, sicherlich eine Hilfe bieten.

1. Originaltexte und Nachschlagewerke

The Analytical Greek Lexicon, 12. Aufl., Grand Rapids 1975.

The Babylonian Talmud, ins Englische übers. mit Anmerkungen, Glossar und Registern, hrsg. von Isidore Epstein, Bde. 1-18, London 1935-1952.

Barclay, William, *Begriffe des Neuen Testaments,* Wuppertal 1979.

Brown, Colin (Hrsg.), *The New International Dictionary of New Testament Theology,* Bde. 1-4, Grand Rapids 1986.

Encyclopaedia Judaica, Bde. 1-16, Jerusalem 1971/72.

Green, Joel B., McKnight, Scott u. Marshall, I. Howard (Hrsg.), *Dictionary of Jesus and the Gospels,* Downers Grove 1992.

Hastings, James (Hrsg.), *A Dictionary of Christ and the Gospels,* Bde. 1-2, Edinburgh und New York 1906/09.

Hoffmann, Ernst G. u. von Siebenthal, Heinrich, *Griechische Grammatik zum Neuen Testament,* Riehen 1985.

Huey, Jr., F. B. u. Corley, Bruce, *A Student's Dictionary for Biblical and Theological Studies,* Grand Rapids 1983.

Kittel, Gerhard, u. Friedrich, Gerhard (Hrsg.), *Theological Dictionary of the New Testament,* übers. u. hrsg. von Geoffrey W. Bromiley, Bde. 1-9, Grand Rapids 1964-1974.

Lamsa, George M., *Idioms in the Bible Explained and A Key to the Original Gospels,* San Francisco 1985.

Ders., *New Testament Light. More Light on the Gospels, Acts, the Epistels and Revelation,* San Francisco 1968.

The Mishnah, übers. aus dem Hebräischen mit Einleitung und kurzen erklärenden Anmerkungen von Herbert Danby, London 1933.
Robertson, A. T., *A Harmony of the Gospels for Students of the Life of Christ,* New York 1922.
Strecker, Georg, u. Maier, Johann, *Neues Testament – Antikes Judentum,* Grundkurs Theologie Bd. 2, Stuttgart 1989.
Strong, James, *The Exhaustive Concordance of the Bible,* Iowa Falls o. J.
Der Talmud, ausgew., übers. und erkl. von Reinhold Mayer, 3. Aufl., München 1963/80.
Tenney, Merril C. (Hrsg.), *The Zondervan Pictorial Encyclopedia of the Bible,* Bde. 1-5, Grand Rapids 1975/76.
Tayer, Joseph Henry, *A Greek-English Lexicon of the New Testament,* Grand Rapids 1977.
Vine, W. E., *Vine's Expository Dictionary of Old and New Testament Words,* Old Testament hrsg. von F. F. Bruce, Bde. 1-4 in 1 Ausg., Old Tappan 1981.
Webster's New Universal Unabridged Dictionary, 2. überarb. Aufl., New York o. J.
Wigram, George V. u. Green, Jay P., *The New Englishman's Greek Concordance and Lexicon,* Peabody 1982.
Young, Robert, *Analytical Concordance to the Bible,* McLean o. J.

2. Das Leben, die Zeit und das Wirken Jesu Christi

Barclay, William, *Crucified and Crowned,* London 1988.
Ders., *The Mind of Jesus,* London 1988.
Betz, Hans Dieter, *Nachfolge und Nachahmung Jesu Christi im Neuen Testament,* Beiträge zur historischen Theologie 37, Tübingen 1967.
Bruce, F. F., *The Hard Sayings of Jesus,* The Jesus Library, Downers Grove 1983.
Charlesworth, James H., *Jesus within Judaism. New Light from Exciting Archaeological Discoveries,* The Anchor Bible Reference Library, New York 1988.
Coleman, Robert E., *The Mind of the Master,* Old Tappan 1977. Dt. Ausgabe: *Lernet von mir,* Wuppertal 1991.
Conzelmann, Hans, *Geschichte des Urchristentums,* Grundrisse zum Neuen Testament, NTD Ergänzungsreihe 5, 2. durchges. Aufl., Göttingen 1971.
Deane, Anthony C., *Rabboni. A Study of Jesus Christ the Teacher,* The People's Library, London o. J.

Edersheim, Alfred, *The Life and Times of Jesus the Messiah,* Bde. 1-2 in 1 Ausg., 3. Aufl., McLean, Originalausgabe 1886.
Farrar, Frederic W., *The Life of Christ,* London, 1904.
Finkel, Asher, *The Pharisees and the Teacher of Nazareth. A Study of Their Background, Their Halachic and Midrashic Teachings, the Similarities and Differences,* Arbeiten zur Geschichte des Spätjudentums und Urchristentums Bd. 4, Leiden 1964.
Flusser David, *Jesus,* übers. von Ronald Walls, New York 1969.
Ders. „Jesus and the Essenes“, *Jerusalem Perspective,* July/August 1990, S. 6-8.
Flynn, Leslie B., *Dare to Care Like Jesus,* Wheaton 1982.
Ders., *Holy Contradictions,* Wheaton 1987.
Friedeman, Matt, *The Master Plan of Teaching,* Wheaton 1990.
Friedrich, Gerhard, „Die formale Struktur von Mt 28,18-20“, *Zeitschrift für Theologie und Kirche,* Band 80, 1983, S. 137-183.
Gerhardsson, Birger, *Memory and Manuscript. Oral Tradition Written Transmission in Rabbinic Judaism and Early Christianity,* Acta Seminarii Neotestamentici Upsaliensis 22, Kopenhagen 1961.
Goodman, George, *Seventy Lessons in Teaching and Preaching Christ,* Basingstoke (1939) 1986.
Goppelt, Leonhard, *Theologie des Neuen Testaments,* hrsg. von Jürgen Roloff, 2. Aufl., Neudr., UTB 850, Göttingen, 1985.
Griffith-Jones, E., *The Master and His Method,* Christian Study Manuals, London 1902.
Headlam, Arthur C., *The Life and Teaching of Jesus Christ,* 2. Aufl., London 1927.
Hengel, Martin, *The Charismatic Leader and His Followers,* übers. von James C. G. Greig, hrsg. von John Riches, Studies of the New Testament and Its World, Edinburgh 1981.
Horne, Herman Harrel, *Teaching Techniques of Jesus,* Grand Rapids (1920) 1978.
Jeremias, Joachim, *Neutestamentliche Theologie. Erster Teil: Die Verkündigung Jesu,* 4. Aufl., Gütersloh 1988.
Josephus, Flavius, *Complete Works,* übers. von William Whiston, Grand Rapids 1978.
Kirschner, Robert, „Imitatio Rabbini“, *Journal for the Study of Judaism in the Persian, Hellenistic and Roman Period,* Bd. 17, Nr. 1, 1986.
Klausner, Joseph, *Jesus of Nazareth. His Life, Times and Teaching,* übers. aus dem Hebräischen von Herbert Danby, New York 1927.

Lohse, Eduard, *Umwelt des Neuen Testaments,* Grundrisse zum Neuen Testament, NTD Ergänzungsreihe 1, 3. durchges. und erg. Aufl., Göttingen 1977.
Maher, Michael, „,Take My Yoke upon You' (Matt. xi. 29)", *New Testament Studies,* Bd. 22, 1975-76, S. 97-103.
Maier, Johann und Schubert, Kurt, *Die Qumran-Essener. Texte der Schriftrollen und Lebensstil der Gemeinde,* UTB 224, München 1982.
Malina, Bruce J., „Jesus as Charismatic Leader?", *Biblical Theology Bulletin,* Bd. 14, Nr. 2, 1984, S. 55-62.
Manson, Thomas Walter, *The Teaching of Jesus. Studies of Its Form and Content,* 2. Aufl., Cambridge, England, 1935.
Neusner, Jacob, *First-Century Judaism in Crisis. Yohanan ben Zakkai and the Renaissance of Torah,* Nashville 1975.
Pileggi, David, „Who were the Essenes?", *Jerusalem Perspective,* July/August 1990, S. 9f., 15.
Riesner, Rainer, *Jesus als Lehrer. Eine Untersuchung zum Ursprung der Evangelien-Überlieferung,* Wissenschaftliche Untersuchungen zum Neuen Testament, 2. Reihe 7, 3. erw. Aufl., Tübingen 1988.
Ronai, Alexander und Wahle, Hedwig, *Das Evangelium – ein jüdisches Buch? Eine Einführung in die jüdischen Wurzeln des Neuen Testaments*, Freiburg im Breisgau 1986.
Ross, D. M., *The Teaching of Jesus,* Edinburgh 1904.
Sanders, E. P., *Jesus and Judaism,* Philadelphia 1985.
Sanders, J. Oswald, *The World's Greatest Sermon. A Devotional Exposition of the Sermon on the Mount,* London 1972.
Schlatter, Adolf, *Die Geschichte der ersten Christenheit,* 6. Aufl., Stuttgart 1983.
Ders., *Die Geschichte des Christus,* 4. Aufl., Stuttgart 1984.
Ders., *Geschichte Israels von Alexander dem Großen bis Hadrian,* unveränd. reprografischer Nachdr. der 3. neubearb. Ausg. von 1925, Stuttgart 1977.
Sheed, F. J., *To Know Christ Jesus,* Ann Arbor 1980.
Stalker, James, *Imago Christi. The Example of Jesus Christ,* 19. Aufl., London 1907.
Ders., *The Life of Jesus Christ,* Grand Rapids 1983.
Stewart, James S., *The Life and Teaching of Jesus Christ,* Nashville 1978.
Vermes, Geza, *Jesus and the World of Judaism,* London 1983.

Ward, Kaari (Hrsg.), *Jesus and His Times,* Reader's Digest, Pleasantville 1987.
Wendt, Hans Hinrich, *The Teaching of Jesus,* Bde. 1-2, Edinburgh 1892/93.

3. Jüngerschaft

Adsit, Christopher B., *Personal Disciplemaking. A Step-by-Step Guide for Leading a Christian from New Birth to Maturity,* San Bernadino 1988.
A Kempis, Thomas, *The Imitation of Christ,* übers. von E. M. Blaiklock, London 1979.
Basler, J. Michael, *Discipling One to One. Helping People to Know & Follow Jesus,* Downers Grove 1986.
Belben, Howard, *The Mission of Jesus,* Colorado Springs 1985.
Boice, James Montgomery, *Christ's Call to Discipleship,* Chicago 1987.
Booker, Richard, *Radical Christian Living,* Tulsa 1985.
Briscoe, Stuart, *Everyday Discipleship for Ordinary People,* Bromley 1989.
Bruce, Alexander Balmain, *The Training of the Twelve,* Nachdr. der 4. Aufl., überarb. Neuaufl. (1894), Grand Rapids 1971.
Coleman, Robert E., *The Master Plan of Discipleship,* Old Tappan 1987.
Ders., *The Master Plan of Evangelism,* 2. Aufl., Old Tappan 1964.
Ders., *They Meet the Master. The Study Manual on the Personal Evangelism of Jesus,* Manila 1986.
Eims, Leroy, *Laboring in the Harvest,* Colorado Springs 1985.
Ders., *The Lost Art Disciple Making,* Grand Rapids u. Colorado Springs 1978.
Hadidian, Allen, *Successful Discipling,* Chicago 1979.
Hartman, Doug u. Sutherland, Doug, *Guidebook to Discipleship,* Eugene 1976.
Henrichsen, Walter A., *Disciples Are Made – Not Born,* Wheaton 1974.
Hull, Bill, *The Disciple Making Pastor,* Old Tappan 1988.
Ders., *Jesus Christ, Disciplemaker,* Colorado Springs 1984.
Jernigan, Jeff, „Not According to Plan", *Discipleship Journal,* Ausg. 67, Bd. 12, Nr. 1, 1992, S. 36-40.
Kincaid, Jorie, *The Power of Modeling,* Colorado Springs 1989.
Kindcaid, Ron, *A Celebration of Disciple-Making,* Wheaton 1990.

Krallmann, Günter, *Following Jesus. A Handbook on Basic Discipleship for Individual and Group Study,* Delmas 1986.
Kuhne, Gary W., *The Dynamics of Discipleship Training. Being and Producing Spiritual Leaders,* Grand Rapids 1978.
Mayhall, Jack, *Discipleship: The Price and the Prize,* Wheaton 1984.
Moore, Waylon B., *Multiplying Disciples. The New Testament Method for Church Growth,* Colorado Springs 1981.
Phillips, Keith, *The Making of a Disciple,* Eastbourne 1982.
Powell, Paul W., *The Complete Disciple,* Wheaton 1982.
Salter, Colin, *Raising the Standard,* Eastbourne 1987.
Staton, Knofel, *Check Your Discipleship,* Cincinnati 1982.
Trotman, Dawson E., *Born to Reproduce,* Colorado Springs o.J.
Vogel, Philip, *Go and Make Apprentices,* Eastbourne 1986.
Watson, David, *Discipleship,* London 1983.
Wilson, Carl, *With Christ in the School of Disciple Building. A Study of Christ's Method of Building Disciples,* Grand Rapids 1976.

4. Leiterschaftsentwicklung/Heranbildung von Leitern

Anderson, Ray S., *Minding God's Business,* Grand Rapids 1986.
Boehme, Ron, *Leadership for the 21st Century. Changing Nations through the Power of Serving,* Seattle, 1989.
Borthwick, Paul, *Leading the Way. Leadership Is Not Just for Super Christians,* Colorado Springs 1990.
Chandapilla, P. T., *The Master-Trainer,* Bombay 1974.
Chua, Wee Hian, *Learning to Lead. Biblical Leadership Then and Now,* Leicester 1987.
Clinton, J. Robert, *The Making of a Leader,* Colorado Springs 1988.
Covey, Stephen R., *The 7 Habits of Highly Effective People. Restoring the Character Ethic,* New York 1989.
De Bono, Edward, *Tactics. The Art and Science of Success,* London 1991.
Decker, Philip J., „Social Learning Theory and Leadership", *The Journal of Management Development,* Bd. 5, Nr. 3, 1986, S. 46-58.
Deir, Costa S., *The Potential Leader,* Columbia 1989.
Ders., *The Understanding Leader,* Columbia 1989.
Duewel, Wesley L., *Ablaze for God,* Grand Rapids 1989.
Eims, Leroy, *Be A Motivational Leader,* Wheaton 1981.

Ders., *Be the Leader You Were Meant To Be. What the Bible Says About Leadership,* Wheaton 1975.
Ellis, Joe S., *The Church on Purpose. Keys to Effective Church Leadership,* Cincinnati 1982.
Elliston, Edgar J., „Designing Leadership Education", *Missiology: An International Review,* Bd. 16, Nr. 2, 1988, S. 203-215.
Engstrom, Ted W., *The Making of a Christian Leader,* Grand Rapids 1976.
Ders., mit Rohrer, Norman, B., *The Fine Art of Mentoring. Passing on to Others What God Has Given to You,* Brentwood 1989.
Evans, W. A., Han, K. C. u. Sculli, D., „A Cross-Cultural Comparison of Managerial Styles", *The Journal of Management Development,* Bd. 8, Nr. 3, 1989, S. 5-13.
Ford, Leighton, *Jesus: The Transforming Leader,* The Jesus Library, London 1991.
Gangel, Kenneth, O., „Developing New Leaders for the Global Task", *Evangelical Missions Quarterly,* Bd. 25, Nr. 2, 1989, S. 166-171.
Goodwin II, Bennie E., *The Effective Leader. A Basic Guide to Christian Leadership,* Downers Grove 1981.
Greenslade, Philip, *Leadership. A Biblical Pattern for Today,* Basingstoke 1984.
Griffiths, Michael, *The Example of Jesus,* The Jesus Library, London 1985.
Habecker, Eugene B., *The Other Side of Leadership,* Wheaton 1987.
Haggai, John, *Lead on! Leadership That Endures in a Changing World,* Milton Keynes 1987.
Hocking, David L., *Be a Leader People Follow,* Ventura 1979.
Jordan, Bernard, „The Principle of Mentoring", *Charisma & Christian Life,* Bd. 16, Nr. 10, 1991, S. 48.
King, Philip, *Leadership Explosion,* London 1987.
Krallmann, Günter, *Leading with Jesus. A Handbook on Qualifications for Spiritual Leadership for Individual and Group Study,* Hong Kong 1989.
Le Peau, Andrew T., *Paths of Leadership. Guiding Others toward Growth in Christ through Serving. Following, Teaching, Modelling, Envisioning,* London 1984.
MacArthur, Jr., John F., *The Master's Plan for the Church,* Chicago 1991.
McGinnis, Alan Loy, *Bringing out the Best in People. How to Enyoy Helping Others Excel,* Minneapolis 1985.
McKeen, Carol A. und Burke, Ronald J., „Mentor Relationships in Organisations: Issues, Strategies and Prospects for Women",

The Journal of Management Development, Bd. 8, Nr. 6, 1989, S. 33-42.
Manz, Charles C. u. Sims, Jr., Henry P., *Superleadership. Leading Others to Lead Themselves,* New York 1990.
Mahoney, Ralph, *The Making of a Leader,* Burbank 1985.
Marshall, Tom, *Understand Leadership. Fresh Perspectives on the Essentials of New Testament Leadership,* Lynnwood 1991. Dt. Ausgabe: Erfolgreiche Leiterschaft, Biel 1993
Richards, Lawrence O. u. Hoeldtke, Clyde, *A Theology of Church Leadership,* Ministry Resources Library, Grand Rapids 1980.
Rush, Myron, *Managing to Be the Best. A Personal Approach,* Wheaton 1989.
Ders., *The New Leader,* Wheaton 1987.
Sanders, J. Oswald, *Paul the Leader,* Eastbourne 1983.
Ders., *Spiritual Leadership,* London und Bromley 1981.
Schaller, Lyle E., *Getting Things Done. Concepts and Skills for Leaders,* Nashville 1986.
Sibthorpe, Charles, *A Man under Authority,* Eastbourne 1984.
Smith, Fred, „Giving People Permission to Succeed“, *Leadership. A Practical Journal for Church Leaders,* Bd. 9, Nr. 3, 1988, S. 50-56.
Ders., *Learning to Lead. Bringing out the Best in People,* The Leaderhip Library, Bd. 5, Waco 1986.
Stott, John R. W., „What Makes Leadership Christian?“, *Christianity Today,* 9. August 1985, S. 24-27.
Stumpf, Stephen A. u. Mullen, Thomas P., „Strategic Leadership: Concepts, Skills, Style and Process“, *The Journal of Management Development,* Bd. 10, Nr. 1, 1991, S. 42-53.
Wright, Robert G. u. Werther, Jr., William B., „Mentors at Work“, *The Journal of Management Development,* Bd. 10, Nr. 3, 1991, S. 25-32.
Youssef, Michael, *The Leadership Style of Jesus,* Wheaton 1986.

5. Missionswissenschaft

Adeney, David H., *The Unchanging Commission,* London 1961.
Allen, Roland, *Missionary Methods: St. Paul‘s or Ours?,* Grand Rapids 1962.
Ders., *The Spontaneous Expansion of the Church,* Grand Rapids 1962.
Anderson, Gerald H., Phillips, James M. u. Coote, Robert T. (Hrsg.), *Mission in the Nineteen 90s,* Grand Rapids und New Haven 1991.

Barrett, David B., „Annual Statistical Table on Global Mission: 1992", *International Bulletin of Missionary Research,* Bd. 16, Nr. 1, 1992, S. 26f.

Ders., u. Johnson, Todd M., *Our Globe and How to Reach It. Seeing the World Evangelized by AD 2000 and Beyond,* Global Evangelization Movement: The AD 2000 Series, Birmingham, Alabama, 1990.

Borthwick, Paul, *A Mind for Missions. 10 Ways to Build Your World Vision,* Colorado Springs 1987.

Bosch, David J., „The Missionary Exemplar or Victim?", *Theologica Evangelica,* Bd. 17, Nr. 1, 1984, S. 9-16.

Ders., *Transforming Mission. Paradigm Shifts in Theology of Mission,* American Society of Missiology Series, Nr. 16, Maryknoll 1991.

Ders., *Witness to the World. The Christian Mission in Theological Perspective,* Atlanta 1980.

Bowen, Earl u. Bowen, Dorothy, „Contextualizing Teaching Methods in Africa", *Evangelical Missions Quarterly,* Bd. 25, Nr. 3, 1989, S. 270-275.

Clark, Larry, „But We Like Snake Meat!", *In Other Words,* Bd. 10, Nr. 4, 1984, S. 6.

Deibler, Ellis, „Yeast or Gall?", *In Other Words,* Bd. 11, Nr. 4, 1985, S. 12f.

„18 More GCI Graduates Set Out to Change Asai", *Asian Report,* Ausg. 170, Bd. 21, Nr. 1, 1988.

Eitel, Keith, „The Transcultural Gospel-Crossing Cultural Barriers", *Evangelical Missions Quarterly,* Bd. 23, Nr. 2, 1987, S. 130-138.

Escobar, Samuel, „The Elements of Style in Crafting New International Mission Leaders", *Evangelical Missions Quarterly,* Bd. 28, Nr. 1, 1992, S. 6-15.

Fernando, Ajith, „Servanthood: Jesus' Model for Missions. An Exposition of Mark 10:35-45", *Mission Frontiers,* Bd. 9, Nr. 10, 1987, S. 8-14.

„GCI: A Launching Pad for Asia Mission", *Asian Report,* Ausg. 163, Bd. 19, Bd. 6, 1986, S. 12-14.

Gilliland, Dean S., *Pauline Theology & Mission Practice,* Grand Rapids 1983.

Ders. (Hrsg.), *The Word Among Us. Contextualizing Theology for Mission Today,* Dallas 1989.

Glassner, Arthur F., „Training to Go Now! Missionary Training Today & Tomorrow", *Mission Frontiers,* Bd. 12, Nr. 12, 1990, S. 31-33.

Ders., Hiebert, Paul G., Wagner, C. Peter u. Winter, Ralph D., *Critical Dimensions in World Evangelization,* Pasadena 1976.

Glover, Robert Hall, *The Bible Basis of Missions,* Chicago 1946.
„The Great Commission Institute. A Handbook for Leaders“, Asian Outreach International, Hong Kong o. J., (unveröffentlichtes Manuskript).
Griffith, Henry, „We Can Teach Better Using African Methods“, *Evangelical Missions Quarterly,* Bd. 21, Nr. 3, 1985, S. 248-252.
Harper, Jean, „Church Planting with GCI Graduates“, *Asian Report,* Ausg. 194, Bd. 25, Nr. 2, 1992, S. 16-18.
Ders., „Fulfilling the Vision“, *Asian Report,* Ausg. 189, Bd. 24, Nr. 2, 1991.
Hesselgrave, David J., *Communicating Christ Cross-Culturally,* Grand Rapids 1978.
Ders., *Today's Choices for Tomorrow's Mission. An Evangelical Perspective on Trends and Issues in Missions,* Grand Rapids 1988.
Ders. u. Rommen, Edward, *Contextualization. Meanings, Methods, and Models,* Grand Rapids 1989.
Hill, Harriet, „Incarnational Ministry: a Critical Examination“ *Evangelical Missions Quarterly,* Bd. 26, Nr. 2, 1990, S. 196-201.
Jones, E. Stanley, *The Christ of the Indian Road,* London 1925.
Kane, J. Herbert, *Christian Missions in Biblical Perspective,* Grand Rapids 1976.
Ders., *Understanding Christian Missions,* 4. Aufl., Grand Rapids 1986.
Ders., *Wanted: World Christians,* Grand Rapids 1986.
Kauffman, Paul E., „When the Plowman Overtakes the Reaper“, *Asian Report,* Ausg. 191, Bd. 24, Nr. 4, 1991, S. 3-5.
Konrad, Marla Stewart, „GCI: An Asian Power Force“, *Asian Report,* Ausg. 180, Bd. 22, Nr. 5, 1989, S. 20-22.
Ders., „Lifeboat to Palawan Island“, *Asian Report,* Ausg. 185, Bd. 23, Nr. 4, 1990, S. 15f.
Kraft, Charles H., *Christianity in Culture. A Study in Dynamic Biblical Theologizing in Cross-Cultural Perspective,* Maryknoll 1979.
Ders., „What Kind of Encounters Do We Need in Our Christian Witness?“, *Evangelical Missions Quarterly,* Bd. 27, Nr. 3, 1991, S. 258-265.
Ders. u. Wisley, Tom N. (Hrsg.), *Readings in Dynamic Indigeneity,* Pasadena 1979.
Krallmann, Günter (Hrsg.), „Missionary Strategy and Effectiveness. Thoughts from J. Hudson Taylor“, Delmas o. J., (unveröffentliches Manuskript).

Lane, Denis, *Tuning God's New Instruments. A Handbook for Missions from the Two-Thirds World,* Singapore 1990.
Lingenfelter, Sherwood G. u. Mayers, Marvin K., *Ministering Cross-Culturally. An Incarnational Model for Personal Relationships,* Grand Rapids 1986.
Loux, Gordon D., „It's Time for a ‚New World Order' in Missions Leadership", *Evangelical Missions Quarterly,* Bd. 27, Nr. 4, 1991, S. 402-408.
Luzbetak, Louis J., *The Church and Cultures. New Perspecitves in Missiological Anthropology,* American Society of Missiology Series, Nr. 12, Maryknoll 1988.
McClung, Jr., Floyd u. Moala, Kalafi mit Benge, Geoff, *Nine Worlds to Win. Missions and Evangelism in the 1990's,* Arnhem, 1988.
McElhanon, Kenneth, „Don't Give up on the Incarnational Model", *Evangelical Missions Quarterly,*
Bd. 27, Nr. 4, 1991, S. 390-393.
Mayers, Marvin K., „Training Missionaries for the 21st Century", *Evangelical Missions Quarterly,* Bd. 22, Nr. 3, 1986, S. 306-312.
Mbiti, John S., *African Religions & Philosophy,* London 1969.
Meiring, Piet G. J., „‚Your Will Be Done: Mission in Christ's Way': Discerning God's Will for Mission in South Africa ... Tomorrow", *Missionalia,* Bd. 18, Nr. 1, 1990, S. 248-258.
Murray, Andrew, *Key to the Missionary Problem,* überarb. von Leona F. Choy, Fort Washington 1979.
Mwakanandi, Dolb Simion, *The Role of African Traditional Religion in the Promotion of the Christian Faith in Malawi,* University of Stellenbosch 1990.
Newgigin, Lesslie, *Mission in Christ's Way. Bible Studies,* WCC Mission Series, Genf 1987.
Ohm, Thomas, *Machet zu Jüngern alle Völker. Theorie der Mission,* Freiburg im Breisgau 1962.
Pate, Larry D., „The Changing Balance in Global Mission", *International Bulletin of Missionary Research,* Bd. 15, Nr. 2, 1991, S. 56-61.
„Pilot GCI a success", *Asian Report,* Ausg. 164, Bd. 20, Nr. 1, 1987, S. 14-16.
Poston, Larry, „Should the West Stop Sending Missionaries?", *Evangelical Missions Quarterly,* Bd. 28, Nr. 1, 1992, S. 58-62.
Richardson, Don, *Eternity in Their Hearts,* überarb. Neuaufl., Ventura 1984.
Romack, Jeffrey P., „Understanding the Relationship of the Individual and Culture in the YWAM Context",

Fuller Theological Seminary/School of World Mission, Pasadena 1990 (unveröffentlichte Arbeit).
Rosedale, Roy, „Mobile Training Centers: Key to Growth in Thailand", *Evangelical Missions Quarterly,* Bd. 25, Nr. 4, 1989, S. 402-406.
Samuel, Vinay K., u. Hauser, Albrecht (Hrsg.), *Proclaiming Christ in Christ's Way. Studies in Integral Evangelism. Essays Presented to Walter Arnold on the Occasion of His 60th Birthday,* Oxford 1989.
Shenk, Wilbert R. (Hrsg.), *Mission Focus. Current Issues,* Scottdale 1980.
Smith, Alex G., *Strategy to Multiply Rural Churches. A Central Thailand Case Study,* Bangkok 1977.
Smith, Oswald J., *The Challenge of Missions,* Basingstoke und Bromley 1983.
Sookdheo, Patrick (Hrsg.), *New Frontiers in Mission,* Exeter und Grand Rapids 1987.
Stafford, Tim, *Friendship across Cultures,* Bromley und London 1986.
„This Is a GCI Baby!", *Asian Report,* Ausg. 166, Bd. 20, Nr. 3, 1987, S. 12-15.
Thornton, W. Philip, „The Cultural Key to Developing Strong Leaders", *Evangelical Missions Quarterly,* Bd. 20, Nr. 3, 1984, S. 234-241.
Tippett, Alan R., *Introduction to Missiology,* Pasadena 1987.
Ders., *People Movements in Southern Polynesia. Studies in the Dynamics of Church-planting and Growth in Tahiti, New Zealand, Tonga, and Samoa,* Chicago 1971.
Wagner, C. Peter, *On the Crest of the Wave. Becoming a World Christian,* Ventura 1983.
Ders., *Spiritual Power and Church Growth,* Altamonte Springs 1986.
Ders., *Strategies for Church Growth. Tools for Effective Mission and Evangelism,* Ventura 1987. Dt. Ausgabe: *9 Strategien für den Gemeindeaufbau,* Frankfurt am Main 1991.
Wakatama, Pius, *Independence for the Third World Church. An African's Perspective on Missionary Work,* Downers Grove 1976.
Wang, Thomas (Hrsg.), *Countdown to AD 2000. The Official Compendium of the Global Consultation on World Evangelization by AD 2000 and Beyond, Singapore, January 5-8, 1989,* Pasadena 1989.
Winter, Ralph D., „Crucial Issues in Missions", *Mission Frontiers,* Bd. 12, Nr. 6-10, 1990; Bd. 12, Nr. 11, 1990, S. 36-38, (Teil I).

Ders., u. Hawthorne, Steven C. (Hrsg.), *Perspectives on the World Christian Movement. A Reader,* Pasadena 1981.
Yamamori, Tetsunao u. Taber, Charles R. (Hrsg.), *Christopaganism or Indigenous Christianity,* South Pasadena 1975.
Yohannan, K. P., *The Coming Revolution in World Missions,* Altamonte Springs 1986.
Zahniser, A. H. Mathias, „The Trinity: Paradigm for Mission in the Spirit", *Missiology,* Bd. 17, Nr. 1, 1989, S. 69-82.
Zwemer, Samuel M., *Thinking Missions with Christ.*
Some Basic Aspects of World-Evangelism, Our Message, Our Motive and Our Goal, London o. J.

6. Missionsgeschichte

Anderson, Alpha E., *Pelendo. Der Mann, der aus dem Dschungel kam,* Wetzlar 1978.
Anderson, Courtney, *To the Golden Shore. The Life of Adoniram Judson,* Grand Rapids 1972.
Andrews, C. F., *Sadhu Sundar Singh. A Personal Memoir,* London 1934.
Axling, William, *Kagawa,* 6. Aufl., London 1937.
Barnes, Cyril, *God's Army,* Berkhamsted 1978.
Barr, Pat, *To China with Love. The Lives and Times of Protestant Missionaries in China 1860-1900,* Newton Abbot 1973.
Beach, Harlan P., *Princely Men in the Heavenly Kingdom,* Forward Mission Study Courses, New York 1907.
Blaikie, William Garden, *The Life of David Livingstone,* 6. Aufl., London 1910.
Booth, General, *In Darkest England and the Way Out,* London 1890.
Broomhall, Marshall, *Hudson Taylor. The Man Who Believed God,* Sheffield 1929.
Ders. (Hrsg.), *Hudson Taylor's Legacy. Daily Readings,* London 1974.
Campbell, George H., *Lonley Warrior,* Blantyre, Malawi, 1975.
Carré, E. G. *Praying Hyde. A Challenge to Prayer,* South Plainfield o. J.
Casalis, Eugene, *The Basutos; or, Twenty-Three Years in South Africa,* London 1861.
Ders., *My Life in Basuto Land. A Story of Missionary Enterprise in South Africa,* übers. aus dem Französischen von J. Brierley,

London 1889, Faksimile Reprint als Bd. 38 der Africana Collectanea Series von C. Struik, Cape Town 1971.
Chalmers, James u. Gill, W. Wyatt, *Work and Adventure in New Guinea 1877 to 1885,* London 1885.
Cheng, Marcus, *Lamps Aflame,* London 1949.
Collier, Richard, *The General Next to God. The Story of William Booth and the Salvation Army,* London 1965.
Davey, Cyril J., *Sadhu Sundar Singh,* Bromley 1980.
Dekker, John mit Neely, Lois, *Torches of Joy,* Westchester 1985.
Drewery, Mary, *William Carey. A Biography,* Grand Rapids 1979.
DuBose, Francis M., (Hrsg.), *Classics of Christian Missions,* Nashville 1979.
Ellis, James J., *Dan Crawford of Luanza; or, 37 Years' Missionary Work in Darkest Africa,* London o. J.
Ders., *John Williams. The Martyr Missionary of Polynesia,* London o. J.
Elmslie, W. A., *Among the Wild Ngoni. Being Some Chapters in the History of the Livingstonia Mission in British Central Africa,* Edinburgh 1899.
Fraser, Agnes R., *Donald Fraser of Livingstonia,* London 1934.
Fugmann, Wilhelm (Hrsg.), *Christian Keyßer. Bürger zweier Welten,* Neuhausen-Stuttgart 1985.
Gairdner, W. H. T., *D. M. Thornton. A Study in Missionary Ideals and Methods,* London 1909.
Garrett, John, *To Live among the Stars. Christian Origins in Oceania,* World Council of Churches, Genf, in Zusammenarbeit mit dem Institute of Pacific Studies of the University of the South Pacific, Suva 1982.
Goforth, Rosalind, *Goforth of China,* Minneapolis o. J., copyright 1937 Grand Rapids.
Grubb, Norman P., *C. T. Studd, Cricketer & Pioneer,* London 1933.
Guiness, M. Geraldine, *The Story of the China Inland Mission,* Bd. 2, London 1894.
Gutch, John, *Beyond the Reefs. The Life of John William, Missionary,* London 1974.
Hayes, Ernest H., *Robert Morrison, China's Pioneer,* Pioneer Series Nr. 4, 5. Aufl., Wallington 1942.
Heiler, Friedrich, *Sadhu Sundar Singh. Ein Apostel des Ostens und Westens,* Bietigheim 1987.
Hildebrandt, Jonathan, *History of the Church in Africa. A Survey,* Achimota 1981.

Hoffmann-Herreros, Johann, *Matteo Ricci. Den Chinesen Chinese sein – ein Missionar sucht neue Wege,* Mainz 1990.
Johnston, James, *Robert Laws of Livingstonia,* London o. J.
Kane, J. Herbert, *A Concise History of the Christian World Mission. A Panoramic View of Missions from Pentecost to the Present,* Grand Rapids 1978.
Kuhn, Isobel, *Ascent to the Tribes. Pioneering in North Thailand,* London (1956) 1968.
Landgrebe, Wilhem, *I. Ludwig Nommensen,* 3. bearb. Aufl., Gießen 1986.
Livingstone, W. P., *Laws of Livingstonia. A Narrative of Missionary Adventure and Achievement,* London o. J.
Ders., *Mary Slessor of Calabar, Pioneer Missionary,* 24. Aufl., London 1925.
Lovett, Richard, *James Chalmers. His Autobiography and Letters,* 4. Aufl., London 1903.
Ders., *Tamate. The Life and Adventures of a Christian Hero,* London o. J.
Ders. (Hrsg.), *James Gilmour of Mongolia. His Diaries, Letters and Reports,* London 1892.
Lyall, Leslie T., *Flame for God. John Sung and Revival in the Far East,* London 1972.
Ders., *A Passion for the Impossible. The China Inland Mission, 1865-1965,* o. O. 1965.
Make Jesus King. The Report of the International Student's Missionary Conference, Liverpool, 1.-5. Januar 1896, 2. Aufl., London 1896.
Michael, Charles D., *John Gibson Paton, D. D., The Missionary Hero of the New Hebrides,* London o. J.
Miller, Basil, *Praying Hyde, A Man of Prayer,* 5. Aufl., Grand Rapids 1943.
Miller, Kevin A. (Hrsg.), *William & Catherine Booth,* Christian History, Ausg. 26, Bd. 9, Nr. 2, Christianity Today, Carol Stream 1990.
Miller, R. Strang, „Greatheart of China. A Brief Life of William Chalmers Burns, Scottish Evangelist and Revival Leader, and Early Missionary to China", in: *Five Pioneer Missionaries,* Edinburgh 1965.
Moffat, John S., *The Lives of Robert & Mary Moffat,* 9. Aufl. u. Neuaufl. London o. J.
Morse, Eugene, *Exodus to a Hidden Valley,* London 1975.

Oehler, Wilhelm, *Geschichte der Deutschen Evangelischen Mission. Erster Band: Frühzeit und Blüte der deutschen evangelischen Mission 1706-1885,* Baden-Baden 1949.

Olson, Bruce, *For This Cross I'll Kill You,* Basingstoke 1983. Dt. Ausgabe: *„Ich schwörs bei diesem Kreuz – ich töte euch!"*, Hurlach 1981.

Oussoren, A. H., *William Carey, Especially His Missionary Principles,* Leiden 1945.

Owen, Bob mit Howard, David M., *The Victor. The Victor Landero Story,* Old Tappan 1979.

Padwick, Constance E., *Henry Martyn,* Chicago 1980.

Parker, Mrs. Arthur, *Sadhu Sundar Singh. Called of God,* 6. überarb. Aufl., London 1927.

Paton, James (Hrsg.), *John G. Paton, Missionary to the New Hebrides. An Autobiography,* Bde. 1-2, London 1889/90.

Phiri, D. D., *From Nguni to Ngoni. A History of the Ngoni Exodus from Zululand and Swaziland to Malawi, Tanzania and Zambia,* Lilongwe 1982.

Rattenbury, Harold B., *David Hill, Friend of China. A Modern Portrait,* London 1949.

The Salvation Army Year Book 1992, London 1991.

Sandall, Robert, *The History of the Salvation Army,* Bde. 1-3, London 1947-1955.

Selfridge, John, *The Church's First Thirty Years in Nyasaland (Now Malawi) 1861-1891. A Thesis,* Nkhoma 1976.

Sharpe, Eric J., „The Legacy of Sadhu Sundar Singh" *International Bulletin of Missionary Research,* Bd. 14, Nr. 4, 1990, S. 161-167.

Smith, George, *The Life of William Carey, Shoemaker & Missionary,* London und New York 1909.

Ders., *Short History of Christian Missions from Abraham and Paul to Carey, Livingstone, and Duff,* 8. Aufl., Edinburgh o. J.

Stiles, Alice R., *Samuel Logan Brengle, Teacher of Holiness,* 2. Aufl., London 1980.

Taylor, Dr. u. Taylor, Mrs. Howard, *Hudson Taylor in Early Years. The Growth of a Soul,* London 1911.

Ders., *Hudson Taylor and the China Inland Mission. The Growth of a Work of God,* London,1918.

Taylor, Gwendoline, *William Booth, Prophet and General,* überarb. Aufl., London (1985) 1988.

Talyor, J. Hudson, *Hudson Taylor's ‚Retrospect'*, 18. Aufl., London 1974.

Taylor, Mrs. Howard, *Behind the Ranges. Fraser of Lisuland Southwest China,* London 1970.
Ders., *Pastor Hsi, Confucian Scholar and Christian,* London (1900) 1949.
Ders., *William Borden. A Life and Fortune Dedicated to the Cause of the Gospel,* Chicago 1980.
Thompson, Phyllis, *D. E. Hoste, „A Prince with God". Hudson Taylor's Successor as General Director of China Inland Mission 1900-1935,* London 1947.
Tucker, Ruth A., *From Jerusalem to Irain Jaya. A Biographical History of Christian Missions,* Grand Rapids 1983.
Vernon, R., *James Calvert; or, From Dark to Dawn in Fiji,* London o. J.
Warneck, Gustav, *Outline of a History of Protestant Missions from the Reformation to the Present Time,* 3. engl. Aufl., Übers. der 8. dt. Aufl., hrsg. von George Robson, Edinburgh 1906.
Wells, James, *Stewart of Lovedale. The Life of James Stewart,* London 1908.
Williams, Harry, *Booth-Tucker. William Booth's First Gentleman,* London 1980.

7. Verschiedenes

Anderson, Neil T, *The Bondage Breaker,* Eugene 1990.
Barclay, William, *Ambassador for Christ. The Life and Teaching of Paul,* Edinburgh 1973.
Ders., *The Daily Study Bible. The Gospel of Matthew Volume 1,* 2. Aufl., Edinburgh 1958.
Ders., *The Daily Study Bible. The Gospel of Matthew Volume 2,* überarb. Aufl., Edinburgh 1975.
Ders., *The Mind of St Paul,* London 1965.
Ders., *The Promise of the Spirit,* London 1960.
Betz, Otto, *Der Paraklet. Fürsprecher im häretischen Spätjudentum, im Johannes-Evangelium und in neu gefundenen gnostischen Schriften,* Arbeiten zur Geschichte des Spätjudentums und Urchristentums 2, Leiden 1963.
Boice, James Montgomery, *Witness and Revelation in the Gospel of John,* Exeter 1970.
Bonar, Andrew A., *Memoir and Remains of Robert Murray M'Cheyne,* Nachdr. der erw. Aufl. von 1892., Edinburgh 1966.
Brengle, Samuel Logan, *Helps to Holiness,* London 1896.

Campolo, Tony and Campolo, Bart, *Things We Wish We Had Said. Reflections of a Father and His Grown Son,* Milton Keynes 1989.
Choy, Leona, *Andrew Murray. Apostle of Abiding Love,* Fort Washington 1978.
Coleman, Robert E., *The Heartbeat of Evangelism,* Colorado Springs 1985.
Cornwall, Judson, *Let Us Be Holy,* Plainfield 1978.
Drummond, Henry, *Natural Law in the Spiritual World,* 38. Aufl., o. O. 1901.
Engstrom, Ted. W., *The Pursuit of Excellence,* Grand Rapids 1982.
Finney, Charles G., *Revivals of Religion,* Old Tappan o. J.
Getz, Gene A., *Sharpening the Focus of the Church,* Chicago 1974.
Guder, Darrell L., *Be My Witnesses,* Grand Rapids 1985.
Inrig, Gary, *A Call to Excellence,* Wheaton 1985.
Jones, E. Stanley, *Growing Spiritually,* New York 1953.
Keller, Phillip, *A Shepherd Looks at the Good Shepherd and His Sheep,* London 1979.
McGinnis, Alan Loy, *The Friendship Factor. How to Get Closer to the People You Care for,* Minneapolis 1979.
Murray, Andrew, *In Search of Spiritual Excellence,* Springdale 1984.
Ders., *With Christ in the School of Prayer,* Old Tappan 1965.
Packer, J. I., *Keep in Step with the Spirit,* Old Tappan 1984.
Porsch, Felix, *Pneuma und Wort. Ein exegetischer Beitrag zur Pneumatologie des Johannesevangeliums,* Frankfurter Theologische Studien Bd. 16, Frankfurt am Main 1974.
Richards, Lawrence O., *Creative Bible Teaching,* Chicago 1970.
Ders., *A Theology of Christian Education,* Grand Rapids 1975.
Ryle, J. C. *Holiness. Its Nature, Hindrances, Difficulties, and Roots,* Cambridge, Neuaufl. 1956.
Sanders, J. Oswald, *Men from God's School,* London 1974.
Ders., *The Pursuit of the Holy. Conquest and Fulfillment of Attainable Levels in Christian Living,* Grand Rapids 1972.
Scroggie, W. Graham, *Eight Things That Matter. Searching Messages to Young Believers in Christ,* London o. J.
Stott, John R. W., *Christian Mission in the Modern World,* London 1975.
Swindoll, Charles R., *Improving Your Serve. The Art of Unselfish Living,* Toronto 1986.
Taylor, John V., *The Go-Between God. The Holy Spirit and the Christian Mission,* London 1972.

Tippit, Sammy, *The Prayer Factor,* Chicago 1988.
Torrey, R. A., *How to Obtain Fullness of Power in Christian Life and Service,* Murfreesboro (copyright Old Tappan 1897).
Tozer, A.W., *The Knowledge of the Holy. The Attributes of God: Their Meaning in the Christian Life,* New York 1961.
Trites, Allison A., *The New Testament Concept of Witness,* Society for New Testament Studies, Monograph Series 31, Cambridge 1977.
Wong, Ming-Dao, *A Stone Made Smooth,* 2. Aufl., Southampton 1984.

Personenverzeichnis

Ausgewähltes Stichwortverzeichnis

Weitere Titel in dieser Reihe

Martin Robinson

Kirche für Entkirchlichte

Lernen von Willow Creek

Best.-Nr. 9 801, 260 Seiten, Pb

C. Peter Wagner

Eine wachsende Gemeinde leiten

Best.-Nr. 9 802, 208 Seiten, Pb

Jim Montgomery

Eine ganze Nation gewinnen

Best.-Nr. 9 803, 176 Seiten, Pb

C. Peter Wagner

Der gesunde Aufbruch

Best.-Nr. 9 804, 256 Seiten, Pb

Viv Grigg

Mit den Armen leben

Best.-Nr. 9 805, 214 Seiten, Pb

Weitere Titel in dieser Reihe

Wolfgang Simson (Hrsg.)

Wie christlich ist Deutschland?

Eine Studie zur Situation des Christentums am Ende des zweiten Jahrtausends

Best.-Nr. 9 806, 104 Seiten, DIN A4, Kt

Donald McGavran

Gemeindewachstum verstehen

Eine grundlegende Einführung in die Theologie des Gemeindewachstums

Best.-Nr. 9 808, 336 Seiten, Pb

C. Peter Wagner / Bob Waymire

Handbuch für Gemeindeanalyse

Best.-Nr. 9 809, 72 Seiten, Kt

David W. Shenk / Ervin R. Stutzman

Neue Gemeinden

Gemeindegründung im Neuen Testament und heute

Best.-Nr. 98 010, 220 Seiten, Pb

Ray Bakke

Gott in der City

Die Herausforderung der modernen Stadt und die Antwort des Christentums

Best.-Nr. 98 011, 192 Seiten, Pb

ONE WAY VERLAG
WUPPERTAL UND WITTENBERG